La revue Legs et Littérature *est une publication de l'Association Legs et Littérature (ALEL). L'Association remercie la Fondation Konesans ak Libète (FOKAL) et l'Alliance Internationale des Éditeurs Indépendants (AIEI) pour leur soutien financier.*

Directeur de la publication

Dieulermesson Petit Frère

Rédactrice en chef

Mirline Pierre

Sous la direction de :

Salma Fellahi

Reda Bejjtit

Les points de vue contenus dans les articles sont exprimés sous la responsabilité de leurs auteurs. Tous les textes de ce numéro sont protégés par le Bureau haitien du droit d'auteur (BHDA).

ISSN   : 2307-0234
ISBN   : 978-99970-71-13-2
LEGS ÉDITION
Dépôt légal : Bibliothèque Nationale d'Haïti

© Legs et Littérature, août 2021
Couverture : Salma Fellahi

Contact : www.legsedition.net
legsedition@outlook.com
alel.legsedition.net

+33 7 55 25 62 18
+33 7 55 21 95 28
+509 37 48 59 51
26, Delmas 8, Port-au-Prince, Haïti

Éditorial

L'AFRIQUE,
UN CONTINENT BIEN PLUS
QU'EXOTIQUE

« L'Afrique »[1], voilà un terme qui fait bien souvent penser, par sa résonnance vocalique et l'imaginaire collectif mondial, au soleil, à la lumière, à un certain exotisme. Mais, quand on contemple l'évolution littéraire et artistique du continent africain, les représentations sont diverses et dépassent évidemment l'exotisme qu'on lui prête. Que les créations soient d'ordre oral ou écrit, elles sont la preuve qu'un peuple prend forme à l'aide de ses croyances locales, mais également grâce aux jumelages socioculturels qui sont parfois dissimulés ou indirects.

D'un point de vue interculturel, l'imaginaire africain a été confronté au colonialisme, au post-colonialisme et à la modernité, mais il n'en est pas moins vrai qu'il a gardé ses spécificités ancestrales, visibles dans tous les arts et les littératures. Dans ce sens, la littérature orale et les arts interagissent inévitablement avec la littérature écrite et l'imaginaire populaire de chaque pays

«L'imaginaire africain a été confronté au colonialisme, au post-colonialisme et à la modernité »

1. Dérivé du mot latin « Africa », son étymologie est apparentée à plusieurs hypothèses ; celles qui précèdent le 20ème siècle ne sont actuellement que des suppositions, mais ont un lien commun : le soleil. Léon L'africain liait le mot « Afrique » au latin « Aprica » qui veut dire « sans froid ». Isodore de Séville, lui, l'apparentait à « Arpica » qui signifie « ensoleillée ». Ces définitions, bien que visiblement adéquates et représentatives du continent, n'ont pas, par ailleurs, été attestées. En effet, selon Michèle Fruyt, « Africa » fait ses premières apparitions en Europe grâce aux romains ; ils nommaient ainsi le nord du continent africain « Africus » qui désignait un vent pluvieux.

africain. Ainsi, chaque créateur, lettré ou pas, met en évidence des idéologies et des concepts, des croyances dites sacrées, qu'il s'agisse de poésie, de chant, de danse, de peinture, de monographies, de cinéma, de théâtre ou d'architecture. Dès lors, et étant donné cette richesse plurielle, il est judicieux de parler de littératures et d'arts au pluriel car les singularités et les confluences culturelles sont inévitables.

« ce sont surtout les chanteurs qui sont sur devant de la scène »

Le présent premier volume de *Legs et Littérature* s'ouvre sur l'article de Salma Fellahi, « Éloges textuels spirituels et poétiques dans la musique *aissaoui* marocaine », qui met en exergue les particularités d'un chant poétique spirituel populaire marocain qu'est la musique *Aissaoui*[2] et dont les auteurs sont méconnus ; ce sont surtout les chanteurs qui sont sur le devant de la scène. Son objectif est donc de réhabiliter les auteurs dont les *qasaid* (poèmes) sont déclamés par des centaines de chanteurs dans les cérémonies, les concerts et pendant les fêtes, aussi bien religieuses que profanes. Elle a choisi, à cet égard, trois poètes qui sont Ahmed El Grabli, Mohammed Ben Ali Messfioui Denati et Driss Ben Ali Senassi qui font partie du 19ème siècle, dont les textes sont l'exemple d'une identité marocaine indirectement influencée par l'Afrique noire.

M'hammed Cherkaoui, quant à lui, dans son article « Arts visuels marocains et répression politique. Portraits minotauresques du dictateur dans l'œuvre de Mohammed Laouli », mêle la politique, la peinture et une figure mythologique : le Minotaure. Ainsi, arbore-t-il la thématique de la dictature qui, selon lui, se trouve au centre de la création artistique contemporaine. Il y affirme, en effet, qu'un nombre considérable d'artistes africains ont représenté le statut du despote dans un contexte historique où les coups d'État et les révoltes étaient nombreux. Afin d'illustrer ses

---

2. Il s'agit d'une confrérie mystico-religieuse fondée à Meknès, au Maroc par Muhammad Ben Aïssâ, au 15ème siècle. Le terme « Aïssâwa » est donc issu du nom de son fondateur. Originalement orthodoxe, la confrérie des « Aïssâwa » est devenue un phénomène social complexe qui mêle le sacré et le profane. Leurs chants poétiques à résonance religieuse et spirituelle mettent en scène des danses symboliques amenant les participants à la transe.

propos, il a choisi l'œuvre de Mohammed Laouli – marquée par les contestations populaires du printemps arabe – dans laquelle le mythe du Minotaure, monstre cruel et morbide, représente la sauvagerie et la répression des forces de l'ordre qui sévissent dans plusieurs pays africains.

Réda Bejjtit, dans « Texte et/ou image en littérature marocaine d'expression française. De *La Querelle des Images*[3] d'Abdelfattah Kilito à *miniatures*[4] de Youssouf Amine Elalamy » s'interroge sur le rapport entre le texte et l'image en se posant les questions suivantes : qui domine l'autre, le texte ou l'image ? L'image, illustre-t-elle encore le texte, ou a-t-elle une relative autonomie par rapport à lui ? Des questions auxquelles il répond tout au long de son analyse en ayant pour corpus deux œuvres littéraires de deux auteurs marocains d'expression française : *La Querelle des Images* d'Abdelfattah Kilito et *miniatures* de Youssouf Amine Elalamy.

« Le Mbolé, un hypermédia qui regroupe la musique, la danse, le chant, le happening et des arts oratoires, tout comme la poésie orale ou le conte »

Cynthia Amanguene Ambiana, dans « Formes de récits et types de discours africains. Le Mbolé : une pratique artistique contemporaine du ghetto camerounais », présente un art camerounais qui prend de l'ampleur depuis quelques années : le Mbolé, un hypermédia qui regroupe la musique, la danse, le chant, le happening et des arts oratoires, tout comme la poésie orale ou le conte. Dans le cadre de son article, l'auteure décrit la singularité du Mbolé, ses interactions artistico-médiatiques, présente les images données par le ghetto camerounais, brosse la vision du monde véhiculée par les Mboleyeurs. Sa démarche d'analyse est l'intermédialité du théoricien camerounais Robert Fotsing Mangoua.

Dans « Le théâtre en Afrique : voies et parcours », Zahra Riad expose le théâtre Africain qui révèle des parcours différents de ceux du théâtre occidental. Selon elle, ce théâtre en Afrique, dont on conteste parfois la légitimité d'existence, a ses propres paramètres et présente une structure opposée à la tradition aristotélicienne. La plupart des productions africaines sont, d'après

---

3. Abdelfettah Kilito, *La Querelle des Images*, Paris, Eddif, 1996.
4. Youssouf Amine Elalamy, *Miniatures*, Bordeaux, Hors'champs, 2004.

l'auteure, teintées de violence, fruit de la colonisation. Dès lors, elle propose d'instaurer un débat sur les formes de représentations théâtrales africaines qui ne se conforment pas au schéma du modèle théâtral occidental.

Intitulé « La prégnance du réinvestissement mythique dans *Le Temps de Tamango*[5] et *Le Cavalier et son ombre*[6] de Boubacar Boris Diop », Abdoulaye Sall offre une étude sur les traces du mythe, la réactualisation et le réinvestissement mythique, élément narratif et dispositif structurant importants dans ces deux romans de Diop. Il met également en relief, dans la continuité de l'installation du mythe et dans le texte romanesque, la nouvelle image de la femme noire africaine, intellectuelle émancipée, insaisissable, car échappant à toute emprise réelle, même à celle de l'écrivain dont le génie révèle la prépondérance de l'échec à la fin du parcours de certains personnages.

« il véhicule la construction d'une identité au prisme de l'autre, c'est-à-dire d'un modèle stéréotypé et formaté de France »

Pour sa part, Agatino Lo Castro, dans « La construction de l'identité au prisme de l'autre. Le cas d'étude de *Bleu Blanc Rouge*[7] d'Alain Mabanckou », décrit le concept de l'identité, difficile à définir dans les textes de francophonies, car, selon lui, plusieurs éléments se croisent : les langues, la construction de l'identité au prisme de l'autre, l'imitation. Dans le roman d'Alain Mabanckou, *Bleu Blanc Rouge*, ouvrage qu'il a choisi comme corpus d'analyse, il véhicule la construction d'une identité au prisme de l'autre, c'est-à-dire d'un modèle stéréotypé et formaté de France. D'un point de vue méthodologique, il étudie les isotopies du texte, en choisissant des extraits particuliers, afin de mettre en évidence les thèmes de l'identité et de sa construction au prisme de l'autre. Le texte littéraire est analysé à travers les réflexions de la sémantique des textes.

Dans son papier portant sur la littérature angolaise, le professeur Oumar Diallo met en évidence, en s'appuyant sur *O Desejo de Kianda* de Pepetela, la figure mythologique angolaise, Kianda.

---

5. Boucabar Boris Diop, *Le temps de Tamango*, Paris, L'Harmattan, 1981.
6. Boucabar Boris Diop, *Le Cavalier et son ombre*, Paris, Philippe Rey, 2010.
7. Alain Mabanckou, *Bleu Blanc Rouge*, Paris, Présence africaine, 2000.

Communément appelée « La déesse des eaux », Kianda est une divinité dotée de pouvoirs surnaturels qui suscite une forte inspiration pour les écrivains angolais. Le recours à ce récit mythique par la littérature angolaise est révélateur de l'effondrement des rêves utopiques qui ont marqué les luttes pour l'indépendance. Diallo, aborde alors les préoccupations propres au peuple angolais dont l'histoire est jalonnée de nombreuses péripéties liées à la colonisation. Ainsi, privilégie-t-il l'approche selon laquelle les méfaits de la colonisation portugaise sont à l'origine de la révolte de Kianda. Son analyse s'appuie sur les valeurs traditionnelles et sur les mythes pour éclairer les entraves du processus révolutionnaire.

« Kianda est une divinité dotée de pouvoirs surnaturels qui suscite une forte inspiration pour les écrivains angolais »

Dans « Le passage de l'oraliture à l'écriture comme stratégie de résistance et positionnement face au colonialisme. Cas des contes de Birago Diop », Touria Uakkas, dans une perspective d'étude littéraire francophone brode un procédé dans les contes de Birago Diop qui n'est autre que l'oraliture, définie comme l'inscription dans le texte écrit de la littérature « parlée ». Les contes de Diop sont, selon elle, des textes oraux récupérés et recontextualisés dans l'écrit avec toute l'influence exercée des conteurs traditionnels écoutés quand il était enfant. C'est ainsi que Uakkas propose de répondre à la problématique suivante : Comment l'oraliture a constitué un positionnement du sujet africain et une forme de résistance à la colonisation ?

« L'oralité, un procédé d'écriture de l'histoire de l'indépendance au Cameroun dans *Une saison dans les montagnes de l'Ouest Cameroun*[8] de Daniel Tongning » de Jean Boris Tenfack Melagho analyse l'écriture romanesque de l'histoire de l'indépendance camerounaise que soumet Tongning à travers *Une saison dans les montagnes de l'Ouest Cameroun*. S'y opère un croisement du narratif et une oralité où le passé est construit au gré du mélange de genres et la porosité des frontières du texte romanesque. Ainsi, cet article met en lumière la portée de l'oralité dans l'élaboration du récit de l'indépendance au Cameroun. En se servant de la

---

8. Daniel Tongning, *Une saison dans les montagnes de l'Ouest Cameroun*, Paris, Mon Petit Éditeur, 2011.

sémiotique, l'analyse rend compte des modes de figuration au sein de l'espace fictif ainsi que la signification de l'hétérogénéité générique qui en résulte.

L'article titré « Notions d'intimité et symboles dans l'architecture traditionnelle de la Tunisie. Le cas de Sfax », d'Houneida Dhouib Amouri se penche sur la ville de Sfax, répartie sur un espace présentant un rayon de soleil dont le noyau est présenté par la médina, bâtie en 849 après J.C.. Elle y souligne, qu'outre la recherche symbolique dans divers éléments architecturaux et décoratifs, l'architecture traditionnelle tunisienne est gérée par un savoir-faire ingénieux et une importance pointue, accordée à l'intimité des familles. Dans son analyse, elle prend comme référence plusieurs exemples des « Dar(s) » et des « Borj(s) » pour démontrer les ressemblances et les dissemblances architecturales et décoratives, permettant d'intensifier un imaginaire et un patrimoine propres à la région.

Enfin, dans « Initiation et magie : de l'oral à l'écrit/du socio-religieux au littéraire. Quelle(s) relecture(s) de *Mémoires de porc-épic*[9] d'Alain Mabanckou », Feyrouz Soltani, transmet les idées de l'auteur ponténégrin Alain Mabanckou qui sont recouvertes de la tradition orale africaine. En effet, selon elle, les rites et les croyances du continent noir constituent, non seulement, la toile de fond de ses œuvres, mais représentent tout un système de symboles d'une culture noire transmise à travers plusieurs générations. Ainsi, en s'inspirant d'un conte africain selon lequel chaque être humain a un double dans la nature, *Mémoires de porc-épic* revisite les croyances africaines à travers les thèmes de l'initiation et de la magie. Dès lors, grâce à l'intégration des rites initiatiques et magiques, la trame narrative donne à réfléchir, d'où un bon nombre d'interrogations qu'elle s'est posées : dans quelle mesure l'initiation et la magie reflètent-elles l'imaginaire collectif africain ? Quelle symbolique se dégage de ces pratiques religieuses et sociales ?

« Quelle symbolique se dégage de ces pratiques religieuses et sociales ? »

---

9. Alain Mabanckou, *Mémoires de porc-épic*, Paris, Points, 2007.

Ce premier volume se termine par un entretien sur l'auteur et cinéaste sénégalais, Ousmane Sembène, des compte rendus de lecture et des textes de créations qui dénotent une sensibilité humaine commune exprimée par plusieurs voix ayant fait de l'Afrique un continent bien plus qu'exotique. Ainsi, elle confirme que l'Humain, quel que soit son milieu et ses croyances, transmet, au final, le même message : le besoin de vivre dans un espace où il ne sent point étranger.

Ce numéro de *Legs et Littérature* se propose donc de réfléchir sur l'Afrique, cette notion à la fois complexe à définir et à délimiter pour essayer d'en cerner les contours. Il offre aussi, et surtout, des pistes de recherche pour (re)penser les Arts et les Littératures d'Afrique au regard des textes, des images, des croyances, des imaginaires et de toute autre forme de représentations.

« Le besoin de vivre dans un espace où il ne sent point étranger »

Salma FELLAHI, Ph.D

Sommaire

• Arts et Littératures d'Afrique. Récits, Discours, Images

Sommaire

• Première partie

Arts et Littératures d'Afrique. Récits, Discours, Images

Éloges textuels spirituels et poétiques dans la musique *aissaoui* marocaine

Née à Rabat, au Maroc, Salma FELLAHI est professeur de Littérature et de Langue Françaises à la Faculté des Lettres et des Sciences Humaines d'El Jadida au Maroc. Elle compte à son actif trois ouvrages : Luttes et Chimères *(2018),* L'Amalgame de l'Éros et du Thanatos dans Les Contemplations *de Victor Hugo (2018) et* La Poétique du Melhoun marocain *(2017), ainsi que quelques articles principalement liés à la poésie et à la psychanalyse.*

Résumé

À examiner de près l'expression « chant poétique populaire », l'on est confronté à des définitions diverses : art musical, art du langage, type de discours, vers, prose, rythme, sonorités, jeu de mots, musicalité, musique, chanson, danse, etc. Plus encore, les chants poétiques renvoient à la mémoire populaire, aux sentiments et aux idéologies d'un peuple. Il en est ainsi en Afrique du Nord où les chanteurs et les poètes sont omniprésents depuis l'implantation des arabo-andalous au Maghreb. En effet, dès cette période, la beauté esthétique des mots est enracinée dans la culture maghrébine pour y rester. Dans cette perspective, notre contribution mettra en exergue les particularités d'un chant poétique spirituel populaire marocain qu'est la musique Aissaoui dont les auteurs sont généralement méconnus dans le monde ; c'est surtout les chanteurs qui le sont. Notre objectif est donc de réhabiliter les auteurs dont les qasaid (poèmes) sont déclamés par de centaines de chanteurs dans les cérémonies, les concerts et pendant les fêtes aussi bien religieuses que profanes. Nous avons choisi trois poètes : Ahmed El Grabli, Mohammed Ben Ali Messfioui Denati et Driss Ben Ali Senassi, trois poètes du 19e siècle ayant aussi bien écrit dans le Melhoun que dans la musique aissawi.

Mots clés

Maroc, chant, danse, poétique, Aïssawa

ÉLOGES TEXTUELS SPIRITUELS ET POÉTIQUES DANS LA MUSIQUE *AISSAOUI* MAROCAINE

Introduction

La chanson populaire marocaine à caractère poétique, implantée au Maroc depuis des siècles, regorge de confluences et d'influences aussi bien africaines qu'asiatiques et européennes. Toutefois, ces inspirations sont teintées d'une singularité rythmique, thématique et culturelle, qui met à l'honneur un attachement spirituel, lié majoritairement à l'Islam. Ainsi, le texte *aissaoui* – bien qu'il ait une tendance profane, surtout quand il s'agit de l'évocation des démons – transmet foi, éloges religieux, lamentations et espoirs. De telle sorte que les paroles déclamées transportent les danseurs chantres qui reprennent le poème original dans une transe aussi bien psychique que corporelle. Qu'est-ce donc le chant poético-musical *aissaoui* ? D'où vient-il et qui en est le créateur ?

Il s'agit d'une confrérie à tendance mystico-religieuse et superstitieuse à la fois. Et c'est à Meknès qu'elle fait ses premières apparitions officielles, grâce à Mohammed Ben Aissa[1], nom duquel l'on a créé le terme « issaoua ». Ainsi,

---

1. Mohammed Ben Aissa est un saint ayant vécu aux 15e et 16e siècles. Originaire de Taroudant, son mausolée est actuellement sacré et rassemble, chaque année, pendant un « moussem » les *aissaouas* du Maroc.

il est constamment loué et invoqué, à l'image du prophète. Notons qu'au-delà des éléments musicaux polyrythmiques qui nous rappellent les musiques *gnawi*[2], la *dakka merrakchiya*[3] et les chants traditionnels d'Afrique subsaharienne, notamment quand il s'agit des instruments musicaux : tambours, percussions, et des rituels de possession de transe - il est par exemple question de démons tels que Sidi Moussa, roi des océans, Chamharouch, roi des *jnouns* (démons, êtres de feu cités dans le coran) ou encore Lalla Malika, démone libertine et envoutante. Ces personnages sont généralement invoqués lors des « lilat »[4] où ces « mlouk » (génies ou démons) baignent ceux qui les déclament dans la « jedba » (transe). Ceci constitue une contradiction avec ce qu'on appelle « lhdra »[5], un rituel purement religieux où on y fait l'éloge de Dieu, du prophète et de ses descendants en insistant sur la spécificité sacrée que l'Islam prône. Cette contradiction a suscité de vives critiques chez les croyants qui voient en cet amalgame un « chirq »[6] qui place les démons et certains saints comme Mohammred Ben Aissa au même rang que Dieu et le prophète Mahomet[7], ce qui est interdit par la religion musulmane.

Dans cet article, nous n'aborderons pas les thèmes liés aux rituels démoniaques, mais nous nous concentrerons sur les textes – traduits de l'arabe vers la langue française par nos soins et ceux de Fouad Guessous[8] – ayant fait l'éloge du prophète et de ses disciples afin de valoriser leur poéticité. Quatre

---

2. La confrérie « gnawi » tire ses premières origines du Soudan et du Mali pour se développer ensuite au Maroc. De ce fait, le chant *gnawi* est le fruit d'un métissage dont l'histoire est corrélée à l'esclavage d'antan et à des croyances aussi bien spirituelles que superstitieuses, une histoire riche et diversifiée qui a hautement inspiré d'autres musiques avec lesquelles il a fusionné tels que le jazz, le rock et le blues.
3. La « dakka marrakchiya » est une forme musicale rituelle et folklorique, issue de Marrakech. Ce genre, comme le « gnawi » est à la fois spirituel et profane où la danse nous rappelle certaines danses africaines.
4. Les « lilates » sont des célébrations nocturnes ou plusieurs personnes sont invitées à entrer en transe.
5. Le terme signifie « présence » et renvoie à l'invocation des absents.
6. Sorte de polythéisme où l'on mêle l'éloge de Dieu et de ses Messagers avec le commun des mortels.
7. Afin de différencier Mohammed Ben Aissa et le poète Mohammed Ben Ali El Messfioui Denassi du prophète Mohammed, nous utilisons le prénom « Mahomet » pour renvoyer au prophète, que ce soit dans notre traduction ou dans celle de Fouad Guessous (que nous signalons par des crochets).
8. Les poèmes originaux sont trouvables dans les *Diwans* publiés par L'Académie du Royaume du Maroc (cf. Bibliographie).

chants poétiques du 19e siècle feront l'objet de notre étude, « Al Boraqia/La monture du prophète » et « Tassliya 3/Prière »[9] d'Ahmed El Grabli[10], « Tassliya/Prière »[11] de Mohammed Ben Ali Messfioui Demnati[12] et « Sadati ouled Taha/ Mes seigneurs descendants du prophète »[13] de Driss Ben Ali[14], souvent repris lors des cérémonies religieuses, fêtes et concerts.

1. L'éloge du messager d'Allah : un cri du cœur

L'éloge du prophète Mahomet apparaît de son vivant, mais atteint son apogée au 13e siècle. Tous les croyants dotés de la fibre poétique le décrivent alors comme un être saint dont la beauté et la bonté sont exemplaires. Dès lors, les chants *aissaoui* empruntent aux poètes arabo-musulmans classiques les éléments du panégyrique et ceux de la poésie amoureuse afin de louer les qualités intérieures de Mahomet, visibles à travers la lumière extérieure qu'il dégage. Cette exposition mêle deux sous-genres du *madih* (louanges) qui sont « l'éloge » et le « thrène », vu que le chantre pleure un disparu, d'autant plus qu'il s'agit d'un prophète élu et béni. C'est ainsi que le barde, tout comme le chanteur en transe corporelle, plongent tous deux dans un univers contradictoire dans lequel la souffrance face à une absence, tout comme l'amour, sont des éléments déclencheurs. Cet amalgame ne nous permet donc pas de classer « l'éloge » et le « thrène » séparément.

Linguistiquement parlant, le terme « rithâ / thrène » désigne aussi bien un état qu'un acte. Muni d'un double sens, il provient du verbe « rathâ » qui veut dire « pleurer un défunt » et du terme « raththâ » qui signifie « faire l'éloge d'un mort ». De ce fait, le « thrène » est perçu comme étant un sous-genre de « l'éloge », car les deux ont pour point commun la célébration d'un proche, d'un saint ou d'une personne illustre comme l'est le cas dans la tradition chrétienne et arabe. En effet, à l'image de l'élégie romaine antique, les chants *aissaoui* qui relatent les caractéristiques louables des Saints sont associés au

9. Ahmed El Grabli, *Diwan*, Rabat, Mawsouât Akadimiyat Al Mamlaka Al Maghrbia, 2012.
10. Originaire de Fès, Ahmed El Grabli est un poète ayant vécu sous le règne des sultans Moulay Hassan 1er (1873-1894) et Moulay Abdelaziz (1894-1908).
11. Mohammed Ben Ali Senassi Demanati,*Diwan*,Rabat, Mawsouât Akadimiyat Al Mamlaka Al Maghrbia, 2016.
12. Benali Mesfioui est né à Fès sous le règne de Moulay Hassan 1er (1873-1894).
13. Driss Ben Ali, *Diwan*, Rabat, Mawsouât Akadimiyat Al Mamlaka Al Maghrbia, 2012.
14. Driss Ben Ali, connu sous le nom de « Driss El Hanch » est un poète qui a vécu à Fès sous le règne du Sultan Moulay Abdelaziz (1894-1908).

sentiment amoureux, toujours accompagné d'une douleur due à l'absence physique de la personne aimée. Dès lors, des apostrophes pour s'adresser à Mahomet sont utilisées pour apaiser un mal intérieur qui permet, au même moment, d'accéder à la voie divine, de s'élever. Par conséquent, les qualités louées comme les exploits sont liés à la piété, à la bonté et à la méditation; la description poétique se fait donc du concret vers l'abstrait, d'une description de la personne louée vers une méditation spirituelle. Les *aissaouiyat* reprennent ainsi l'image céleste que les religieux arabes, compagnons et fidèles – tels que Mousslim, Ibn Malik et Al Boukhari – ont fait du Messager, un être charitable qui fait partie d'un tout divin, l'exemple parfait à suivre. L'éclat de son visage renvoie le portrait d'un être vertueux inspirant le respect des autres croyants, malgré son absence physique. Un exemple suffira, un *hadith* rapporté par Yaâkoub :

> *Le Messager d'Allah, prière et paix sur lui, était magnifique*
> *et glorieux. Son visage brillait comme l'éclat de la pleine lune*[15].

Cette image inspire et sert de modèle aux chantres qui font du prophète un être de lumière placé dans le cercle des anges. Ceci est, par exemple, visible chez Ahmed El Grabli dans « Al Boraqia/ La monture du Prophète »[16] :

> *Saluons donc le cavalier du* Boraq,
> *Le noble, le pur, le mystique.*
> *Prions en son nom,*
> *En déclament sans cesse son nom.*
> *Car sa présence libère de tous les tourments.*
>
> [...] *Lui, Mahomet, maitre des maitres,*
> *Le plus noble de tous les messagers, de tous les êtres.*
> *Lui, Mahomet, lumière brillant*
> *Dans les plus lointains des horizons terrestres,*
> *Une lumière, émanant du Tout-Puissant Céleste.*
> *Lui, Mahomet, océan de bonté,*
> *Offre sa protection à tous ceux qui à son appel ne manquent jamais.*

15. Mouhammed Youssef Alkandhloui, *La vie des compagnons* Tome II, [Trad. Abderrafouf Benhalima], Mali, Al Falah, 2010, p. 11.
16. Ahmed El Grabli, *Diwan*, op. cit., p. 643.

Saluons donc le cavalier du Boraq
Le noble, le pur, le mystique.
Bénis sommes-nous de connaitre celui qui brille dans le ciel sombre,
Lui, le noble messager de Dieu qui, de tout temps
A éclairé les chemins et a vaincu les ennemis les plus sombres.
[...] Car le Tout-Puissant l'a protégé contre la pénombre
En lui octroyant des anges, dans la lumière, comme dans l'ombre.
(Notre traduction).

Comme dans les récits sacrés, Mahomet est un être lumineux, un miraculé qui avait reçu un *boraq*[17] en guise de monture pour se déplacer. Cette description physique complète les valeurs qui trouvent aussi leur source dans les textes sacrés que sont « la bonté », « la fidélité » et la « pudeur ». Celles-ci sont pareillement véhiculées chez Mohammed Ben Ali Messfioui dans « Tassliya/ Prière »[18].

Au nom du Dieu tout puissant, je commence mes vers,
Pour faire briller un joyau exemplaire,
Tisser un amour en soie aussi doux que ces vers,
Et louer un messager dont la couronne imaginaire
Trace mon chemin et me guide au-delà des sphères.
Son amour m'enrichit et me soulage de tous les maux,
Habite au plus profond de mon être aimant,
Et me fait dire les plus lumineux des mots.
Oh ! Détenteur du miiraj *[l'ascension divine], Oh ! Mahomet !*
Que Dieu te bénisse, Oh ! Miraculé !
(Notre traduction).

Le barde suggère ici la grandeur et la majesté d'âme du prophète à travers «détenteur », «ascension divine», «couronne», et l'éclat moral en utilisant «joyau». Par ces éloges, le cœur du chantre s'emplit de béatitude pour devenir « l'ange gardien », aimé de tous les croyants :

---

17. Le « Boraq », selon la croyance islamique est un coursier fantastique qui émane du paradis. Son rôle fut d'être la monture des prophètes, à l'image de « Pégase ».
18. Mohammed Ben Ali Senassi Demanati, *Diwan*, op. cit., p. 889.

Oh ! Toi que tout le monde aime et vénère,
demande ce que tu souhaites, tu l'auras, car tu es exemplaire,
Tu es le plus fidèle, un trésor, une énergie extraordinaire.
(Notre traduction)

L'accent est ici mis sur l'apport positif de Mahomet à l'humanité ; l'énumération des qualités morales qu'Allah lui a octroyées nourrit son âme du souffle du paradis. C'est alors que le prophète agit, malgré son absence physique comme un protecteur contre les affres liées au Jugement dernier, qui imprègnent les fidèles. Sa simple évocation rend le cœur du croyant léger. De cette description morale naît un lyrisme évident ; le poète évoque son fervent amour à l'égard du messager dans un langage mi-profane, mi-sacré de sorte que nous ne savons plus s'il est question d'un amour porté à une femme ou au porteur de l'Ultime Message. Il s'agit d'un amour qui brûle, qui déchire, mais qui peut également être source de plaisir et de bien-être dès que le bien-aimé répond à l'appel :

Tu es mon âme, tu es mon air,
Te voir dans mon sommeil, c'est ce que j'espère !
Je t'en supplie, viens à moi,
Pour que la fin des temps soit sans émois.
Je te loue, Oh messager,
Pour que tous mes troubles, soient de lumière, remplacés !
(Notre traduction

L'amour porté à Mahomet est ancré dans le cœur d'un fidèle enivré par une allégresse divine enluminée. Cette image est aussi véhiculée chez Ahmed El Grabli, «Tassliya 3/Prière »[19] :

Que j'aime louer celui dont les yeux brillent,
Celui qui habite au plus profond de mon cœur qui scintille,
Celui qui veille sur mon sommeil et mon éveil,
Lui, que j'aime, lui qui caresse mes sourcils au réveil.
Lui, le cavalier du Boraq, je le prie pour que le feu de mon amour
s'éteigne.

---

19. Ahmed El Grabli, *Diwan*, op. cit., p. 647.

[…] *Lui, Mahomet, apaise mon existence,*
Habite dans mon âme, tel un prince qui gouverne des jardins immenses.
Oh ! Mahomet ! Loué sois-tu, toi astre de tous les astres qu'on dé-
nombre !
Celui qui brille dans les cieux sombres,
D'une lumière qui, sur toutes les sphères, chasse la pénombre.
(Notre traduction).

Il s'agit donc d'une passion enchanteresse que les deux poètes comparent constamment à la lumière et au cœur, à l'âme, tous synonymes de félicité et de spiritualité. Ainsi, le bonheur qui envahit le cœur du croyant est poétisé, sublimé. Le poète comme le chantre, en déclamant des mots, se délivrent de leur maux. Néanmoins, à cette description succèdent des images négatives mettant en exergue la souffrance causée par un amour brûlant. Ceci est apparent dans « Al Boraqia/ La monture du prophète» du même poète (El Grabli)[20] :

A mon esprit, il manque.
L'amour que je lui porte me brûle au fond des tripes.
Si l'océan m'arrosait,
Je ne pense point que le feu du manque m'éteindrait.
Nul ne peut comprendre l'amour qui m'habite,
À moins qu'il ait gouté
La passion qui m'abrite.
(Notre traduction).

La douleur amoureuse peine à cicatriser. Le champ lexical du feu et de l'eau représente une nature intérieure où des paysages habitent l'âme d'un chantre qui perd facilement ses repères. Mais malgré ces épreuves, en s'adressant à l'élu de Dieu comme s'il faisait partie de sa vie et en demandant son amour et sa compassion, la certitude d'une ascension mystique est évoquée. C'est ainsi que sa lumière devient bien réelle, vivant parmi les hommes de toute époque :

Je clôture ces vers par l'éloge d'un Messager en or
Que le cœur des croyants, sans cesse, honore.

---

20. Ibid., p. 643.

Je le loue pour que le feu de l'au-delà s'éteigne
Et que toute souffrance ne m'éteigne.
(Notre traduction).

Dans ce sens, tous ceux qui sont animés par al *aissaouiyat*, ressentent le chant poétique comme un besoin, un acte nécessaire à l'accomplissement d'une vie paisible et harmonieuse. Par conséquent, bien que l'amour porté au messager de Dieu soit synonyme d'une dépendance qui peut affaiblir l'âme, il s'agit principalement d'une énergie positive. Aussi, la description des feux de l'amour fait valoir la position sacrée du fidèle. Dans ce sens, l'éloge consacré à Mahomet fait part d'une expérience mystique qui frôle les recommandations, des recommandations que l'on retrouve dans des poèmes dédiés aux descendants du Messager.

2. Les descendants du prophète Mahomet : de l'éloge aux recommandations

La description élogieuse des nobles compagnons et descendants du prophète apparaît à maintes reprises dans le *Coran* ; considérés comme les élus du paradis, ces fidèles serviteurs sont dignes de confiance, un thème que nous retrouvons chez chaque *aissaoui*.

Dans le *Coran*, ils sont décrits comme étant des êtres pieux, purs et majestueux. Il en est ainsi dans le 100e verset de « Sourate Attawbah/ Le repentir »[21] :

> *Les tout premiers [croyants] parmi les émigrés et les auxiliaires et ceux qui les ont suivis dans un beau comportement, Allah les agrée, et ils l'agréent. Il a préparé pour eux des Jardins sous lesquels coulent les ruisseaux, et ils y demeureront éternellement. Voilà l'énorme succès !*

Comme dans le 110e verset de « Al îmran/ La famille d'Imran »[22] :

---

21. Ministère des Affaires Islamiques, *Le Noble Coran* [Trad. Al Madina Al Mounawara], Complexe Roi Fahd, 1999, p. 203.
22. Ibid, p. 64.

Vous êtes la meilleure communauté qu'on ait fait surgir pour les hommes vous ordonnez le convenable, interdisez le blâmable et croyez à Allah.

Tous les compagnons et descendants du prophète sont en effet des êtres exceptionnels à qui le paradis est promis et qui sont vus comme les guides de tout croyant. C'est dans cette perspective que le poème *aissaoui* à caractère religieux, inspiré du *Coran* et de la *Sira*, a donné forme à son éloge à l'égard de la communauté mohammadienne, car elle a la capacité d'éclairer et de purifier les esprits. Afin d'illustrer cette idée, nous avons choisi « Messeigneurs, descendants du prophète/ Sadati ouled taha »[23] de Driss Ben Ali, un poème dans lequel l'auteur commence par demander aux âmes pures des descendants – quoiqu'absentes – de sauver le monde des ténèbres :

Par le nom du Clément et le Miséricordieux
Je débute ces vers aux vocales radieux.
O combien de bon augure est le nom de Dieu,
Clé de toute chose, interroge les studieux !

Ils ont savouré l'épanchement de leur cœur,
Et ceux qui se sont enivrés de sa splendeur,
Et renoncé à toute fortune dès lors,
Immense est leur foi, si pur est le corps!

Priez, glorifiez et louangez
Sidna [Mahomet] l'ultime messager
Son gendre Ali et sa noble descendance,
Astres illustres et don de la Providence.

Dieu nous a gratifiés de vos nobles personnes,
Et épargnés des maux dont le monde foisonne,

---

23. Ce poème est aussi bien chanté dans le Melhoun que dans la musique Issaoui. Nous l'avons choisi, car il évoque la plupart des Saints que l'on retrouve dans des poèmes séparés et ont un caractère profane qui ne fait pas partie de notre thématique. (Cf. Driss Ben Ali, *Diwan*, Ibid., p. 206).

Dieu le rédempteur vous a donné pour mission
D'être pour les hommes refuge et protection ![24].

La noblesse de ces êtres est corrélée aux « astres illustres » dont le rayonnement est semblable à la pléiade qui transperce l'obscurité. Cette image nous confirme, une fois de plus, que la lumière mystique est toujours omniprésente dans les poèmes mystico-religieux. À cet éclat, s'ajoute la notion du « présent divin » représenté par les Saints ; le prophète comme « son gendre Ali et sa noble descendance » sont effectivement regardés comme étant un cadeau offert par Dieu à ceux qui désirent emprunter la voie sacrée[25] :

Messeigneurs! Nobles descendants du Prophète
Ayez pitié être près de vous je souhaite
Être près de vous ! Que cessent mes souffrances !
O clémence et magnanime descendance !

Messeigneurs ! Je voudrais de mes maux guérir,
Voyez mes peines je souffre le martyre !
Sans mon corps mon cœur s'en est allé seul,
Messeigneurs, dans la terre de votre Aïeul.

Messeigneurs ! Qui auprès de vous intercède,
Ses vœux seront exhaussés par votre intermède,
Car chameau et gazelle se sont réfugiés
Sur les terres de votre Aïeul noble lignée !
Messeigneurs ! Par ce monde je suis troublé !
De mes yeux les larmes ne cessent de couler.

Par conséquent, en choisissant de s'adresser directement aux « nobles descendants du prophète », l'aède tente d'accéder à l'élévation mystique. Ceci ne passe pas sans la voie de l'imaginaire qui lui permet de se libérer d'une époque aux mœurs corrompues. La vision de la réalité est alors transmise comme elle devrait être et non comme elle est.

---

24. Fouad Guessous, *Anthologie de la poésie du Melhoun marocain, Douze siècles de la vie d'un royaume*, T.I, Casablanca, Akadimiyat Al Mamlaka al maghribia, 2008, p. 206.
25. Ibid, pp. 208-209.

De plus, en s'adressant à des aïeux bénis, un désir d'appartenance à un cercle religieux est exposé. Dans ce sens, la métaphore du « cœur » qui se détache du « corps » indique un degré intense de concentration spirituelle, ce qu'on appelle en Islam « atakhachouê », et les termes « peine/souffrance/ayez pitié/ maux/je souffre/martyre » véhiculent un être incompris qui essaye de trouver un remède contre son mal. C'est ainsi que, par opposition au champ lexical de la douleur, les expressions louangeuses adressées à la communauté mohammadienne sont teintées d'espoir. «Troublé» par son monde, le croyant se garantit alors une vie meilleure grâce une miséricorde fantasmée.

Cette bonté glorifiée est corrélée à l'essence divine représentée par l'image du « chameau », compagnon du désert qui transporte les voyageurs d'un endroit inconnu vers un autre et permet de découvrir l'essence et les sens cachés de l'univers mystique. De ce fait, la métaphore du chameau renvoie à la naissance et la continuité du Message d'Allah, transporté à dos de chameau par ses fidèles, disciples du prophète. « La gazelle », quant à elle, signifierait aussi bien la grâce que l'élégance et la noblesse de ce Message. Le chameau comme la gazelle, tous deux pourraient, à ce propos, être l'allégorie du message divin dans sa globalité et connote une recherche divine ; celle-ci se fait à travers la commémoration d'un passé illustre dans lequel les disciples ont transmis les lois de Dieu dans la plus grande authenticité. Conséquemment, le dévot demande avec insistance la bénédiction de ces êtres précieux, témoignant par là un désir d'identification[26] :

Quel remède que le vôtre pour mon Salut ?
Votre bénédiction est mon bien absolu,
Acceptez-moi, o Seigneurs, comme esclave,
Je vous servirai humblement sans entraves !

Nous retrouvons la notion de l'« humilité » où le fidèle se considère comme l'esclave des descendants. Dans cette tentative, le chantre expose deux notions principales : la première est une hypostase dans laquelle l'aède est à la fois créateur et esclave d'un individu archétypal à qui il redonne vie. La deuxième est un désir indirectement véhiculé, celui d'être placé sur le même rang que celui des élus. En conséquence, en veillant à vouloir suivre les traces

---

26. Ibid., pp. 208-209.

des nobles descendants du prophète qu'il continue de louer, Ben Ali donne forme à une envie d'identification pour se rapprocher encore plus d'Allah[27] :

Vous êtes les purs vous êtes les sincères,
Vous êtes du Prophète les descendants fiers,
De Sa mansuétude il vous a habillés,
De ses secrets il vous a gratifiés.
De la noble de Koraich, la bienfaitrice,
Sublime et magnanime, vous êtes le fils,
Lalla Fatéma la Sainte l'Immaculée,
La distinguée l'inégalée l'auréolée
La nuit de noces Taha a supplié
Dieu pour elle et son cousin et tout leur foyer :
«Seigneur faites que leur union fleurisse,
Que la communauté s'accomplisse et se tisse!»
Ah! Quelle nuit sublime et emplie de merveilles!
Nuit de l'éclipse de la lune et du soleil,
Dieu a souscrit à la prière du Prophète
Sa requête est satisfaite sur la planète.

Le rapport entre l'imaginaire et le sentiment réel mystique est dans cet extrait évident ; le lyrisme se mêle à une tentative de retour aux origines et l'intensité des images utilisées réside dans une attitude qui tend à célébrer la vie exemplaire des Saints d'antan. L'évocation de « Lalla Fatéma la Sainte », elle, donne une dimension différente à la thématique du poème. En effet, Driss Ben Ali intègre la notion de l'amour des époux, bénis d'Allah et de son messager. Par conséquent, l'élan du poète devient quasi érotique ; « l'éclipse de la lune et du soleil » sous-entend l'union charnelle de Lalla Fatéma et d'Ali Ibn Abi Talib, cousin du prophète, union sacrée. Cette image a pour but d'appuyer l'idée que les disciples, grâce aux faveurs que le saint Mahomet leur accordait, font partie d'un cercle vénérable qu'il ne faut cesser d'aimer et de louer. Ce recours aux récits religieux où les protagonistes sont représentés comme des héros a donc pour but de purifier le monde contemporain de l'auteur ; sa réflexion est censée offrir une conception essentielle et juste que tout homme en perdition se doit de suivre[28] :

---

27. Ibid., pp. 208-211.
28. Ibid., pp. 210- 211.

Soyez fleuris du parfum frais du Prophète,
Et que l'arôme exquis des nymphes vous vête
Que sa grâce vous drape et vous illumine,
Vous qui jouissez de la faveur divine!
Votre lumière éclaire les générations,
L'humanité entière sans dérogation
Au ponant et au levant, sur terre et sur mer.

La métaphore du «parfum» du prophète qui fleurit et de celle de « l'arôme exquis » qui « vête » ses disciples sont liées à la lumière et à la grandeur céleste de la « terre » comme de la « mer ». Cette description se définit donc par une quête qui tend à remonter vers des origines sacrées pour pouvoir déchiffrer un univers qui demeure souvent mystérieux, et ce n'est que grâce à ce retour que le chantre, à travers un discours élogieux, éclaire son âme et celle des autres[29] :

Le Seigneur nous a sauvés de l'égarement,
Du polythéisme et de son aveuglement,
Votre charisme emplit et drape nos cœurs,
O Maison de grandeur O lignée de l'honneur!

Grâce à vous le globe sombre s'est éclairci,
La liesse emplit le monde plus rien n'est noirci
La terre s'illumine la joie prolifère,
L'arôme et les senteurs emplissent l'univers !

L'univers entier grâce à vous se libère,
Ses eaux limpides ne sont plus délétères,
O grandeur O dignitaires que rien n'emmêle,
De votre amour bat le cœur des fidèles.

Conséquemment, l'apparition de la lumière, assimilée aux descendants, est liée au renouvellement du monde et à l'ascension. Il ne s'agit donc pas d'une lumière aveuglante, mais d'une lumière à travers laquelle l'on peut voir l'in-

---

29. Ibid., pp. 210-213.

visible dans laquelle l'esprit s'ouvre à une prise de conscience qui atteste qu'Allah est unique. Ce message n'a pu avoir une suite que grâce au lien imaginaire qu'a établi Ben Ali avec les Saints. Ce lien fantasmé crée un élan poétique dans lequel le fidèle voit dans les « eaux »purifiées par l'apparition des descendants une purification de l'esprit. De ce fait, l'eau connote la pureté et la renaissance, celle d'une nouvelle ère lustrée par la lumière. Cet éveil enfante un amour euphorique[30] :

> *Heureux qui s'est enivré de votre amour,*
> *Et aime ceux qui vous aiment, nuit et jour,*
> *Il sera votre compagnon dans l'autre monde*
> *Et ne souffrira de solitude profonde.*

> *C'est par l'estime qu'ils vous portent, Messeigneurs*
> *Que de grands hommes sont les pôles de la grandeur,*
> *Qui ne vous affectionne et ne vous vénère,*
> *Son cœur troublé vivra les affres de l'enfer !*

> *Ce qui est difficile retrouve son aise,*
> *Les verrous s'ouvrent et les courroux s'apaisent,*
> *Et vous êtes de la clémence le facteur,*
> *Vous êtes Messeigneurs la clé du bonheur!*

Ces vers soulignent, de la même manière que dans l'éloge dédié à Mahomet, que le cœur ne peut réellement battre que par le lien qu'il entretient avec le champ divin. Dès lors, « attakhammour/ l'ivresse divine », est parmi les moyens qui protègent le croyant contre l'angoisse existentielle, transmise ici à travers la métaphore des « affres de l'enfer » que pourrait vivre un cœur dénué de foi. Quant à l'image « des verrous qui s'ouvrent » et des «courroux» qui « s'apaisent », ils symbolisent le pouvoir presque magique des descendants de Dieu ; comparés aux « facteurs » de la clémence et à « la clé du bonheur », ils représentent une promesse, celle du paradis que chaque musulman souhaite intégrer[31] :

---

30. Ibid., pp. 212-213.
31. Ibid., pp. 212-215.

Vous évoquer est dans la bouche des amants
Plus enivrant que baisers donnés tendrement.
Vous exalter jamais je ne cesserai,
Vous chanter est mon activité préférée.
[...] Je veille et dans vos louanges je persévère,
J'en prends à témoin le Maître de l'univers !
Mon cœur est toujours empli de votre amour,
Et s'en réjouit de nuit comme de jour.

Et c'est à travers une image érotisée que la passion est transmise. Comparant les évocations des disciples aux baisers donnés par les amants, le chantre tente de poursuivre son ascension céleste en « embrassant » à son tour la « chanson » qu'il dédie aux élus, quoiqu'il soit aussitôt brûlé par cette passion, comparée à des coups de « lances » invisibles animés par un « feu »[32].

Le feu de votre amour m'embrase en silence,
Immenses, mais sans lances sont mes souffrances
Je passe toutes mes nuits à vous glorifier,
Mon insomnie n'est que plus intensifiée.

Néanmoins, la foi de Driss Ben Ali le nourrit de persévérance et d'espérance. En découle une cohabitation sémantique itérative entre les images positives et négatives, ce qui confère au chant mystique une valeur poétique qui joue sur la spontanéité des sentiments, d'où la contradiction qui opère entre l'amour qui tourmente, enflamme et celui qui apaise, délivre[33] :

Qui ne vous louange parmi les notables,
Si fade si insipide est son vocable !
Mais s'il pare vos éloges de ses paroles,
Les cœurs s'embraseront de flammes folles !

Oui! de mon vivant je vous lègue mon âme,
Ma démarche est authentique et sans amalgame,
L'esclave pour son maître se voue corps et âme,
Son corps et son cœur pour lui brûle et s'enflamme !

---

32. Ibid., pp. 212-213.
33. Ibid., pp. 212-215.

Qui ne vous a servi avec abnégation
A-t-il une raison d'être de la nation?
Qui ne vous a embrassé vos semelles,
Son assise est incertaine, ses actes s'emmêlent!

De quel amour peut aimer qui ne vous aime ?
Ses yeux sont voilés, son corps dans l'anathème!
Heureux qui de votre amour enivre ses jours,
Et bienheureux qui vous vénère sans détour !

Que m'abreuve que m'étanche votre eau exquise,
Par votre grâce que mes vœux se réalisent !
Vous êtes mon unique et ultime recours,
Je n'ai que vous et guète votre secours !

Que Dieu par votre bonté efface mes torts,
Que je me souvienne quand viendra ma mort,
Que votre grâce dans ma tombe soit présente,
Et que votre baraka elle me soit exempte !

Dans ce champ symbolique qui propose des images combinatoires, le croyant, par le biais de la multiplication des effets visuels liés à l'eau et au feu, transmet, d'un côté, son amour pour Allah, ses messagers et des disciples, et, d'un autre côté, l'ambiguïté de l'inaccompli où l'amant dévoué « habite une douleur» qui ne s'atténue qu'avec la prière et l'éloge à travers la poésie qu'il considérée comme étant un chant venant du cœur[34] :

Ode tissée de main de maître j'achève,
Ses vocales sont plus tranchants que les glaives,
Si pure et si féerique est sa splendeur
Que les filles en seraient frappées de stupeur!
Œuvre du cœur elle réjouira les poètes,
Et tous ceux qui voyagent dans la planète!
Je rends mille grâce au Seigneur Magnanime

---

34. Ibid., pp. 212-213.

Qui inspire ma rime et ma foi sublimes.
Seigneur ! Faites que [Mahomet] le Prophète
Et Ali l'éminent l'héroïque, l'acceptent !
Sous la bannière de son épouse et ses fils,
Nul ne connaîtra les affres du supplice

La fibre poétique s'inscrit ici dans une perspective à la fois amoureuse et spirituelle. De l'amour porté à l'Islam, apparaît le pouvoir de la poésie, comparée à des glaives purs, mais tranchants qui touchent facilement les femmes les plus insensibles ; l'image des « filles frappées de stupeur » renverrait au statut de la dame qui se montre généralement insensible vis-à-vis de l'amant-poète, mais qui se trouve sans armes devant la beauté poétique et mystique qui invite le récepteur à s'abreuver des vers pour être en communication parfaite avec les voix divines.

En somme, l'éloge dédié au prophète Mahomet, à ses compagnons et à ses descendants véhicule un attachement à la religion musulmane, clé qui ouvre la porte des jardins divins. Et c'est à travers une foi et une affection visible pour la poésie, le chant et la danse que l'ascension mystique atteint son sommet. Et bien que la confrérie *aissaoui* suscite encore des questionnements, quant à son caractère contradictoire qui mêle religion et mysticisme, il n'en ait pas moins que les poèmes qui lui sont dédiés sont encore chantés lors des cérémonies religieuses comme le retour du pèlerinage pour plonger l'assemblée dans une transe incontrôlable où poésie, chant, musique et danse ne font plus qu'un.

Salma FELLAHI, Ph. D

Bibliographie

ALKANDHLOUI, Mouhammed Youssef, *La vie des compagnons* T. II, [Trad. Abderrafouf Benhalima], Mali, Al Falah, 2010.

ASSOUN, Paul-Laurent, *Littérature et Psychanalyse*, Paris, Ellipses, 1996.

BEN ALI ESSANASSI, Driss,*Diwan*, Rabat, Mawsouât Akadimiyat Al Mamlaka Al Maghrbia, 2012.

---, *Diwan*, Rabat, Mawsouât Akadimiyat Al Mamlaka Al Maghrbia, 2016.

BEN ROCHD, Er Rachid, *Douze siècles de Soufisme au Maroc*, Casablanca, Dechra, 2008.

---, « Patrimoine Universel, Méthode d'épanouissement et doctrine d'harmonie », *Le soufisme*, Casablanca, Dechra, 2007.

BENCHEIKH, Jamel Eddine, *La poétique arabe précédée de Essai sur un discours critique*, Paris, Gallimard, 1989.

BERQUE, Jacques, *Les dix grandes odes arabes de l'Anté-Islam*, Paris, Sindibad, 1979.

BONCOURT, *Rituel et musique chez les 'Isawa citadins du Maroc*, Thèse de 3ème cycle en ethnomusicologie, Strasbourg, Université de Strasbourg, 1980.

BOUKOUSS, Ahmed, *Société, langues et cultures au Maroc*, Rabat, Publications de la Faculté des Lettres et Sciences Humaines de Rabat, n° 8, 1995.

BRUNEL, Raphaël, *Essai sur la confrérie religieuse des Aïssaouas au Maroc*, Paris,Geuthner, 1926.

CHLYEH, Abdelhafid, *Les Gnaoua du Maroc. Itinéraires initiatiques, transe et possession*, Casablanca, Le Fennec, 1998.

COHEN, Gustave, *La grande clarté du Moyen-Âge*, Paris, Gallimard, 1968.

COLLECTIF, *Le Noble Coran* [Trad. Al Madina Al Mounawara], Ministère des Affaires Islamiques, Complexe Roi Fahd, 1999.

DERMENGHEM,Émile, *Le culte des saints dans l'islam maghrébin*, Paris, Gallimard, 1954.

DOUTTE, Edmond, *Magie et religion en Afrique du Nord*, Paris, Hachette, 2017.

DUMARCHAIS, César Chesneau, *Des Tropes ou des différents sens qu'on peut prendreun même mot dans une même langue, La Métaphore*, Paris, Brocas, Gallica, Bibliothèque numérisée nationale de France, 1730.

EL GRABLI,Ahmed, *Diwan*, Rabat, Mawsouât Akadimiyat Al Mamlaka Al Maghrbia, 2012.

EL TAHILI, Ibn Al Zayyat, *Regard sur le temps des soufis*, Casablanca, Editions Eddif, 2008.

ELABAR, Fakhreddine, *Musique, rituels et confrérie au Maroc : les 'Issâwâ, les Hamâdcha et les Gnawa*, Thèse de doctorat en Ethnologie et anthropologie sociale, Paris, 2005.

GUENON, René, Aperçus sur l'ésotérisme islamique et le Taoïsme, Paris, Gallimard, 1973.

GUESSOUS, Fouad, *Anthologie de la poésie du Melhoun Marocain*, tome I, Paris, L'Harmattan, 2015.

GUIDERE, Mathieu, *La poésie arabe classique, découverte*, Paris, Ellipses, 2006.

IBN KHALDUN, Al Muqaddima, *Discours sur l'histoire universelle* [Trad. Vincent Monteil], Paris, Sindbad/ Thesaurus/Actes Sud, 1997.

ISSAWI AL-CHAYKH Al-Kamil, *Sîdî Mohammed ben Aïssâ. Tarîqa, zâwiya et continuité*, Rabat, Mârîf, 2004.

MÉTRAUX, Alfred, *Le vaudou haïtien*, Paris, Gallimard, 1959.

MIQUEL André, *La Littérature Arabe*, Paris, P.U.F., 1981.

NABTI, Mehdi, *La confrérie des Aïssâwa en milieu urbain. Les pratiques rituelles et sociales du mysticisme contemporain*, Thèse de doctorat, Paris, 2007.

PELLAT, Charles, *Langue et littérature arabe*, Paris, Armand Colin, 1970.

RAGOUG, Allal, *La chanson populaire marocaine, une géographie culturelle diversifiée*, Rabat, Rabat net, 2008.

ROUGET, Gilbert, *La musique et la transe*, Paris, Gallimard, 1990.

SOURDEL, Dominique, *L'Islam*, Paris, PUF, 1972.

TRABULSI, Ahmed, *La critique poétique des Arabes : jusqu'au Ve siècle de l'Hégire, XIe siècle de J.C*, Damas, Presses de l'Ifpo, 1955.

Webographie

BEN ALI, Driss, Maroc, « Ya sadati ouled Taha/ Mes seigneurs descendants du prophète ». Qasida chantée parEL YAÂKOUBI Abdellah, Maroc, 2020. URL: https://www.youtube.com/watch?v=12L16D1nbWc

El GRABLI Ahmed, « Tassliya/Prière ». Qasida chantée parEL COHEN Mohammed, 2020. URL : https://www.youtube.com/watch?v=vUgwjz8sy5A

EL KORCHI, BEN Mekki « Al Boraqia/ La monture du prophète». Qasida chantée par EL COHEN Mohammed, Maroc, 2020. URL: https://www.youtube.com/watch?v=vUgwjz8sy5A

EL YAÂKOUBI Abdellah, Issaouiyat/chants spirituels Maroc, 2020. URL:https://www.youtube.com/watch?v=npDE4Wxtqds&fbclid=IwAR02Qq 2Nr4_dV3oLXX3YamMahrGQ-va9IAXMMygKJXQJx8hlTLVjWnL6EP8

Pour citer cet article :

Salma FELLAHI « Éloges textuels spirituels et poétiques dans la musique *Aissaoui* marocaine », *Revue Legs et Littérature* n° 17, vol. 1, 2021, pp. 17-38.

Arts visuels marocains et répression politique. Portraits minotauresques du dictateur dans l'œuvre de Mohammed Laouli

Cherkaoui M'HAMMED est doctorant à l'université Mohammed V de Rabat. Il prépare une thèse sur le traitement esthétique que subit la forme animale dans les arts visuels marocains. Intitulé Peinture et déréliction. Représentation du corps dans l'œuvre de Jean Rustin et de Mohamed Drissi, *son mémoire de master confronte les images du corps dans les œuvres des deux plasticiens, tandis que celui de la licence interroge, par une démarche comparative, les tabous politiques et socioreligieux traités dans le septième art marocain.*

Résumé

En Afrique, le thème de la dictature est au centre de la création artistique contemporaine. Effectivement, nombreux sont les plasticiens africains qui ont interrogé, dans leurs œuvres, le statut du despote dans un contexte historique de coups d'Etat et de révoltes successifs. Marquée par la violence des contestations populaires contre les dictatures pendant la période du bouillonnement politique dite Printemps arabe, l'œuvre de Mohamed Laouli s'inspire du mythe occidental de l'homme taureaucéphale en faisant de l'image du monstre hybride une allégorie de la cruauté de l'autocrate et de la sauvagerie de la répression policière. Dans notre article, il sera question de réfléchir sur pourquoi et comment l'artiste marocain exploite, dans ses toiles, vidéos, installations et photomontages, la figure monstrueuse du Minotaure pour portraiturer la dictature qui sévit dans la plupart des pays africains.

Mots clés

Minotaure, dictateur, portrait, Printemps arabe, oppression

ARTS VISUELS MAROCAINS ET RÉPRESSION POLITIQUE. PORTRAITS MINOTAURESQUES DU DICTATEUR DANS L'ŒUVRE DE MOHAMMED LAOULI

La dictature corrompue est le dénominateur commun de la plupart des pays africains qui, malgré le développement humain que connaît le monde contemporain, vivent encore dans la peur et la répression. Imprégné par un contexte historique de violence politique, de coups d'État et de révoltes réitérés, bon nombre de plasticiens africains interrogent le statut du despote dans des mises en scène inquiétantes où le monstrueux côtoie le fantastique. Dans ses peintures relatant les drames politiques du continent noir, l'artiste sénégalais Iba N'Diaye représente des têtes de moutons massacrés et des vautours ensanglantés, tandis que son concitoyen Omar Ba suggère la corruption des dirigeants africains en les portraiturant, dans une atmosphère inquiétante, dotés de têtes de bêtes. Dans les pays arabo-africains, l'avènement du *Printemps arabe* a poussé certains artistes à dénoncer la cruauté du tyran dans des œuvres saisissantes, comme les graffitis évocateurs des deux Tunisiens Meenone et Sk-one dessinés sur les murs des villas délaissées par le clan du dictateur déchu Ben-Ali, les performances de l'Egyptien Ahmed Basiouny suggérant la futilité de toute action engagée sous les régimes arabes despotiques et les vidéos de sa compatriote Amal Kenawy, notamment son court-métrage *Le Silence des moutons* où la vidéaste, pour aborder l'asservissement du peuple dans les systèmes oppressifs, montre un troupeau d'individus traversant, à quatre pattes, une rue proche de la place *Tahrir*. Dans les arts visuels marocains, la dictature est abordée aussi dans des représentations impressionnantes dévoilant la cruauté du tyran. Mohammed Laouli est parmi les artistes qui ont brisé les codes de la représentation glorificatrice du souverain dans l'iconographie officielle, en le montrant sous les traits de l'un des monstres les plus hideux de la mythologie grecque : le Minotaure.

Grâce à sa profondeur symbolique, le mythe du Minotaure est constamment transposé dans l'art et la littérature du monde entier. Décrit, peint, ou sculpté, le taureau hybride est mis en scène, le plus souvent, vaincu par le héros grec. Effectivement, dans la majorité des représentations, la figure repoussante du monstre, reflétant la force et la férocité du Minotaure, met en valeur le courage et l'intelligence d'un Thésée libérateur. Outre les interprétations érotiques[1] et existentialistes[2] attribuées au mythe du Minotaure, l'image du monstre anthropophage, impuni dans l'inaccessibilité de son abri, confère à la légende une interprétation politique suggérant la barbarie des tyrans. Dans sa photographie *Le Minotaure ou le Dictateur*, réalisée vers 1937, Erwin Blumenfeld montre une tête de veau sur une reproduction en plâtre d'un torse de Vénus drapé d'un tissu de soie. Photographié sous les traits du Minotaure, l'autocrate se voit métamorphoser en un hermaphrodite monstrueux empestant la putréfaction. Francis Picabia s'inspire du monstre de Blumenfeld et réalisera, quatre ans après, un tableau à l'huile intitulé *L'Adoration du veau*. Il ajoute au-dessous du monstre des mains de fanatiques jurant fidélité au dictateur.

L'art contemporain marocain s'est emparé aussi du mythe du Minotaure, faisant du monstre hybride une allégorie de la répression politique. Mohammed Laouli use de l'image de la chimère pour figurer la cruauté du dictateur en donnant corps à cette violence oppressive qui sévissait dans les sociétés arabes. Dans sa série *Art After Mythology*, l'artiste inscrit la figure minotauresque dans une dimension politique en relation avec l'actualité des pays arabes bouleversés par la vague des révoltes et des contestations populaires contre les dictatures connue sous le nom de *Printemps arabe*. Effectivement, dans l'art de Laouli, l'image du monstre taurocéphale est abordée dans divers supports artistiques, mais, selon des perspectives différentes sous-tendues toutes par le souci politique. D'ailleurs, rappelons-le, l'histoire du Minotaure

---

1. L'image du Minotaure est érotisée, par exemple, dans l'œuvre de Picasso qui introduit la figure de l'homme-taureau dans des scènes de viol.

2. Citons, à titre d'exemple, « La demeure d'Astérion », nouvelle de Jorge Luis Borges extraite de L'Aleph où l'auteur campe son Minotaure, solitaire et innocent, se laissant tuer par un Thésée relégué au rang de personnage secondaire.

renferme, en elle-même, une proportion politique indéniable. La victoire de Thésée sur le monstre sanguinaire est un mythe fondateur de la cité athénienne. En le tuant, le héros libère sa cité de l'asservissement crétois. Athènes fait de lui son roi, le premier roi d'une cité libre. Cependant, portraiturer le tyran avec une tête de bête ne serait pas motivé seulement par une analogie de traits psychologiques entre l'homme brutal et l'animal, mais aussi par une similitude entre le statut de la bête et celui du chef régnant. Tous les deux ne répondent pas de leurs actes, ils sont hors-la-loi, la bête par nature, le souverain par abus, comme le souligne Jacques Derrida dans l'un de ses séminaires : « le souverain et la bête semblent avoir en commun leur être hors-la-loi. C'est comme si l'un et l'autre se situaient, par définition, à l'écart ou au-dessus des lois, dans le non-respect de la loi absolue qu'ils *font* ou qu'ils *sont*, mais qu'ils n'ont pas à respecter »[3]. À la violence politique de la dictature répond un traitement brutal que l'artiste inflige au visage du despote, si bien que sa figure humaine se dissout dans une animalité monstrueuse échappant à toute tentative de figuration mimétique.

Dans l'un de ses photomontages, Laouli montre, sur un arrière-plan lépreux, le Minotaure doté d'une tête disproportionnée sur un siège royal.

Fig.1 : Mohammed Laouli, *Minotaure*[4], 2011

Contrairement au Minotaure représenté décorné dans les œuvres de Blumenfeld et de Picabia, le monstre, dans l'œuvre de l'artiste marocain, est doté de deux cornes mettant en exergue sa nature belliqueuse. Toutefois, le trône perché dans le vide semble suggérer la précarité du règne du dictateur

---

3. Jacques Derrida, « Le souverain bien– ou l'Europe en mal de souveraineté. La conférence de Strasbourg 8 juin 2004 », Dans *Cités. Philosophie, Politique, Histoire* vol. 2, Paris, Presses Universitaires de France, 2007, p. 125.

4. L'œuvre porte aussi le titre *Anti-heroes, kings of street*.

montré dans une atmosphère terreuse. Dans le même sens, avec des carreaux de céramique noirs et rouges, le plasticien compose le portrait de face et d'épaule de la créature mythologique. La tête noire du monstre, ses cornes pointues et ses épaules asymétriques soulignent son allure patibulaire.

Fig. 2 : Mohammed Laouli, *Minotaure*, céramique, 2010.

L'aspect terrifiant de la figure de l'homme hybride est accusé aussi par le contraste chromatique entre le rouge et le noir, « deux couleurs [qui] viennent directement, selon Michel Pastoureau, de l'enfer, [...] des ténèbres et des flammes infernales »[5]. En fait, le personnage de Laouli rappelle le démon de la géhenne incarnant le Mal dans les mythologies judéo-chrétienne et musulmane. Cependant, les carreaux non alignés confèrent au portrait mosaïque du Minotaure un aspect fragile, un aspect d'effilochement. Si le monstre taurin symbolise la domination tyrannique et perverse de Minos, la décomposition de son portrait, dans l'œuvre de l'artiste, symbolise la dislocation lente mais sûre de tous les régimes autocratiques pernicieux.

Une autre œuvre de Laouli montre, de face, sur un fond brumeux un portrait abîmé du Minotaure avec des traits humains.

Fig. 3 : Mohammed Laouli

5. Michel Pastoureau, *Noir : histoire d'une couleur*, Paris, Seuil, 2008, p. 50.

Dans sa peinture, l'artiste brise les conventions du portrait encomiastique fondé principalement sur la clarté et la majesté du sujet en montrant le visage du dictateur défiguré dans un faciès exhibant ce qu'il y a d'immonde et de maléfique dans un être qui a perdu sa nature humaine. Borgne et dépourvue de sa moitié gauche, mais gardant intactes ses cornes, la tête du monstre hybride paraît encore plus effrayante. Nonobstant, quoique son regard paraisse farouche et menaçant, sa tête sans front révèle un crâne vidé de son cerveau. La toile semble exprimer la réalité des dictateurs dans le monde arabo-musulman : tout puissants, tout redoutables qu'ils sont, ils restent vulnérables et bêtes.

Plus proche de la fable mythique, la mise en œuvre de la chimère exécutée dans l'art de Laouli reflète la brutalité du *Printemps arabe*. Par ailleurs, il faut rappeler que l'image du Minotaure vaincu est fréquente dans la poésie marocaine engagée. Dans l'un de ses poèmes, Abdellatif Laâbi souhaite « détruire ce qui reste de tours de Babel [et] affronter le Minotaure dans sa tanière »[6]. Le monstre hybride devient, dans d'autres poèmes de Laâbi, la métaphore de « ce pays de légendes déflorées/ Minotaure hébété »[7], et le poète Thésée qui « [se] relève/ayant empoigné par les cornes/ le Minotaure du silence »[8]. Comme dans la poésie, l'image du Minotaure battu est exploitée dans l'art de Laouli qui recourt à des mises en scène plus inquiétantes traduisant cette aspiration violente et unanime de s'affranchir du joug de toute autocratie. C'est le cas d'une installation intitulée *Bain de sang* dans laquelle l'artiste montre, dans une baignoire décorée par des arabesques, une tête de taureau émergeant d'une mare de sang afin d'évoquer l'atrocité de la dictature arabe.

Fig. 4 : Mohammed Laouli, *Bain de sang*, photographie, 2011

6. Cité par Annie Devergnas dans son ouvrage *Nature et culture dans la littérature marocaine francophone (1949-1999)*, Rabat, Éditions Marsam, 2013, p. 68.
7. Abdellatif Laâbi, *L'Écorché vif*, Paris, L'Harmattan, 1986, p. 67.
8. Annie Devergnas, *Nature et culture dans la littérature marocaine francophone (1949-1999)*, op. cit., p. 68.

La corne cassée de la tête minotauresque, en accentuant davantage la symbo-lique agressive du despote, criminel baignant dans le sang de ses victimes, évoque les carnages que provoque inéluctablement toute révolution. Plus macabre encore, serait une vidéo intitulée *The Head*[9] où l'artiste, pour alluder à la chute imminente de l'autocrate, exhibe la tête coupée du Minotaure, symbolisée par celle d'un taureau noir.

Fig. 5 : Mohamed Laouli, *The Head*, Vidéo, 2010

Dans sa vidéo, Laouli démythifie le monstre, allégorie du despote, en mon-trant sa tête suspendue dans le vide et tournant autour d'elle-même tel un tro-phée dans un mouvement lent et humiliant. Le mouvement giratoire de la tête coupée semble dire l'absence d'issue devant les dictatures arabes et le cercle vicieux dans lequel elles trainent leurs peuples. Son pivotement permet au re-gardeur de voir toute la tête minotauresque qui, imposante en face, se dévoile creuse à l'intérieur. Du paraître à l'être, le monstre se révèle un simple être de chair et d'os. Écervelé de surcroît. *The Head* paraît prédire l'approche de la déchéance des régimes tyranniques. Elle exprime cette aspiration populaire, durant le *Printemps arabe*, à triompher contre l'oppression politique et punir les autocrates.

Dans son art, Mohammed Laouli fait appel au mythe du Minotaure qu'il sou-met non seulement à sa sensibilité esthétique, mais également à la particu-larité du contexte historique marqué par la révolte des peuples arabes contre les tyrans qui les gouvernent. Dans l'œuvre de Laouli, les représentations du Minotaure incarnent la bestialité effroyable du dictateur arabe détenteur d'un pouvoir maléfique. L'esthétique de la défiguration de l'image du despote est explorée dans les compositions du plasticien qui fait subir à la figure de l'autocrate un traitement expressionniste mettant en exergue la cruauté d'un être à la lisière de la monstruosité. Cependant, dans ses mises en scène, l'ar-tiste ne se contente pas de portraiturer le despote sous les traits d'une chimère

9. *The Head* est l'épilogue du projet *Art after mythology*, elle est la première vidéo réalisée par l'artiste.

taurocéphale, mais il l'introduit aussi dans des scénographies brutales révélant la futilité de toute entreprise pacifique visant à s'affranchir de la dictature.

Cherkaoui M'HAMMED, PHDC

Bibliographie

BORGES, Jorge Luis « La demeure d'Astérion », *l'Aleph*, [trad. Roger Caillois et René L.-F. Durand], Paris, Gallimard, 1977.

DERRIDA, Jacques, « Le souverain bien– ou l'Europe en mal de souveraineté. La conférence de Strasbourg 8 juin 2004 », *Cités. Philosophie, Politique, Histoire* vol. 2, Paris, Presses Universitaires de France, 2007, pp.

DEVERGNAS, Annie, *Nature et culture dans la littérature marocaine francophone (1949-1999)*, Rabat, Éditions Marsam, 2013.

LAÂBI, Abdellatif, *L'Écorché vif*, Paris, L'Harmattan, 1986.

PASTOUREAU, Michel, *Noir : histoire d'une couleur*, Paris, Seuil, 2008

Pour citer cet article :

Cherkaoui M'HAMMED « Arts visuels marocains et politique. Portraits minotauresques du dictateur dans l'œuvre de Mohammed Laouli », *Revue Legs et Littérature*, n° 17, vol. 1, 2021, pp. 39-48.

Texte et/ou image en littérature marocaine d'expression française. De *La Querelle des Images* d'Abdelfattah Kilito à *miniatures* de Youssouf Amine Elalamy

Après une thèse de doctorat intitulée : Formes et fonctions inter-textuelles de la description dans le Nouveau Roman, *soutenue à la Sorbonne Nouvelle (Paris III) en 1997, Réda BEJJTIT, professeur habilité, enseigne à la Faculté des Lettres et des Sciences Humaines d'El jadida de l'Université Chouaïb Doukkali au Maroc. Ses centres d'intérêts sont les suivants : Patrimoine culturel (conte populaire), l'interculturel (communication interculturelle, didactique intercul-turelle) ; la littérature générale et comparée ; la littérature maro-caine d'expression française ; la traduction ; l'image fixe et mou-vante, le cinéma, entre autres. Il est l'auteur de plusieurs articles publiés dans la sphère francophone : dont « Mise en scène et scéno-graphie du conte : les documents authentiques », dans SALIH Fatima-Zahra,* Entre histoire et Histoire. Le conte en question, *paru en 2018.*

Résumé

Chaque écrivain a un rapport à la littérature et aux arts, et par ex-tension au texte et à l'image, qui le caractérise, mais qu'en est-il de l'articulation texte-image ? Qu'est-ce qui domine l'autre : le texte ou l'image ? L'image, illustre-t-elle encore le texte ou a-t-elle une rela-tive autonomie par rapport à lui ? Cet article se propose de répondre à cette problématique, et il y en a encore d'autres, à travers les œuvres littéraires de deux auteurs majeurs de la littérature marocaine d'expression française : La Querelle des Images *d'Abdelfattah Kilito et* miniatures *de Youssouf Amine Elalamy ; iconoclaste, le premier donnera la priorité au texte, en élaborant son roman-essai fragmenté, qui se chargera de mimer le pictural pour avoir la force d'impact de l'image, alors que le second, réécrira ses cinquante micro-textes sous forme d'images, cinquante collages essentiellement, comme s'il don-nait la primauté à l'image, mais, en vérité, son esthétique scripturale mime l'iconique également.*

Mots clés

Texte, image, intersémiotique, cinéma, télévision

TEXTE ET/OU IMAGE EN LITTÉRATURE MAROCAINE D'EXPRESSION FRANÇAISE. DE *LA QUERELLE DES IMAGES* D'ABDELFATTAH KILITO À *MINIATURES* DE YOUSSOUF AMINE ELALAMY

> Peut-être est-ce avec l'image, entendue au sens le plus large,
> que la littérature a le plus d'affinités[1].

Introduction

Nous sommes à un moment crucial en littérature générale et comparée quand, il y a trois décennies, Yves Chevrel faisait cette suggestion ; en vérité, des glissements paradigmatiques s'élaboraient déjà depuis les années soixante : de la théorie du texte[2], nous passions à celle de l'intertextualité[3], et du comparatisme intersémiotique[4] à l'intermédialité[5].

S'il y a résurgence de l'image, c'est que tout n'a pas été encore dit. L'image supplanterait le texte, dixit Confucius « une image vaut mille mots ». Ces

---

1. Yves Chevrel, *La littérature comparée*, Paris, Presses Universitaires de France, 1989, p. 88.
2. Roland Barthes, « Théorie du texte », dans *Dictionnaire des genres et notions littéraires*, Paris, Encyclopaédia Universalis et Albin Michel, 2001, pp. 884-895.
3. Pierre-Marc De Biasi, « Théorie de l'intertextualité », dans *Dictionnaire des genres et notions littéraires*, op. cit., pp. 387-393.
4. Étienne Souriau, *La Correspondance des arts. Éléments d'esthétique comparée*, Paris, Flammarion, 1969.
5. Jürgen E. Müller, « L'intermédialité, une nouvelle approche interdisciplinaire : perspectives théoriques et pratiques à l'exemple de la vision de la télévision », *Cinémas*, vol. 10, n° 2-3, 2000, pp. 105–134. [consulté le 30 avril 2021] URL : https://doi.org/10.7202/024818ar

constats « illusoires », prédominant actuellement à cause du développement des arts visuels (cinéma, publicité, Bandes Dessinées...) et des mass médias (télévision, internet...), essaient de nous faire oublier que la littérature, longtemps hégémonique, continue encore d'être prolifique : on n'a jamais autant écrit qu'aux XXᵉ et début du XXIᵉ siècles ; en vérité, la littérature se nourrit d'images. À propos d'images justement, la réflexion de Laurent Lavaud est encore valable de nos jours :

> *L'image, aujourd'hui plus que jamais, nous tient sous sa loi. Elle est moins objet que sujet du regard, elle l'oriente et l'imprègne, le façonne et l'éduque. Elle enserre la conscience dans un jeu de désirs et de refoulements, dans une stratégie complexe de pouvoirs et de contre-pouvoirs qu'il s'agit de déjouer pour tenir un discours objectif à son sujet[6].*

Cette citation a le mérite de nous indiquer que l'image relève des champs de l'idéologique et du philosophique : difficile donc d'y échapper, tant son impact psychologique peut être aliénant, comme elle ne cesse de nous interpeller et d'interroger surtout les écrivains, relativement plus aptes à la décrypter que le lecteur néophyte. Notre choix s'est arrêté sur deux écrivains, Abdelfattah Kilito et Youssouf Amine Elalamy. Le premier, avec *La Querelle des Images*, a une esthétique iconoclaste, mais vu l'impossibilité d'échapper à l'image, le texte se chargera de la re-présenter et d'atteindre l'impact de son instantanéité ; quant à Youssouf Amine Elalamy, résolument plus ancré dans son siècle[7], il nous propose, comme ce fut le cas dans d'autres romans, un nouveau genre d'écrit, *miniatures*, où le texte ose côtoyer l'image, pour nous donner une littérature hybride, mutante, dont l'appellation en tout cas reste à déterminer.

I. Quand le texte imite l'image dans *La Querelle des Images* d'Abdelfattah Kilito

« L'image est, jusqu'à un certain point, le sujet ou le héros de ce livre »[8].

Tirée de l'avant-propos du roman, cette citation ne rend compte que d'une part de la vérité ; l'autre part sera exprimée par Kilito dans l'une de ses

---

6. Laurent Lavaud, *L'image*, Paris, Garnier Flammarion, 1999, p. 11.

7. En 2020, l'auteur a obtenu le prix Orange du Livre en Afrique pour son roman : *C'est beau, la guerre.*

8. Abdelfattah Kilito, *La Querelle des Images*, op. cit., p. 10.

interviews : c'est l'absence d'image et/ou sa quête[9] qui seraient le personnage principal.

En littérature marocaine francophone, *La Querelle des Images* a une place à part : ce « roman » annonce la naissance d'une nouvelle forme d'écriture, centrée sur la concision narrative et la fragmentation du récit ; Kilito innove donc dans le champ du romanesque, en créant un nouveau roman où il s'agit pour la littérature de s'ouvrir sur d'autres formes artistiques : cinéma, B.D., peinture, photographie... Ainsi, il installe une *querelle en* faisant dialoguer l'ancien et le moderne, l'anthropologique et le contemporain, l'écriture et l'image.

1. L'Image a une histoire théologique spécifique

Tu ne te feras aucune image sculptée de rien qui ressemble à ce qui est dans les cieux là-haut, ou sur la terre ici-bas, ou dans les eaux au-dessous de la terre[10].

Comme autrefois, dans la tradition biblique, judaïque et chrétienne, la culture arabo-musulmane, malgré les concessions accordées à l'image, continue encore d'être iconoclaste. La question est soulevée dès la première phrase de l'avant-propos de *La Querelle des Images*, inscrivant cet écrit à mi-chemin entre l'essai et le roman :

Je me suis souvent demandé comment les Arabes d'autrefois ont pu se passer de l'image. Apparemment, ils ne s'en souciaient guère ; du moins n'ont-ils fait aucun effort pour perpétuer la leur. À quoi ressemblaient Haroun ar-Rashid, Moutanabbi, Averroès ? On ne le saura jamais. Pourtant il y avait, à certaines époques, une peinture, mais il ne venait à l'esprit de personne de se faire tirer le portrait. Nos ancêtres n'avaient pas de visage. Loin de moi l'idée de les plaindre ; tout ce que je cherche à savoir (mais ce n'est pas ici le lieu d'entrer dans les détails), c'est le gain qu'ils ont réalisé en renonçant à la représentation picturale. Si l'absence d'images est un manque, comment l'ont-ils réparé ? Une culture qui proscrit

---

9. Amina Achour, *Kilito en questions. Entretiens*, Casablanca, Éditions La Croisée des Chemins, 2015, p. 17.
10. *La Bible de Jérusalem*, Paris, Éditions du cerf, 1998, p. 248.

*l'image ou la néglige ne s'investit-elle pas ailleurs, dans les mots,
les textes, dans une littérature particulière ?*[11].

À ce questionnement d'ordre philosophique, Kilito proposera la solution littéraire : le texte représentera l'image, comme cela a toujours été le cas en littérature et dans la tradition arabo-musulmane, mais sa démarche esthétique, particulière et originale, laissera au lecteur une empreinte indélébile : le texte aura cette fois la force d'impact iconique, s'imprimant dans la mémoire du lecteur comme le ferait une image.

2. Le souvenir : une impression d'images

Qu'est-ce que le souvenir, si ce n'est un ensemble d'images et de scènes qui sont restées gravées dans notre mémoire ? Que vaut le souvenir, s'il n'est partagé avec un lecteur qui a vécu une expérience similaire ? Les images de *La Querelle des Images* sont faites pour créer un phénomène d'identification et de communion entre l'écrivain-narrateur et le lecteur. Kilito pousse cet aspect à son paroxysme, en terminant son avant-propos ainsi :

> *Quand je lis un récit, il m'arrive de me dire, devant tel passage :
> « j'ai déjà vécu cette scène, éprouvé cette émotion ! » J'ai alors
> l'impression que ce que je lis a été écrit spécialement pour moi. Il
> m'arrive même de me dire, en toute naïveté : « j'aurai pu écrire
> cet épisode, ce livre ». À la limite, j'en veux presque à l'auteur de
> m'avoir dérobé un fragment de moi-même, de m'en avoir dépou-
> illé ! Il me serait agréable que mon lecteur se retrouve dans cette
> prose narrative, qu'il aborde ces histoires avec le sentiment qu'il
> aurait pu les écrire, qu'il les lise comme si lui-même les avait
> écrites*[12].

Deux épisodes de la vie du narrateur peuvent illustrer cette pérennité des souvenirs : le msid et le cinéma, deux espaces prétextes au spectacle. Autre-ment dit, chez Kilito, le théologique contamine le cinématographique et vice-versa : la scène du msid est cinématographique ; le rituel d'aller au cinéma se fait le vendredi, le jour réservé à la prière des musulmans.

---

11. Abdelfattah Kilito, *La Querelle des Images*, op. cit., p. 9.
12. Ibid., pp. 11-12.

2. 1. L'école coranique (le msid) : une image de la violence

« le *msid* est le lieu de spectacle par excellence »[13].

Dans « Révolte au *msid* », troisième partie de *La Querelle des Images*, Kilito décrit l'école coranique comme un espace d'acquisition du savoir : l'enfant y apprend à lire, à écrire et à compter ; le *msid* reste encore, rappelons-le, le lieu de l'apprentissage par cœur du Coran, tradition qui se perd graduellement. Mais, contrairement à l'école française, lieu de liberté, l'école coranique est un lieu de violence et de soumission, car le maître peut impunément violenter l'élève qui ne respecte pas ce système éducatif. La transgression des règles devient alors le moment privilégié, l'épisode central, que retient le narrateur :

L'histoire était en marche et un incident, dont la portée me dépassait, et dépassait mes camarades, révéla, quoique de façon embrouillée, la faille du msid. Le maître, un jour, frappa l'élève Fa, et Fa protesta. Fa ne pleura pas, ne supplia pas, ne joua pas le rôle fixé à un élève en pareille circonstance. Au lieu de faire entendre les accents de la peur et de la soumission, il s'opposa au maître. Ce fut l'unique spectacle de révolte auquel j'assistai durant toute ma saison au msid. [...] Devant cette rébellion, le maître fit preuve d'une rare violence (quatre élèves s'efforçaient de maintenir Fa immobile pendant que les coups s'abattaient sur lui). Et soudain il y eut dans le regard du maître une lueur d'inquiétude, un effroi évident ; il dut, pour sauver la face et préserver son autorité, se montrer encore plus brutal. Fa, vaincu par la douleur, finit par pleurer, mais ses larmes étaient des larmes de rage et de fureur. Nous étions déçus que la maître n'ait pas réussi à le dompter, à lui arracher la reconnaissance de la faute ; nous souhaitions qu'il le frappât davantage, qu'il écrasât sa contestation de l'ordre du msid, qu'il réduisît sous les coups sa révolte indigne. Nous souhaitions qu'il le tuât[14].

Considéré tour à tour, comme « l'antichambre de la mort »[15], « la scène où un meurtre rituel est représenté »[16], celui de l'enfant bien entendu, le msid

---

13. Ibid., p. 31.
14. Ibid., pp. 35-36.
15. Ibid., p. 29.
16. Ibid., p. 30.

apparaît certes comme un lieu « fabuleux »[17] de spectacle, mais pour le lecteur arabo-musulman comme pour les écrivains[18], ce lieu mémorable, marqué négativement, devrait davantage être valorisé !

2. 2. Le cinéma : une image de la beauté

Si le roman séduit d'abord, c'est parce qu'il ne cesse de mettre en image -et en scène- les moments les plus marquants d'une vie, devenant le simulacre d'une boîte à images (un cinématographe) : comme dans *Le Voyeur* d'Alain Robbe-Grillet[19], le lecteur devient le voyeur qui subit la séduction de l'image. Dans la sixième partie intitulée « L'image du Prophète », on peut lire :

> *Un matin, une boîte en bois posée sur une petite table provoqua une grande émotion chez les enfants du quartier. En payant un ou deux sous, on pouvait regarder par un trou, à l'intérieur. On voyait alors une image, puis une autre qui cédait aussitôt la place à une troisième. Une dizaine d'images se succédaient ainsi, actionnées par une ficelle que tirait le propriétaire de la boîte, un homme qui fumait tranquillement, indifférent au tumulte crée par sa présence. Je ne retins rien du spectacle ; les images passaient trop vite, trop vite, avant que j'eus pu en fixer les contours. Un monde coloré, magique, se dérobait, beauté perdue au moment même où elle était entrevue[20].*

Les images mouvantes, à cause de la beauté qu'elles dégagent, de leur éva-nescence et rapidité de défilement, deviennent le lieu d'un danger pour le personnage central du roman, l'enfant Abdallah : magiques, enchanteresses et insaisissables, elles mettent à rude épreuve la mémoire et l'intellect, d'où la nécessité de s'y arrêter pour les déchiffrer, mais cela n'était pas possible, car l'enfant n'était pas le propriétaire de la boîte à images ! Par contre l'écrivain-narrateur, pourra créer son simulacre : *La Querelle des Images*. Dans « Ciné days », onzième partie du roman, tout un paragraphe souligne la difficulté de l'enfant à suivre le film comme un récit, comme une intrigue :

---

17. Ibid., p. 30.
18. Abdelhaq Anoun, « Le msid ou l'école coranique », dans Abdelfattah Kilito, *Les origines culturelles d'un roman maghrébin*, Paris, L'Harmattan, 2004, pp. 55-66.
19. Alain Robbe-grillet, *Le Voyeur*, Paris, Éditions de Minuit, 1955.
20. Abdelfattah Kilito, *La Querelle des Images*, op. cit., p. 59.

Enfin le premier film commençait, débarrassé du générique, trop long, des noms, des noms...et d'ailleurs personne ne savait lire. Je ne comprenais pas grand-chose aux images qui défilaient en désordre devant mes yeux, mais à force de voir des westerns (des « films de cow-boys », comme on les appelait), j'avais acquis un certain vocabulaire, enrichi un peu plus tard par la lecture des bandes dessinées : le tomahawk, le mustang, le fort, la winchester, la squaw, le colt, le tepee (appelé aussi wigwam), le buffle et, bien entendu, le shérif, en bref les mots-clés d'un genre, agrémentés de noms prestigieux : Jeff Chandler, Sitting Bull, Alan Ladd, Manitou, Fort Apache, Cochise, Geronimo. Je n'allais pas voir un film précis ; incapable de suivre une intrigue, j'étais uniquement attiré par les scènes typiques du western, interchangeables et formant une unité de sens : le duel, la, chevauchée, l'attaque du fort par les Indiens, la bagarre au saloon et, il ne faut pas l'oublier, le baiser[21].

Cette séquence qui a tout d'une description narrativisée obéit à une construction judicieuse : l'écrivain adulte vient mettre de l'ordre là où il n'y avait que désordre dans la perception du film par l'enfant : le seul ancrage qui donnait du sens au film, c'étaient les scènes emblématiques du western (le duel, la chevauchée, la bagarre au saloon…) ; l'image abolit alors le textuel puisque l'illisible générique, pour cause d'analphabétisme entre autres, était coupé lors de la projection. D'ailleurs, le projectionniste perçu comme « un voleur de temps, un ravisseur de mémoire »[22] amputait le film d'un tiers de ses images[23] et donc ce n'était pas le film original qui était projeté, mais un simulacre de film, sans queue ni tête. Dans *La Querelle des Images*, Kilito semble s'être livré aux mêmes activités que le projectionniste, en nous livrant des récits fragmentés.

Notons que pour Kilito, le décryptage d'une image est facilité par la lecture : « c'est seulement lorsque j'appris à lire que je fus véritablement en mesure de déchiffrer les images »[24]. Autrement dit, l'analphabète aurait du mal à déchiffrer les images. Dans *La Querelle des Images*, Kilito, en professeur cul-

---

21. Ibid., p. 100.
22. Ibid., p. 104.
23. Ibid., p. 103.
24. Ibid., p. 60.

tivé, fait du décryptage philosophico-littéraire des images un exercice de style.

II. Exploitation de l'image et du texte dans *miniatures* de Youssouf Amine Elalamy

L'image n'illustre pas le texte, pas plus que le texte ne commente l'image[25].

miniatures est un minuscule ouvrage qui étonne par son format (11x15 cm) plus pratique que le format de poche habituel ; il se subdivise en deux parties : cinquante micro-textes qui sont suivis de cinquante images, essentiellement des collages[26] faits par l'auteur.

Ces aspects formels semblent sonner le glas du roman comme genre, relativement long. Dans ce cas, pourquoi ne pas opter pour des genres plus courts (fables, contes, faits divers…) ? La solution proposée par Youssouf Amine Elalamy dès le préambule est bien plus radicale pour comprendre l'entreprise de l'auteur et sa nouvelle manière d'appréhender la littérature :

> *Ceci n'est pas un roman, ni un conte, ni même une histoire. Ce sont de minuscules récits qui se terminent, tous, à peine commencés. Cinquante « miniatures » qui filent à toute vitesse avec, à leur bord, d'étranges personnages. […] À la route balisée du roman, j'ai préféré les sentiers sinueux, incertains, improbables même de ces miniatures[27].*

La première phrase du préambule de *miniatures*, soulignant des préoccupations d'ordre littéraire et artistique, rappelle le célèbre tableau de Magritte « ceci n'est pas une pipe » et convoque une série de formules intertextuelles[28] : un titre emblématique[29] et une citation connue de Diderot, « ceci n'est point un roman »[30], ayant inspiré un roman de Jennifer Johnston[31],

---

25. Nous renvoyons à la troisième page du Préambule non paginée de *miniatures*.

26. Les "Miniatures" ont fait l'objet d'une exposition à la Villa des Arts / Fondation ONA à Casablanca en 08 février au 13 mars 2005.

27. Voir l'incipit du préambule de *miniatures*.

28. Philippe Forest, « Ceci n'est pas un roman », *Revue italienne d'études françaises*, n° 9, 2019, pp. 1-11. URL: http://journals.openedition.org/rief/4166. Consulté le 02 mai 2021.

29. Denis Diderot, *Ceci n'est pas un conte*, Paris, L. Boulanger, 1893.

30. Denis Diderot, *Jacques Le Fataliste et son maître*, Genève, Éditions Droz, 1976, p. 740.

31. Jennifer Johnston, *Ceci n'est pas un roman*, Paris, Belfond, 2004.

entre autres ; ce qui inscrit déjà *miniatures* dans la lignée de ces écrits, qui transgressent les règles des genres, en fusionnant le littéraire et le pictural.

Nous nous retrouvons face à une entreprise de réduction et de condensation de tout : du récit, en plus de l'histoire, notion désormais classique, largement critiquée par les nouveaux romanciers, dont Alain Robbe-Grillet et Nathalie Sarraute[32] dans *L'Ère du soupçon*[33]. Youssouf Amine Elalamy nous propose alors un nouveau « genre », des miniatures, plus en vogue dans la sphère anglophone, une tierce forme[34], encore plus radicale comparativement à Kilito dans *La Querelle des Images*.

Pour comprendre sa démarche esthétique, le deuxième paragraphe du Préambule de *miniatures* est très explicite : « [...] J'ai toujours eu envie d'écrire un livre qui n'en finissait pas de commencer. C'est fait. Il y a dans tout commencement quelque chose de magique, qui nous émeut par la force d'une promesse. Pensez au commencement d'une vie, d'un amour, d'une utopie et...d'une histoire bien sûr »[35].

Il nous propose alors une vision oblique de l'écriture, à mi-chemin entre le romantisme et le surréalisme, deux courants qui ont récusé le dogme du réalisme, du statu quo et du discours fixe : « Plutôt que d'écrire un livre bavard, je l'ai voulu balbutiant, hésitant, indécis, volontairement éparpillé, vagabond, nomade, errant au gré des rencontres, de l'actualité et de l'humeur du moment. Ce livre, pour ainsi dire, je l'ai voulu SDF, ou Sans Discours Fixe »[36], comme s'ingénie à le qualifier Youssouf Amine Elalamy.

miniatures, livre SDF, est une suite de cinquante portraits nous donnant une fresque de la société marocaine contemporaine, où, très vite, l'auteur fut dépassé par les événements, les mots ne pouvant transcrire la complexité du réel, et encore moins celle du monde imaginaire ; ainsi, et malgré tout le savoir-faire scriptural de l'auteur, il dût rajouter aux cinquante micro-textes cinquante images-collages qu'il considère comme une forme de réécriture. L'image a donc un statut particulier dans *miniatures* ; elle relève de l'artis-

---

32. Alain Robbe-Grillet, *Pour un nouveau roman*, Paris, Editions de Minuit, 1963.
33. Nathalie Sarraute, *L'Ère du soupçon*, Paris, Gallimard, 1956, pp. 67- 94.
34. Philippe Forest, « Ceci n'est pas un roman », op. cit., pp. 4-5. Le concept évoqué est celui de Roland Barthes.
35. Au second paragraphe de l'incipit de *miniatures*.
36. À la seconde page du préambule.

tique certes, mais du littéraire également, comme si l'auteur voulait initier le lecteur au plaisir de lire une image comme au plaisir du texte[37] ; pour Youssouf Amine Elalamy, il existe d'autres plaisirs dans la lecture :

> *Il y a certes pour l'auteur, comme pour le lecteur, un réel plaisir à se mouvoir, en toute sécurité, à travers les pages maîtrisées d'un roman. Il ne s'agit pas de nier un tel plaisir, et encore moins de le condamner. Mais d'autres plaisirs peuvent naître ailleurs : dans l'infiniment petit, dans le peu, le moindre et le « presque rien », dans le susurré, le chuchoté, le suggéré, l'effiloché, le fragmenté [...][38].*

Dans *miniatures*, Youssouf Amine Elalamy nous propose une esthétique de la fragmentation et de l'écriture par l'image, induisant une nouvelle conception de la lecture. Ses micro-textes, riches en tonalités humoristiques, dramatiques, tragiques et surtout pathétiques, véhiculent des rapports à l'image assez intéressants à décrypter.

1. De la culture américaine : impact des images fixes et mouvantes

Comme chez Kilito, l'image devient objet d'étude et d'analyse de la littérature, mais elle sera traitée différemment par Youssouf Amine Elalamy ; tel est le cas à travers le portrait d'un jeune marocain américanophile :

> *Rochdi, vingt-six ans, jeune marié, golden boy à la bourse de Casablanca, américanophile. Il ne jure que par les U.S., ne s'habille, ne mange, ne boit, ne vit, ne rêve qu'à l'américaine [...]. Dans sa chambre à coucher, juste en face de lit, un poster géant des Tours Jumelles du World Trade Center : deux énormes lignes droites érigées dans le ciel de Manhattan [...]. Le 11 septembre 2001, Rochdi assiste, en direct à la télé, à l'effondrement des deux Tours. Depuis ce jour-là, il peut enfin « honorer » sa femme. Et deux fois plutôt qu'une[39].*

L'acculturation est certes accentuée par l'impact des images, mais quand le personnage ne consomme plus qu'américain, c'est-à dire qu' « il ne jure que

37. Roland Barthes, *Le Plaisir du texte*, Paris, Seuil, 1973.
38. Voir la seconde page du préambule de *miniatures*.
39. Nous renvoyons au portrait n° 25, étant donné que l'écrit n'est pas paginé.

par les U.S., ne s'habille, ne mange, ne boit, ne vit, ne rêve qu'à l'améri-caine »[40], il remplace sa virilité naturelle par la puissance de la civilisation acculturative : il est plus séduit par la culture américaine que par sa femme. Notons que la seule image présente dans le texte est celle des Tours jumelles du World Trade Center : « Dans sa chambre à coucher, juste en face du lit, un poster géant des Tours jumelles du World Trade Center : deux énormes lignes droites érigées dans le ciel de Manhattan »[41]. En vérité, ce poster tra-duit l'obsession de puissance et la phobie d'impuissance de Rochdi : « Tou-tes les nuits, [il] s'endort avec, dans les yeux, cette virilité en béton. Une telle érection le fascine et il est déçu par ce qui en lui naît, jaillit, puis, se retire, se recroqueville. Son angoisse : l'hypothèse d'un renoncement, la crainte d'une retraite, la phobie d'un repli toujours possible »[42]. En fin de compte, Rochdi (nom signifiant celui qui a atteint la maturité sexuelle et l'âge adulte) manque de maturité.

Cet extrait traduit, de manière implicite, l'existence d'un complexe d'infé-riorité culturel pouvant expliquer la séduction exercée par la culture amé-ricaine. Par ailleurs, et c'est le revers de la médaille, le réveil culturel et viril se fera grâce à l'impact des images télévisuelles : avec l'attaque terroriste du 11 septembre, le personnage se rend compte que la culture américaine n'est pas si puissante.

miniatures s'inspire à certains moments du cinéma ; l'auteur présente d'ail-leurs ses cinquante personnages, comme s'il s'agissait du générique d'un film : « Avec, par ordre d'apparition : Hammadi, Latifa Ghannam, Abdelhaq, Amale….. »[43].

Dans un autre extrait, la scène tragique donne au lecteur l'impression d'être tirée d'un film d'horreur ou d'une B.D trash. L'auteur fait allusion aux attentats terroristes perpétrés le 16 mai 2003 à Casablanca :

> *Sous les décombres d'un restaurant casablancais, le genou droit*
> *plié à contresens, Abdelkrim, grand amateur de poisson, incondi-*
> *tionnel de la Casa de España, brutalement projeté contre un mur,*
> *puis transpercé par une pièce de métal surchauffée. Le gilet en*

---

40. Ibid.
41. Ibid.
42. Ibid.
43. Nous renvoyons à la partie précédant le premier portrait.

*laine d'abord, la chemise blanche à rayures bleues achetée le
jour même, le tricot de corps en coton pour absorber la sueur, la
peau qui se déchire comme un tissu de mauvaise qualité, et enfin
le foie, tendre et élastique, qui éclate dans un jet de couleur.
Brûlé, mutilé, défiguré, les yeux éteints dans le sang, Abdelkrim,
trente-huit ans, décédé avant même d'avoir commandé sa
friture*[44].

On peut donc noter aisément que la description se charge de figer l'instant
d'horreur et de véhiculer la force expressive des images : l'ironie du sort
laisse place à un humour noir dans le style anglais, qui semble tout aussi
déplacé et surréaliste que la réalité de l'horreur des attentats. La représentation de la scène, mimant les Bandes Dessinées, nous déconnecte de la
réalité, pour installer une autre réalité plus sordide, interférant avec la
première : la mort qui fige la vie.

2. Quand la fiction dépasse la réalité ou la nie : le cas de la télévision

miniatures se termine sur une tonalité particulière. Dans le dernier micro-
texte, relatif à l'attentat du 11 septembre, l'auteur souligne le danger des
images télévisuelles : il est difficile d'interpréter les images de manière cor-
recte, si on n'est pas capable de les décoder ou de les analyser, à cause de
l'âge, de l'analphabétisme ou pour d'autres raisons :

*Ce matin du onze septembre, Sid L'Hadi, quatre-vingt-deux ans,
les yeux voilés, les tympans durcis, allume la télé et tombe sur un
de ces films américains sans queue ni tête, sans héros, sans
acteurs, mais avec, pour toute action, deux avions qui percutent
deux immeubles qui s'écroulent encore et encore. Sid L'Hadi se
dit que les Américains ne savent plus quoi inventer et en vient à
regretter les bons vieux films d'action avec la lame de Spartacus
qui ressort toute rouge par le dos de ses adversaires*[45].

Le personnage ne sait pas faire la différence entre la fiction et le réel, entre le
film américain et la réalité, ce qui permet à l'auteur de remettre en cause le
statut même de la réalité et de souligner, non pas cette fois le danger des

---

44. Il s'agit du neuvième portrait.
45. Youssouf Amine Elalamy, *miniatures*, op. cit., p. 50.

images, mais celui de la télévision : elle neutralise tout esprit d'analyse et de critique et relativise tout rapport à la réalité. Dans cette scène, Sid L'Hadi (prénom qui veut dire le guide) est complètement perdu parce qu'il ne peut décrypter correctement les images, rappelant l'enfant de *La Querelle des Images* de Kilito.

3. Collages et bricolage d'images

Dans le champ de la littérature marocaine d'expression française, *miniatures* est l'exemple, ou le modèle, qui annonce, de notre point de vue, la naissance d'un nouveau genre de littérature, plus ancrée dans l'esprit du siècle : une littérature du zapping, une « mini-littérature », une « littérature allégée »… L'une de ces caractéristiques, c'est qu'elle compose avec l'image.

Dans le cas de *miniatures*, qui ne porte pas d'indication générique, le lecteur peut lire du texte et/ou de l'image, mais curieusement c'est le texte qui demandera le moins de temps pour sa lecture, et cela est dû à la richesse sémantique installée par les collages proposés ; l'auteur plasticien, d'ailleurs, s'en donne à cœur joie dans les collages d'images[46], rappelant en cela ceux surréalistes et le Pop Art[47].

C'est le cas de ces images qu'on peut observer, tenter de comprendre et commenter ; nous renvoyons aux images n° 25 et n° 50 de *miniatures*. Dans la première, on peut isoler les éléments suivants : un cadre américain, des étoiles, un drapeau américain sur la tête d'un personnage, torse nu, rappelant curieusement le chanteur Patrick Juvet ; au niveau de son pelvis se trouve une image de New York et surtout les Tours jumelles du World Trade Center, et juste en dessous, sur un panneau à l'envers, pointant vers une voiture américaine, nous lisons : « I LOVE AMERICA ! », chanson disco célèbre du même Patrick Juvet. Nous retrouvons quelques éléments qui peuvent être mis en parallèle avec le texte n° 25 qui nous dresse le portrait d'un marocain vivant à l'américaine, mais le collage tout entier est une réécriture du texte 25. Dans la deuxième image, nous observons : en arrière-

45. Youssouf Amine Elalamy, *miniatures*, op. cit., p. 50.
46. « Collage », *Le Grand dictionnaire de la peinture. Des origines à nos jours*, Hong Kong, PML Éditions, 1994, p. 141. Cette méthode de composition fut inventée par Braque et Picasso durant la période cubiste.
47. Ibid., pp. 578-579. Il s'agit d'un mouvement majeur de l'art contemporain qui est né en Angleterre à partir de 1956. Voir le mot Pop Art.

plan, les deux Tours jumelles du World Trade Center qui sortent de l'écran du téléviseur, et sur le deux tours se tient un vieux monsieur avec des habits traditionnels marocains, avec une tête en forme de coussin ; en dehors du cadre de l'écran, un avion vient dans la direction des deux tours. On peut noter que l'image peut être mise en rapport avec le texte n° 50 déjà analysé, mais elle ne l'illustre pas.

Quatre possibilités s'offrent alors au lecteur : lire uniquement les textes, lire seulement les images ou faire un va et vient entre les deux ; ce qui instaure un nouveau rapport entre le texte et l'image : l'image n'est plus censée illustrer le texte. Cette autonomie par rapport au texte confère à l'image un statut artistique. En composant des images, l'auteur plasticien, réécrit, comme il l'a déjà souligné :

> *Et puis dans ce livre, il n'y a pas que des mots, il y a aussi des images. Les uns d'abord, les autres ensuite, jamais ensemble, comme pour rappeler, s'il le fallait, qu'ici l'image n'illustre pas le texte, pas plus que le texte ne commente l'image. Pour la petite histoire, les images de « miniatures » je les ai moi-même écrites. Avec des revues, des tissus, de la laine, des boîtes de toutes sortes, de la colle, et même des bijoux et des jouets en plastique encore tout neufs[48].*

À travers ces collages, on a aussi la nette impression que la créativité est dorénavant plus à chercher du côté de l'image que du texte ; Youssouf Amine Elalamy inaugure ainsi une nouvelle forme d'écriture, dominée par une esthétique de la condensation et où l'image est présente pour ses qualités artistiques. Dorénavant, créer des images, c'est également une forme d'écriture du sens.

Publié en deux-mille quatre, *miniatures* radicalise davantage le travail d'écriture entamé par A. Kilito dans *La Querelle des images*, cinq années auparavant ; au lieu d'interroger directement certaines formes d'Images relatives à la peinture, aux bandes dessinées, au cinéma…, Y. A. Elalamy mettra les images au centre de ses préoccupations et installera un rapport très particulier entre le texte et les images : on peut dorénavant lire les images, comme on lirait du texte ; alors que chez Kilito, et comme l'image est

---

48. À la seconde page du préambule non paginé de *miniatures*.

absente, elle est plus présente dans l'imaginaire de l'auteur et du lecteur : par son impact représentatif, le texte devient image.

En conclusion, on peut dire que, avec ou sans images, la littérature a encore de beaux jours devant elle. Les deux textes analysés nous ont montré deux manières très réussies de concevoir la littérature : l'une iconoclaste, celle de Kilito où le texte peut imiter l'image et avoir sa force d'impact. Et l'autre, celle de Youssouf Amine Elalamy, favorisant l'image et condensant le texte, faisant de la fragmentation et de la condensation l'essentiel de son esthétique. Ce dernier propose une nouvelle manière de concevoir l'écriture et amène du renouveau dans le champ de l'écriture marocaine d'expression française. Nous assistons avec lui à la naissance d'un nouveau genre. Kilito, quant à lui, innove également, tout en restant relativement classique : sans trahir l'esprit du conte et des récits dans la tradition arabe, il propose un nouveau roman à mi-chemin entre le littéraire et le philosophique, une espèce de roman-essai, une espèce de « roman philosophique allégé ».

Ces nouvelles formes de textes littéraires nous démontrent que la dualité entre l'image et le texte n'est plus d'actualité. L'image ne supplante pas le texte, pas plus qu'elle ne l'exclue ; elle en devient complémentaire : en fin de compte, l'image est là pour enrichir le rapport au monde et sa signification, tout comme la littérature. L'image est là encore pour rendre la littérature aussi vivante, mouvante et émouvante qu'elle.

Réda BEJJTIT, Ph.D
Professeur de l'Enseignement Supérieur Habilité

Bibliographie

Œuvres littéraires

DIDEROT, Denis, *Ceci n'est pas un conte*, Paris, L. Boulanger, 1893.

---, *Jacques Le Fataliste et son maître*, Genève, Droz, 1976.

ELALAMY, Youssouf Amine, *miniatures*, Bordeaux, Hors'champs, 2004.

---, *C'est beau, la guerre*, Casablanca, Le Fennec, 2019.

---, *C'est beau, la guerre*, Vauvert, Au Diable Vauvert éditeur, 2019.

---, *Un marocain à New York*, Casablanca, EDDIF, 1998.

JOHNSTON, Jennifer, *Ceci n'est pas un roman*, Paris, Belfond, 2004.

KILITO, Abdelfattah, *La Querelle des Images*, Casablanca, EDDIF, 2000.

ROBBE-GRILLET, Alain, *Le Voyeur*, Paris, Éditions de Minuit, 1955.

Ouvrages théoriques

ACHOUR, Amina, *Kilito en questions. Entretiens*, Casablanca, Éditions La Croisée des Chemins, 2015.

ANOUN, Abdelhaq, *Abdelfattah Kilito. Les origines culturelles d'un roman maghrébin*, Paris, L'Harmattan, 2004.

BARTHES, Roland, *Le Plaisir du texte,* Paris, Seuil, 1973.

Bible de Jérusalem, Paris, Les éditions du Cerf, 1998.

CHEVREL, Yves, *La Littérature comparée*, Paris, Presses Universitaires de France, 1989.

Dictionnaire des genres et notions littéraires, Paris, Encyclopaédia Universalis et Albin Michel, 2001.

Grand dictionnaire de la peinture (Le). Des origines à nos jours, Hong Kong, PML Éditions, 1994.

LAVAUD, Laurent, *L'Image*, Paris, Flammarion, 1999.

SOURIAU, Étienne, *La Correspondance des arts. Éléments d'esthétique comparée*, Paris, Flammarion, 1969.

Articles

FOREST, Philippe, « Ceci n'est pas un roman », *Revue italienne d'études françaises*, n° 9, 2019, pp. 1-11. Consulté le 05 mai 2021.
URL: http://journals.openedition.org/rief/4166

KILITO, Abdelfattah, « Hariri et la miniature », *Image et idée*, Publications de la Faculté des Lettres et des Sciences Humaines, Série : Colloques et Séminaires n° 2, 22-23 octobre 1992, pp. 11-16.

MÜLLER, Jürgen E., « L'intermédialité, une nouvelle approche interdisciplinaire : perspectives théoriques et pratiques à l'exemple de la vision de la télévision. », *Cinémas*, vol. 10, n° 2-3, 2000, pp. 105–134. Consulté le 05 mai 2021. URL: https://doi.org/10.7202/024818ar.

Pour citer cet article :

Réda BEJJTIT, « Texte et/ou image en littérature marocaine d'expression française. De *La Querelle des Images* de Abdelfattah Kilito à *miniatures* de Youssouf Amine Elalamy », *Revue Legs et Littérature,* n° 17, vol.1, 2021, pp. 49-67.

Formes de récits et types de discours africains.
Le *Mbolé* : une pratique artistique contemporaine du ghetto camerounais

Cynthia AMANGUENE AMBIANA est doctorante en Lettres Modernes Françaises à l'Université de Yaoundé I au Cameroun. Chercheuse en option Poésie contemporaine et Littérature comparée, ses recherches portent essentiellement sur les media studies et les cultural studies. Elle est également Professeure des Lycées depuis 2015. En octobre 2018, elle participe au colloque international « Poésies performatives : théorie et pratiques. Perspectives comparatistes ». Son premier article est publié dans le numéro 34 de la revue Intermédialités.

Résumé

Les banlieues africaines, essentiellement métissées et cosmopolites, sont les lieux de prolifération de nouvelles pratiques artistiques. Il y émerge des arts singuliers qui figurent le mode de vie et les difficultés auxquels font face les jeunes de la périphérie. Dans le cadre de cet article, nous présenterons un art camerounais qui prend de l'ampleur depuis quelques années : le Mbolé. En réalité, il s'agit d'un hypermédia qui regroupe la musique, la danse, le chant, l'happening et des arts oratoires comme la poésie orale, le conte. Les questions fondamentales que nous nous posons sont les suivantes : Qu'est-ce qui fait la particularité du Mbolé ? En d'autres termes, quelles sont les interactions artistico-médiatiques qui s'opèrent à l'intérieur de cette pratique camerounaise ? Quelles images donne-t-elle du ghetto camerounais ? Enfin, Quelle est la vision du monde véhiculée par les Mboleyeurs ? La démarche qui guidera notre analyse est l'intermédialité du théoricien camerounais Robert Fotsing Mangoua. Tout d'abord, nous dégagerons les formes artistiques et médiatiques qui définissent le Mbolé. Ensuite, nous ressortirons les images du ghetto camerounais que promeuvent les Mboleyeurs. Enfin, nous révèlerons leur vision du monde.

Mots clés

Mbolé, art contemporain, intermédialité, images du ghetto, vision du monde

FORMES DE RÉCITS ET TYPES DE DISCOURS AFRICAINS. LE *MBOLÉ* : UNE PRATIQUE ARTISTIQUE CONTEMPORAINE DU GHETTO CAMEROUNAIS

Le mbolé est une pratique artistique populaire qui émerge dans les ghettos de la capitale politique du Cameroun. Il est pratiqué à Yaoundé dans des quartiers économiquement précaires tels qu'Efoulan, Etam-Bafia, Essos, Anguissa, Kondengui, Emombo, Mvog-Ada et Nkoldongo. C'est un art hybride qui regroupe de nombreux autres arts et médias. C'est tout d'abord un rythme musical. Comme l'affirme le mboleyeur Dj Lexus, c'est « la musique du kwatta »[1]. Elle anime les veillées funèbres mais aussi les anniversaires, les bars, les matches de football du quartier, les soirées entre amis et les mariages. Les mboleyeurs se servent du Djembé[2] ainsi que des instruments de musique improvisés : des bouts de bâton en bois, le derrière des casseroles, les tabourets, les claquements de mains (ou répondant), les notes vocales, etc. Ces outils de fortune sont utilisés parce qu'ils produisent des sons plaisants.

Dans le mbolé, on retrouve également la danse. Le rythme musical s'accompagne de danses traditionnelles provenant de diverses ethnies du pays.

---

1. Yaya Idrissou, « DJ Lexus Le Monstre : Je vais révolutionner le Mbolè… », *Culture Ébène*, 20 août 2019. Consulté le 11 juillet 2021.
URL: https://www.culturebene.com/53584-dj-lexus-le-monstre-je-vais-revolutionner-le-mbole.html
2. C'est une sorte de tam-tam originaire d'Afrique de l'Ouest.

Nous retrouvons le bikutsi des Beti, la danse bafia et le Mbala des Mbamois, le Samali et le Bend-Skin de l'Ouest Cameroun enfin le Kourna des Toupouri du Nord. Mais nous avons aussi des danses improvisées et plus modernes comme le *Mimbong*[3], *la danse du mongol, la danse de la maîtresse, le Bang la tête, la danse des pédés, le pied de Yagami, la danse de la marmite*. Ces danses sont très illustratives de leur univers socioculturel. Toutefois, pour ces artistes du visuel, cela demeure un divertissement auquel ils s'adonnent avec joie.

Le chant est également très présent dans cet hypermédia. Des chanteurs posent leur voix sur des airs de mbolé. Le plus souvent, il s'agit de chansonniers qui improvisent des paroles. Ce sont des auteurs compositeurs de talent qui véhiculent des messages auprès des auditeurs. Ils racontent des histoires du ghetto, des expériences de vie personnelles. Le happening , quant à lui, est une forme de spectacle qui se caractérise par une grande part de spontanéité, d'improvisation. Il fait partie intégrante de cette pratique artistique. Le mbolé est tout un spectacle. Il fait intervenir plusieurs acteurs sur la scène. Généralement les spectateurs forment un cercle tout autour des mboleyeurs. Tout le monde y est convié. C'est à l'intérieur de cet attroupement que les différents participants prestent et se donnent le change. Ils se succèdent sur la scène de mbolé sans protocole, de manière spontanée. L'unique règle du jeu c'est que la scène doit toujours être occupée. Tous ceux qui veulent participer à ce spectacle peuvent le faire sans contrainte. Chaque intervenant y étale son talent.

En dehors de ces autres arts, le mbolé fait intervenir des arts oratoires comme la poésie orale et le conte. À l'intérieur du cercle, certains mboleyeurs déclament des poèmes (ils peuvent contenir des rimes ou pas). Ils relatent également des histoires réelles ou imaginaires comme le faisaient leurs ancêtres les griots. Le mbolé en tant qu'art oral met principalement en scène les mésaventures des classes démunies (les orphelins, les chômeurs, les prostituées, etc.). Il serait donc intéressant dans la suite de notre argumentaire de dégager les images du ghetto camerounais que véhiculent les mboleyeurs.

Les images du ghetto camerounais

Les mboleyeurs sont des enfants du ghetto. C'est dans ce milieu problématique qu'ils ont évolué. Ils en donnent un tableau peu reluisant. Selon eux,

---

3. En langue beti, il signifie le manioc.

c'est le lieu de prolifération de tous les vices, de toutes les déviances. Dans le titre de sa chanson à succès « Dans mon Kwatta »[4], Petit Malo dresse une liste des dérives qu'on rencontre habituellement dans le quartier Nkoldongo :

> *Dans mon Kwatta,*
> *Je dis dans mon Kwatta,*
> *Mon Kwatta c'est Nkoldongo*
> *Quand tu arrives à Nkoldongo [...]*
> *Les enfants daark[5] trop le gué[...]*
> *Ils refusent l'école*
> *Ils vendent leurs cahiers, ils vendent leurs tenues*
> *Qu'est-ce qu'ils préfèrent, c'est jouer au ndjambo*
> *Petit 25, petit 50, mais jamais 100francs*
> *Quand ils ont fap cent, ils vont à Mvog-Ada*
> *Ils cherchent un grand frère qui leur donne le yamo*
> *Les pieds arqués, nous on l'appelle Zambrotta [...]*
> *On dit qu'il vend bien le Taah[6]*

À Nkoldongo, les enfants se livrent à de mauvaises pratiques qui ne sont pas de leur âge. Ils ne vont pas à l'école et vendent leurs matériels scolaires. Bien plus, ils jouent aux jeux de hasard (le ndjambo) et consomment des grandes quantités de stupéfiants, principalement le chanvre indien. On l'appelle vulgairement le gué, le yamo ou le Taah. C'est une drogue forte très appréciée par les jeunes du ghetto camerounais. Elle coûte 500 francs CFA. Ainsi, d'après Petit Malo, Nkoldongo est un Sodome et Gomorrhe des temps modernes. La population se soumet à des pratiques sexuelles amorales (homosexualité, lesbianisme, masturbation, etc.). Les enfants ne sont pas en reste dans ce milieu. Ceux-ci abandonnent la route de l'école, préférant s'adonner à des passe-temps illégaux (jeux d'argent et consommation de drogues). Il s'agit d'une jeunesse en perdition.

Petit Bozard et Petit Virus dans leur titre musical « Détecteur de gué » expliquent comment ces enfants du ghetto se retrouvent à consommer des stupéfiants. Les dealers les vendent dans les quartiers (dans les aires de jeux,

---

4. Petit Malo, « Dans mon Kwatta », *Dans mon Kwatta*, House Music Baka, 2016.
5. Le mot camfranglais daark désigne ici l'action de fumer.
6. Petit Malo, « Dans mon Kwatta », op. cit.

derrières les maisons, etc.). D'autres en cultivent secrètement près de chez eux. Parfois ce sont les parents qui en prennent :

> *Savais-tu que mon papa aussi était dans le rez*
> *Quand je suis arrivé*
> *Il était encadré ééh*
> *Au milieu de la foule*
> *La fumée qui montait[7]*

Petit Bozard explique que son père était également un toxicomane. Il en prenait secrètement sans que son fils soit au courant. Malheureusement, un jour qu'il devait aller à l'école, il trouve derrière ses toilettes externes un groupe de jeunes consommateurs de mbanga. Il prévient son père qui l'éloigne de l'endroit pour pouvoir en prendre aussi. C'est à ce moment qu'il découvre le vrai visage de son géniteur. Il décide d'entrer dans le réseau et devient un « détecteur de gué »dans son quartier natal Mvog-Ada. Il est capable de discerner l'odeur de la drogue à des kilomètres et donc d'identifier les potentiels consommateurs de chanvre indien.

Petit Bozard affirme également que le ghetto fait face à un autre fléau : l'alcoolisme. Dans son clip « On veut soûler »[8], il décrit l'activité favorite des populations du ghetto camerounais après la consommation des drogues. Les habitants des quartiers passent la plupart de leur temps à boire des casiers de bières, des litres de vins blancs (appelés vulgairement *matango*). Ils consomment aussi des alcools de mauvaise qualité comme l'*odontol* et le *bili-bili*. Pour les obtenir, ils dépensent toutes leurs économies. Les jeunes pour se divertir vont dans les bars et autres espaces du même genre. Ils perpétuent l'héritage laissé par les parents. Avant eux, ceux-ci faisaient pareil. Ils rentraient soûls à la maison délaissant les enfants à eux-mêmes. Ainsi, le ghetto est un lieu de beuverie. Mais si les jeunes du ghetto se laissent aller à cette déviance, c'est pour oublier leurs soucis. L'alcool leur donne de la force pour affronter les difficultés du quotidien.

Par ailleurs, le ghetto est peint comme un milieu violent. Il y règne la violence (bagarres, meurtres, viols, etc.). Celle-ci est due en grande partie aux drogues et aux alcools que les populations du ghetto camerounais consomment. Les

---

7. Petit Bozard feat Petit Virus, « Détecteur de gué », *DDG*, Dj Lexus production, 2019.
8. Petit Bozard, « On veut soûler », *DDG*, Dj Lexus production, 2018.

hommes tapent sur leur femme et leurs enfants. Ils se battent avec d'autres personnes pour des peccadilles. Ils ne sont pas dans leur état normal. D'autres réveillent leurs instincts primaires et vont jusqu'à agresser et violer les jeunes filles. Ce milieu est vraiment rude pour les femmes. Elles doivent s'armer de prudence et de courage pour ne pas tomber dans les filets des prédateurs sexuels. En revanche, beaucoup de femmes, vu le milieu dans lequel elles ont évolués, sont de mœurs légères. Le groupe Crazy Mix dans leur clip éponyme « écaille »[9] les rues du ghetto, notamment le quartier Essos. Selon eux, les filles de ce quartier ne portent pas de petites culottes et couchent avec le premier venu, pourvu qu'il ait de l'argent. Elles se tiennent dans les carrefours en vêtements osés pour attirer les hommes. Ce sont des « sangsues » qui sucent les biens de tous ceux qui les côtoient. Il y'en a de tous les prix : celles qui se vendent moins cher et celles qui valent beaucoup plus. Ainsi, les mboleyeurs figurent au récepteur les mœurs de certaines filles du ghetto camerounais.

Aveiro Djess, dans son single « le nyama »[10] décrit les difficultés du quotidien des bangando, des warmans[11] (laveurs de voiture, déballeurs de vêtements et vendeurs de chaussures dans les marchés, pousseurs de brouette, bayam-sellam). Ces derniers travaillent durs pour gagner de l'argent et sortir de la précarité. Selon lui, il n'y a pas de petit métier et par conséquent, il n'y a pas à avoir honte de ce qu'on fait pour réussir dans la vie ou pour nourrir sa famille. Tant que cela leur évite de tomber dans l'illégalité (voleur, prostituée, etc), ils doivent en être fiers. Plus loin, il ajoute que beaucoup de ces warmans se lancent dans des métiers de fortune parce qu'ils n'ont pas pu être recrutés avec leur diplôme. Après leurs études, ils postulent dans des entreprises. Malheureusement, on ne les a jamais rappelés. Sans être déses-pérés, ils ont trouvé des solutions alternatives pour survivre dans ce pays cor-rompu dans lequel toutes les portes demeurent fermer aux jeunes du ghetto.

Enfin, les mboleyeurs dénoncent les pratiques occultes qui ont cours dans le ghetto camerounais. C'est le cas des Médecins de Medeline qui abordent le sujet du porte-monnaie magique dans le clip « Minalmi »[12]. Cette pratique

---

9. Crazy Mix, « Ecaillez », *Kamer Mbole*, Dibosso, 2020.

10. Aveiro Djess, « Le nyama », *LE NYAMA*, Marab's play one studio, 2020.

11. Les bangando ou warmans sont des individus qui se battent dans la vie en faisant de petits métiers salissants et humiliants. Ils travaillent parfois de jour comme de nuit pour gagner de l'argent.

12. Les Médecins de Medeline feat Teddy Doherty, « Minalmi », *Le pied de Yagami*, Pawoua jennifer production, 2020.

d'origine béninoise fait des ravages actuellement auprès de la jeunesse camerounaise. Les jeunes hommes désespérés cherchent à l'acquérir à tous les prix. Pour obtenir ce précieux bien, ils récitent des incantations maléfiques et se plient à d'autres conditions. Le portefeuille est censé leur octroyer de grosses sommes d'argent au quotidien. Les nouveaux riches possèdent quelques temps l'aisance financière et vivent dans l'opulence tant souhaitée. Malheureusement, comme le relève le groupe d'artistes, beaucoup d'entre eux n'arrivent pas toujours à respecter les règles prescrites, dès le départ par le marabout. Ils finissent fous ou meurent dans d'horribles conditions (maladies mystiques et incurables, accidents de la circulation, etc.).Ainsi, les mboleyeurs donnent à voir ou à écouter les difficultés que les jeunes du ghetto camerounais rencontrent habituellement. Ils figurent les dérives sociales qui sévissent dans ce milieu précaire (alcoolisme, prise des stupéfiants, prostitution des hommes et des femmes, sectes sataniques, etc.).Toutefois, au-delà des images défavorables du ghetto qu'ils propagent, les mboleyeurs sont plutôt optimistes sur l'avenir de la jeunesse camerounaise.

3. L'optimisme des mboleyeurs

Le mbolé véhicule également un mode de pensée. Il est un moyen d'expression à travers lequel les jeunes artistes camerounais diffusent leur vision du monde. Ils y épanchent leur âme et véhiculent leurs idéaux optimistes. Tout d'abord, les mboleyeurs conscientisent la jeunesse camerounaise du ghetto pour qu'elle puisse s'élever socialement.DJ Lexus et Petit Bozard sensibilisent leurs frères sur la valeur du travail dans le clip « Notre mbolé »[13]. Selon eux, pour réussir dans la vie, il faut travailler, d'où leur maxime : « Aides toi mon frère et le ciel t'aidera »[14]. La vie est un long chemin tumultueux. Chaque individu doit se battre à son niveau pour évoluer et tirer son épingle du jeu. Pour les mboleyeurs, la pauvreté n'est pas une fatalité. Ce n'est pas parce qu'on naît pauvre qu'on doit le rester. Tout le monde peut changer de statut. Il suffit qu'il le veuille réellement et qu'il œuvre pour cela. Ainsi, les mboleyeurs déconstruisent le déterminisme de l'imagerie populaire camerounais. Ils véhiculent un message d'espoir aux jeunes du ghetto. Ils sensibilisent la jeunesse pour qu'elle comprenne qu'elle aussi a droit au bonheur.

---

13. Dj Lexus feat Petit Bozard, « Notre mbolé », *Triomphe*, Bomaye Africa Entertainment, 2020.
14. Ibid.

En outre, les mboleyeurs appellent les jeunes du ghetto à changer de vie, à se reconvertir lorsqu'ils sont dans l'illégalité. Ils doivent se libérer des chaînes obscures qui les préservent dans le péché. C'est ce que notent Les Médecins de Medeline dans « Alléluia »[15]:

> *Je m'appelle Zepe*
> *Je suis enfant de Medeline*
> *Étant tout petit*
> *Je volais comme la souris*
> *Je poignardais les gens*
> *J'insultais même les mamans*
> *Au jour d'aujourd'hui*
> *Je suis né de nouveau*
> *L'ange Gabriel m'a donc dit ceci*
> *Voilà l'agneau de Dieu*
> *Qui enlève les péchés*
> *Dis seulement une parole*
> *Et tu seras béni*
> *Alors les Médecins je réponds donc Alléluia*[16].

Il est question d'un ancien brigand à la fois voleur et meurtrier. Il commettait toutes sortes de forfaits et ne possédait aucune probité morale. Il n'avait pas de respect envers ses aînés, encore moins pour les femmes, mères de l'humanité. L'ange Gabriel l'a interpellé un jour, lui demandant d'arrêter de mener cette mauvaise vie. Il lui a récité la prière du pardon et de réconciliation pour qu'il abandonne cette voie et intègre l'Église. Il lui a dit que Dieu est prêt à lui pardonner ses horribles crimes à la condition qu'il se soumette à ses commandements et les mette désormais en pratique. Ainsi, les mboleyeurs appellent les jeunes du ghetto à se convertir lorsqu'ils vivent dans le péché. Par ailleurs, le mbolé est un art qui rassemble sans considérations des appartenances culturelles. Petit virus dans son titre « L'envol du mbolé »[17] affirme :

> *Le mbolé ce n'est pas moi*
> *Le mbolé ce n'est pas toi* [...]
> *Le mbolé ne choisit pas de tribus*[18].

---

15. Les Médecins de Medeline, « Alléluia », *Alléluia*, maniema Dominique, 2020.
16. Ibid.
17. Petit Virus, « L'envol du Mbolé », *L'envol du Mbolé*, L Pro Film Company Laonie Producer Kill-it, 2020.
18. Ibid.

Cette pratique artistique unit les différentes tribus du Cameroun. Elle n'opère aucune discrimination car c'est une affaire de tout le monde. Toutes les ethnies s'y retrouvent et s'amusent ensemble. Petit Bozard évoque le même thème dans son tube intitulé « Unité »[19]. Il appelle à l'unité nationale du pays car « nous sommes tous des frères »[20]. Il affirme :

> *Du Nord au Sud, de l'Est à l'Ouest*
> *Nous sommes tous des frères*
> *Alors ça sert à quoi mes frères de faire la guerre*
> *Pourtant nous connaissons tous la même misère*[21].

Le mboleyeur interpelle ici les sécessionnistes armés qui créent la division dans le pays. Il leur demande de déposer les armes car les Anglophones sont autant des Camerounais que les Francophones ; ce pays leur appartient également. De plus, il insiste sur le fait que les habitants du pays ne veulent pas la guerre. Ils préfèrent vivre dans la paix. Il les prie donc d'arrêter de tuer leurs frères et de violer leurs sœurs. Il les implore de ne plus brûler les écoles, de ne plus générer des orphelins, de permettre à ces enfants d'avoir un avenir. Enfin, il rend hommage à tous les soldats camerounais tombés au front mais aussi aux victimes des actes barbares des Ambazoniens. Il revient sur la mort de Florence Ayafor qui a été sauvagement assassinée par des hommes armés de machettes du camp séparatiste.

Enfin, les mboleyeurs sont des militants qui dénoncent les dérives sociales. Ils s'attaquent aux religieux. Happy le fait dans « tchapeu tchapeu »[22]. Il interroge la position du pape sur l'homosexualité à travers une missive : « Le pape cherche quoi au mariage des pédés »[23]. Pour lui, étant donné que cette tendance sexuelle est condamnée par la religion catholique, il est paradoxal que le pape, le chef suprême de cette chapelle religieuse, légitime les unions homosexuelles. Le mboleyeur revient alors sur l'actualité brûlante depuis le mois d'octobre 2020 lorsque le souverain pontife s'est prononcé sur la légalisation des mariages civils gays. Dans ce propos, il est favorable aux unions civiles des couples appartenant au même sexe. Mais les mboleyeurs s'intéressent également à la corruption qui est un grand fléau au Cameroun. Ils

---

19. Petit Bozard, « Unité », *Unité*, Dj Lexus production, 2020.
20. Ibid.
21. Ibid.
22. Happy, « tchapeu tchapeu », *Tchapeu Tchapeu*, Nsalen production, 2020.
23. Ibid.

reviennent de temps en temps sur des anecdotes cocasses. Le groupe des Kankan Boys dans leur titre « tchapeu tchapeu »[24], aborde l'histoire d'Edgar Alain Mébé Ngo'o, ancien ministre de la Défense au Cameroun. À travers une question rhétorique à valeur satirique (« l'argent du pays cherche quoi dans la chambre de Mébé Ngo'o ? »), les mboleyeurs dénoncent les affres de la corruption et le degré d'égoïsme de certains dirigeants camerounais. Ceux-ci n'hésitent pas à s'accaparer des biens publics pour rouler carrosse. Ils accumulent les villas, les voitures et d'autres objets de luxe. L'argent qui devait servir pour la collectivité leur permet de mener un train de vie somptueux. Sans remords, ils se pavanent à l'intérieur comme à l'extérieur du pays pendant que leurs compatriotes des ghettos croupissent dans la misère. Ainsi, les mboleyeurs travaillent à leur manière à améliorer la société et les conditions de vie des jeunes du ghetto. Ils les encouragent à garder espoir et à se battre de toute leur force pour se frayer un chemin dans la vie, pour se construire un avenir meilleur et digne.

Conclusion

Le mbolé regroupe des arts et des médias aussi bien visuels que sonores. Il laisse une grande part à l'improvisation et au divertissement. Par le biais de cet hypermédia, les mboleyeurs peignent le quotidien des habitants du ghetto camerounais. Dans l'ensemble, ceux-ci vivent dans la pauvreté. C'est le lieu de prolifération des déviances (consommation des drogues, alcoolisme, prostitution, violence, jeux de hasard et sectes sataniques). Cependant, les mboleyeurs sont des afro-optimistes qui encouragent les jeunes du ghetto camerounais à se battre pour se construire un avenir plus heureux. Ils véhiculent un message d'espoir. Ils promeuvent la paix et l'unité nationale. Ils dénoncent les dérives sociales et militent pour l'amélioration des conditions de vie des démunis. Le mbolé n'est plus seulement une pratique artistique du ghetto. Aujourd'hui on le retrouve partout : dans les événements culturels, dans les festivités des établissements scolaires (collèges, lycées, universités) et même dans les églises (avec le mbolé religieux ou le mbolé gospel). C'est un bon thérapeutique qui exorcise les soucis. C'est une musique d'animation qui procure beaucoup de joie aux jeunes comme aux plus âgés. C'est le genre musical à la mode que tout le monde s'arrache même les grands artistes camerounais à l'instar de XMaleya, Lady Ponce, Michael Kiessou et Mani Bella . C'est tout

---

24. Kankan Boys, « tchapeu tchapeu », *Tchapeu Tchapeu*, Arts & Musik Production, 2020.

un phénomène qui n'a pas encore tout livré. Enfin, d'un point de vue linguistique, le Mbolé fait l'apologie du camfranglais qui est un parler urbain typiquement camerounais.

Cynthia AMANGUENE AMBIANA, PHDC

Bibliographie

EBONGUE, Augustin Emmanuel et FONKOUA, Paul, « Le camfranglais ou les camfranglais ? », *Le français en Afrique* n°25, 2010, pp. 259-270. Consulté le 18 janvier 2019. URL:ttp://www.unice.fr/bcl/ofcaf/25/Ebongue%20Augustin%20Emmanuel%20et%20Fonkoua%20Paul.pdf

EYA'A, Daniel, « Le mbolé : plus qu'un simple rythme un mode de vie » dans *C'Koment magazine*, 2020. Consulté le 26 février 2021. URL : https://ckoment.com/blog/le-mbole-plus-qu-un-simple-rythme-un-mode-de-vie.html

FOTSING MANGOUA, Robert, « De l'intermédialité comme approche seconde du texte francophone », *Synergies Afrique des Grands Lacs*, n°3, 2014, pp. 127-141. Consulté le 04 mai 2018. URL: https://gerflint.fr/Base/AfriqueGrandsLacs3/RobertFotsingMangoua.pdf

HARTER, Anne Frédérique, « Représentations autour d'un parler jeune : le camfranglais », *Sociolinguistique et dynamique des langues*, 2005, pp. 253-266. Consulté le 17 janvier 2019. URL: http://www.unice.fr/bcl/ofcaf/22/Harter.pdf, .

NDONGO, Valéry, Dictionnaire du camfranglais, *la lecture je Contribue.* Consulté le 13mai 2021. URL : http://www.valeryndongo.com/leblog/dico%20camfranglais.pdf

NGONO,Vanessa, « Musique : le mbolé fait sa révolution », *100% Jeune.* Consulté le 26 février 2021. URL : http://reglo.org/posts/musique-le-mbole-fait-sa-rvolution-6571

NOKE, Simon Francis, « Oralité africaine et mondialisation », *Le blog de Whisperingsfalls*, 5 avril 2011. Consulté le 11 janvier 2020. URL:http://whisperingsfalls.over-blog.com/article-oralite-africaine-et-mondialisation-71053931.html

OMBOUDOU, Sonia, « Musique : l'ère du ''mbolé'' », *Cameroon Tribune*, Consulté le 26 février 2021. URL : https://www.cameroon-tribune.cm/article.html/37605/fr.html/musique-ere-du-

ZANG ZANG, Paul et BISSAYA BESSAYA,Euloge Thierry, « Dynamique des langues au Cameroun : entre glottophagie et émergence », *Langues et usages*, n°1, 2017, pp. 33-45. Consulté le 18 janvier 2019. URL: http://www.univ-bejaia.dz/leu/images/doc/numero1/letu1-3.pdf.

Pour citer cet article :

Cynthia AMANGUENE AMBIANA, « Formes de récits et types de discours africains. Le *Mbolé* : une pratique artistique contemporaine du ghetto camerounais », *Revue Legs et Littérature* n° 17, vol. 1, 2021, pp. 69-82.

Le théâtre en Afrique : voies et parcours

Doctorante chercheuse à la Faculté de Lettres et de Sciences Humaines Ben M'sik de Casablanca de l'École doctorale Civilisations Franco-phones et comparées rattachée au Laboratoire Langue, Littérature et Communication, Zahra RIAD est agrégée de langue et de littérature françaises de l'École Normale Supérieure de Rabat. Le sujet de sa thèse porte sur la Scénologie de la violence dans le théâtre de Sony Labou Tansi et de Bernard-Marie Koltès. Enseignante à l'École Normale Supérieure d'Enseignement Technique de Mohammedia, elle est l'auteur de l'article intitulé « Rencontres autour de l'image du Noir dans le théâtre » paru dans le collectif Langage, Culture et Société paru en septembre 2019.

Résumé

À l'antipode des formes et représentations théâtrales occidentales, le théâtre en Afrique révèle des parcours différents. Ce théâtre dont on conteste même la légitimité d'existence a, en effet, ses propres paramètres et présente une structure diamétralement opposée à celle issue de la tradition aristotélicienne. L'histoire du théâtre africain se confond avec l'histoire d'un continent qui a été souvent l'objet de convoitises étran-gères : depuis l'ère de l'esclavagisme passant par les exploitations mas-sives de ses richesses naturelles durant la période de l'extension de l'impérialisme avant de déchoir finalement dans un chaos de guerres ethniques. Au sein de cette atmosphère générale qui perdure jusqu'à nos jours, nous ne pouvons évoquer le théâtre africain sans envisager un certain rapport avec cette violence qui marque de son sceau la plupart des productions littéraires africaines. Cette violence peut se lire en effet aussi sur les pages de la littérature africaine. Pour maintenir son ascendant sur le territoire africain, le colon avait besoin d'instaurer en effet une hégémonie culturelle et ce dans une visée assimilatrice afin d'asseoir son pouvoir politique. Se pose alors le débat sur des formes de représentations théâtrales africaines qui ne se conforment pas au schéma du modèle théâtral occidental, ainsi que de formes traditionnelles du théâtre qui ont été complètement négligées au profit d'un théâtre d'assi-milation qui a ignoré et marginalisé toutes les manifestations culturelles autochtones.

Mots clés

Théâtre africain, violence, performance, assimilation, hégémonie

LE THÉATRE EN AFRIQUE : VOIES ET PARCOURS

La violence ne peut être circonscrite uniquement dans un aspect social ou politique. Elle se manifeste aussi au niveau culturel. L'histoire du théâtre en Afrique nous permet, par exemple, de saisir la portée d'une violence qui peut se lire aussi sur les pages de la littérature africaine. Pour maintenir son ascendant sur le territoire du continent noir, le colonisateur avait besoin, en effet, d'instaurer une hégémonie culturelle selon une stratégie assimilationniste qui vise à effacer tout particularisme culturel afin d'asseoir son pouvoir politique. Etudier le théâtre en Afrique permet effectivement de saisir la portée de cette réalité.

L'histoire du théâtre africain nous révèle des parcours et des voies autres que ceux du théâtre occidental. À commencer d'abord par une réalité marquée par l'analphabétisme d'une large partie de la population et où l'oralité l'emporte souvent sur l'écriture. Se pose alors pour tout écrivain ou dramaturge subsaharien le problème d'absence de lectorat ; des conditions d'édition elles-mêmes quasiment absentes. Il s'avère aussi qu'en l'absence d'une infrastructure qui concerne la construction de théâtres ou lieux spécifiques pour donner des représentations, la plupart des dramaturges se débrouillent avec leurs propres moyens, en donnant des représentations dans des lieux improvisés, des écoles ou des espaces libres. Ces conditions socioculturelles constituent le terreau spécifique qui a favorisé une production culturelle particulière aussi bien au niveau esthétique qu'idéologique.

La violence subie d'abord de la part des colonisateurs qui se sont installés dans l'unique but de s'enrichir en surexploitant les ressources minières et naturelles, ensuite les dictatures postcoloniales qui ont plongé des pays dans le chaos, ne peuvent laisser, en effet, un intellectuel dans l'indifférence. Plusieurs écrivains ne pouvaient en fait emprunter un autre chemin que celui de l'engagement pour le cas social en Afrique, d'une façon ou d'une autre. Il était évident qu'un dramaturge subsaharien en général ne pouvait s'offrir le luxe de ratiociner sur les questions métaphysiques et philosophiques de l'existence parce qu'il était d'abord interpellé sans cesse par des problèmes sociopolitiques urgents. Notre propos consiste à examiner l'impact de ces facteurs sociopolitiques et historiques sur le paysage culturel en Afrique, en l'occurrence le domaine du théâtre et de la représentation. Nous nous focaliserons, selon une démarche sociocritique, sur le rôle de ces paramètres sociopolitiques dans le façonnement d'un genre de théâtre particulier qui diffère des canons de la dramaturgie occidentale.

Il convient de souligner au prime abord que la violence n'est pas de caractère uniquement sociopolitique, elle s'exprime aussi au diapason de ce qui est culturel. Les formes traditionnelles du théâtre en Afrique ont été, notamment, complètement négligées au profit d'un théâtre d'assimilation qui a ignoré et marginalisé toutes les manifestations culturelles autochtones. Il s'agit, en l'occurrence, du théâtre de William- Ponty, une Ecole Normale, où sont formés la plupart des cadres du domaine de l'enseignement, de la justice, du gouvernement ou les cadres des secteurs socioéconomique et politique. Cette institution est qualifiée comme « le cimetière de l'intelligence africaine »[1] ou encore « l'école de la soumission, de la compromission »[2]. Elle participe à ce grand projet d'effacer toute spécificité d'une culture d'origine.

---

1. Mohamadou Kane, *Birago Diop*, Paris, Présence Africaine, 1971, p. 15.
2. L'une des caractéristiques de cette école avait été de sensibiliser ses élèves aux coutumes et traditions du milieu dont ils étaient issus. Pour les occuper utilement pendant les congés scolaires, il leur était demandé de petits travaux ethnosociologiques que chaque élève ou groupe d'élèves effectuait dans son village. C'était leur façon de contribuer à la vaste entreprise d'« interrogation du continent africain » lancée par les ethnologues après la Première Guerre Mondiale. De retour à l'école, ces travaux servaient de documents de base à des pièces de théâtre jouées par les élèves lors des manifestations culturelles. Guy Ossito Midiohouan, « Littérature africaine : Une critique de la critique » (à propos d'Ousmane Socé Diop) in *Peuples noirs, peuples africains*, n° 18, 1980, p. 80

Il serait utile de chercher à saisir le chemin traversé par la plupart des dramaturges en Afrique, pour connaître la portée et la spécificité de ce genre de
théâtre en particulier, en mettant en avant le fait que nous ne sommes pas en
face des mêmes enjeux culturels et sociaux. La position d'un intellectuel en
Afrique n'est pas, en effet, pareille à celle d'un écrivain occidental et le théâtre
se fait l'écho du social : il reste consubstantiellement lié au politique. Dans cet
objectif et cherchant à établir une sorte de comparaison avec les dramaturges
en Occident, David Mavouagani dénonce les positions culturelles « des philo-
sophies existentielles » souvent entachées « d'abstraction métaphysique », qui
diffèrent « de la réalité sociale et vivante des catégories de la vie humaine, notamment l'exercice du pouvoir et les questions de souveraineté en Afrique »[3].

Sans abonder entièrement dans le sens de cette idée (l'existentialisme n'est-il
réellement qu'une abstraction métaphysique ?), nous adhérons toutefois à
l'idée que l'homme de culture en Afrique est sans cesse interpellé par une
situation sociopolitique qui exige une réaction. Mais pour énoncer les tenants
et aboutissants de cette problématique, il importe connaître l'histoire de ce
théâtre en lutte ; un théâtre qui provient d'un autre berceau que celui de
l'Occident, plus précisément du sol africain.

Théâtre africain en lutte

L'histoire du théâtre en Afrique se confond avec l'histoire d'un continent qui a
été souvent l'objet de convoitises étrangères. Depuis l'ère de l'esclavagisme,
jusqu'à déchoir finalement dans un chaos de guerres ethniques, en passant par
des exploitations massives de ses richesses naturelles durant la période de
l'extension de l'impérialisme, l'histoire du continent noir est écrite avec des
larmes. Au sein de cette atmosphère générale qui perdure jusqu'à nos jours,
nous ne pouvons évoquer le théâtre en Afrique sans envisager un certain
rapport avec cette violence qui marque de son sceau la plupart des productions
littéraires africaines. Ce rapport se manifeste aussi bien dans l'attitude
idéologique que dans l'aspect esthétique relatif à l'écriture et au langage.

---

3. David Mavouagni « Sony Labou Tansi. Le refus d'exister sur commande » in Macula
Kadima-Nzzji, Abel Kouvouama et Paul Kibangou (dir.), *Sony Labou Tansi ou la quête
permanente du sens*, Paris, L'Harmattan ,1997, p. 296.

La plupart des écrivains africains vivent déjà une violence symbolique dans la manière même de s'exprimer. En effet, la problématique qui s'est toujours posée pour l'écrivain africain est évidemment celle de la langue d'expression. Jacques Chevrier note à ce propos : « On assiste actuellement à des tergiversations de la part des intellectuels africains vis-à-vis du problème fondamental des langues africaines, car dans le temps même où ils prônent le retour à la tradition ils continuent à s'exprimer en français »[4].

Ce premier paradoxe n'est pas le seul car la violence chez l'homme africain est d'abord vécue au niveau existentiel. La domination de l'homme blanc se fait ressentir non seulement dans tous les aspects qui touchent à la vie sociale économique ou politique, mais elle se vit aussi et surtout au niveau de l'identité et de l'intégrité de l'être africain. Cette emprise se fait ressentir au niveau culturel. Jacques Chevrier pense, à ce propos, que « pendant la domination coloniale, les cultures africaines et leurs langues d'expression ont subi le sort réservé aux cultures et à l'homme "primitifs" : si elles n'étaient pas ignorées elles étaient niées »[5].

Le parcours que traverse le théâtre en Afrique est en effet marqué par une double aliénation. La première est vécue sous le choc culturel en face d'une civilisation blanche prépondérante. Le mouvement de la Négritude qui a pris son essor en 1930 était conscient de cette aliénation première. Il fallait se positionner en s'opposant à une civilisation colonisatrice envahissante. Le retour vers soi, vers ses propres origines étaient le plus souvent les remparts qui pouvaient préserver contre cette aliénation. Ensuite, la suivante est subie par une deuxième génération qui s'est trouvée confrontée à une double aliénation : aliénation d'une part vis-à-vis de l'homme blanc, de la civilisation occidentale en général et une autre aliénation, cette fois-ci, vécue par rapport à l'ancienne génération d'écrivains africains qui les ont devancés. La génération à laquelle appartient Sony LabouTansi, Koffi Kwahulé, Botty Zadi Zaourou refuse l'inféodation aux modèles occidentaux qui avaient jusqu'alors marqué la majeure partie des écritures dramatiques de l'Afrique subsaharienne. Elle veut garder, en même temps, ses distances par rapport à un passé qui, selon elle, ne possède certainement pas toutes les clefs de la situation présente après les indépendances.

4. Jacques Chevrier, *Littérature nègre*, Paris, Armand Colin, 1984, p. 207.
5. Ibid., p. 205.

Effectivement, la stratégie culturelle n'est plus la même puisque les enjeux politiques ont complètement changé. La situation postcoloniale apporte son lot de changement auquel il faut se résoudre en adoptant de nouvelles attitudes. Mais pour comprendre ces différents positionnements de l'intellectuel en général et plus particulièrement du dramaturge en Afrique, il faudrait suivre la trace et l'évolution de quelques principales stations du théâtre Africain. Si l'on examine l'évolution du théâtre occidental par rapport à celle du théâtre en Afrique, on remarque qu'il existe des différences fondamentales, non seulement en ce qui concerne la forme et les caractéristiques esthétiques, mais aussi par rapport aux principaux soucis idéologiques qui sous-tendent la plupart des productions littéraires. En effet, la situation en Afrique diffère complètement dans la mesure où la plupart des dramaturges n'avaient pas évolué selon des choix libres mais ont été contraints, vu les circonstances politiques, à une réaction, se sentant obligés, d'une façon ou d'une autre, d'adopter une position, ne pouvant finalement qu'être engagés socialement ou politiquement. On pourrait même aller jusqu'à dire que le théâtre africain, en tant que forme définie selon les critères classiques de toute forme dramaturgique, n'a commencé à exister qu'à partir du moment où il a été confronté au colonialisme.

Sans trop insister sur la question de l'existence ou de l'inexistence du théâtre en tant que genre littéraire avant le choc civilisationnel avec l'Occident, on ne peut que remarquer que la plupart sinon la majorité des productions théâtrales africaines ne peuvent être analysées sans le recours à une perspective sociopolitique parce que la plupart des dramaturges en Afrique se sentaient chargés d'une double mission. D'abord lutter contre l'envahissement du colonisateur, ensuite participer à l'édification en même temps d'une identité propre comme rempart contre l'aliénation qu'ils ne cessent d'éprouver depuis les premières missions prétendument civilisatrices des colonisateurs. Le théâtre pontin dans ses formes, ses sujets et son idéologie reflète effectivement ce rapport de force qui s'exprime au diapason du culturel.

Théâtre pontin et idéologie colonialiste

Par rapport au théâtre occidental qui s'inscrit dans une longue tradition et dont les représentations se donnaient dans des amphithéâtres réservés à cet effet, les représentations théâtrales en Afrique n'avaient pas d'espaces particuliers.

La plupart des rassemblements qui pouvaient être considérés comme les germes d'un art théâtral se tenaient, en effet, à l'air libre. Pendant la période coloniale, il n'y avait pas d'écoles dramatiques et la plupart des représentations qui étaient, au début, données en l'honneur des colonisateurs en guise de distraction étaient le produit de simples amateurs. On choisissait pour cela les cours d'écoles, les endroits publics, des sites religieux ou simplement des coins de verdures. La première école d'art dramatique digne de ce nom ne fut, en fait, bâtie qu'en 1959 en Côte-d'Ivoire et un théâtre national édifié à Dakar.

Le théâtre en Afrique n'est pas paru dans ses premières manifestations en tant que texte écrit. Ce n'est que quelques décennies après la colonisation que des pièces ont été publiées. Par contre, toutes les manifestations spectaculaires qui s'apparentaient, dans leur structure, au théâtre ont été jouées : la civilisation africaine étant principalement fondée sur l'oralité.

Mis à part les formes traditionnelles, que certains critiques s'attèlent à démontrer comme étant des formes de théâtre spécifique non moins dépourvu de qualité, la plupart des recherches qui ont été menées dans ce sens s'accordent sur le théâtre de l'école Ponty comme véritable début du théâtre africain francophone. Parmi les premiers élèves étaient les ivoiriens : Amon d'Aby, Germain Koffi Gadeau, Bernard Dadié qui ont été initiés au jeu de la scène. Quels que soient la valeur et l'apport des enseignements dispensés dans le cadre de cette école dans tout le territoire africain, il ne faut pas oublier le fait que l'idéologie générale qui soutenait la plupart des productions à cette époque était principalement au service du colonisateur pour maintenir son ascendance sur le territoire et la mentalité noires. Il faudrait noter, tout d'abord, que ce genre de théâtre était plus thématique qu'esthétique et que la plupart des dramaturges qui s'initiaient encore à cet art étaient davantage préoccupés par le contenu de l'histoire que mus par un quelconque souci d'esthétique ou de formes. D'ailleurs, la plupart des œuvres produites à cette époque étaient coulées dans le moule classique du théâtre aristotélicien et n'avaient pas un cachet particulier.

Les rapports de violence liés à l'avènement du colonialisme ne pouvaient encore être exprimés ; et la violence qu'on mettait d'abord en scène émanait plutôt souvent d'un ensemble de rites et de traditions qui forgeaient la vie et le destin de l'être africain.

Bernard Dadié s'inspire, par exemple, des légendes africaines, du merveilleux, des contes et récits de viei La légende d'*AblaPakou*, (1954) à titre d'illustration, raconte la vie du personnage féminin illustre Abla qui a réussi à faire traverser son peuple à travers un fleuve mais en contrepartie, elle a offert son enfant comme sacrifice : l'enfant *Baoulé* est une légende qui parle de l'enfant mort. Amon d'Aby dans sa pièce *La sorcière ou le triomphe du 10ème mauvais* (1965) s'abreuve aussi à la même source d'inspiration, l'histoire y est mêlée par la légende et le merveilleux. La coutume présume selon la pièce que le 10ème enfant est considéré comme une malédiction. La mère doit supporter qu'il soit sacrifié. Telle est la coutume prescrite par le clan « Agni » vivant au sud de la Côte d'Ivoire. Autrement, elle sera exposée à toutes les invectives sociales des parents des défunts.

Ces exemples restent le modèle d'un genre de théâtre qui s'alimente principalement de rites, de coutumes et de fétiches. Les moments qui expriment une crise se résolvent souvent par des miracles et la violence qui y est mise en scène se résout par le sacrifice grâce auquel la colère et le courroux du fétiche sont calmés. Ces sacrifices s'offrent comme l'ultime moyen qui permet de passer d'un temps fort et paroxystique à un moment d'accalmie. La « catharsis », si l'on recourt à un terme occidental, s'opère généralement à ce prix ; il s'agit d'une thérapie cathartique qui se réalise d'une autre manière.

La violence est surtout donnée à voir comme une violence de mœurs et de traditions. L'homme y est présenté comme un être entièrement soumis aux forces d'un destin qui le dépasse, sur lequel il n'a aucune emprise. On peut dire ainsi, si l'on veut définir de façon globale le théâtre de cette époque, qu'il est « à peu près comme la reproduction de la tradition »[6], étant essentiellement culturaliste et folkloriste. Or, en cherchant à mettre l'accent sur les traditions qui génèrent souvent de la violence et en les portant sur scène, l'entreprise coloniale se trouve en quelque sorte légitimée et justifiée : le colonisateur paraît, en effet, comme le salvateur, celui qui apporte de la civilité dans une réalité empreinte d'une violence consubstantielle. Ainsi, les autorités coloniales ne voyaient pas uniquement en ces manifestations un moyen de divertissement, elles s'en servaient surtout comme moyen d'encadrement et d'embrigadement idéologique. Un critique donne le diagnostic suivant du théâtre

---

6. Barthélémy Kotchy, « Évolution historique et caractère du théâtre contemporain » in *Actes du colloque sur le théâtre nègro-africain*, Paris, Présence africaine, 1971, p. 49.

africain de l'époque : « De façon générale, on peut dire que le théâtre négro-africain d'avant 1960 était très marqué par l'emprise de l'administration et de l'idéologie coloniales et qu'il participait implicitement ou explicitement du projet colonialiste »[7].

De cette première étape d'un théâtre assimilationniste, où on reprend des thèmes et des topos conçus et envisagés selon l'idéologie colonialiste, on peut citer les pièces suivantes qui servent généralement une stratégie particulière chez le colonisateur. Des pièces qui sont conçues à partir du modèle classique français et où l'on donne à voir la violence de façon détournée, c'est-à-dire non pas comme émanant d'actes de violence et de rapts exercés par un régime colonialiste, mais plutôt comme émanant de pratiques coutumières rigoureuses et violentes : *La ruse de Diégé* (jouée par des élèves soudanais), *Sokamé et retour au fétiches délaissés*, *Adjo Bla*, *La sorcière ou le triomphe du 10ème mauvais*, *Assémien Déhylé, roi du Sawsi*. Ainsi l'idéologie coloniale se trouve parfaitement assimilée dans le cadre général de la légitimation de l'entreprise coloniale, ce que le théâtre de l'indépendance dénoncera plus tard.

Théâtre de l'après-indépendance

Comment les premières productions théâtrales africaines sont-elles parvenues à s'affranchir de l'aliénation ? Quelles sont les circonstances de la libération du carcan idéologique de l'école Ponty ? Il faudrait noter que les tous premiers changements émanent surtout d'ailleurs, de l'Amérique, avec plus particulièrement les écrivains de la « Négro-renaissance » qui ont protesté contre les discriminations subies par les Noirs partout dans le monde et ont dénoncé la situation scandaleuse qui leurs est infligée. Ce vent de contestation s'est vite propagé et a atteint progressivement tous les Noirs sous la domination blanche.

On commence, au niveau culturel, par revendiquer une culture négro-africaine dont la principale mission est de reconstruire l'histoire, en la débarrassant des préjugés colonialistes. La revue *L'étudiant noir* (1934-1939) dont sont responsables les ténors du mouvement de la Négritude : Aimé Césaire, Léon Gouteron Damas et Léopold Sédar Senghor cherchent à réhabiliter l'homme noir et son identité. L'influence de ce mouvement et bientôt l'avènement des

7. Guy Ossito Midiohouan, « Le théâtre négro-africain d'expression française », op. cit., p. 57.

indépendances vont peu à peu effacer l'image négative qui s'est forgée sur l'homme noir.

Le théâtre de William Ponty va disparaître au profit d'un théâtre militant qui va rendre compte des guerres anticoloniales menées par les Noirs. Parmi les principaux objectifs de ce théâtre : galvaniser le peuple noir pour lui faire retrouver confiance en lui-même, le rendre conscient de l'importance qu'il représente au sein du patrimoine civilisationnel humain.

D'un point de vue pratique, on commence d'abord par une réhabilitation des principales figures historiques qui ont subi une métamorphose dénigrante. On s'oppose désormais à la politique jusque-là régnante, responsable de « cultures piétinées, d'institutions minées, de terres confisquées, de religions assassinées, de magnificences artistiques anéanties, d'extraordinaires possibilités supprimées »[8] comme l'évoque l'écrivain Aimé Césaire. Des figures historiques vont ainsi être réhabilitées et reconsidérées dans l'intention de rétablir la confiance en soi et accéder à une fierté revalorisante. Albouri, Gbéanzin, Ba Bemba, Béatrice de Congo, Lat Dior vont recouvrir leur place de véritables héros nationaux et deviendront des figures emblématiques d'un héroïsme inconsidéré où le héros peut braver la mort pour réaliser l'estime de soi. Des dramaturges tels que : José Pliya dans *Kondo le requin* (1981) ou *La secrétaire particulière* (1973), Amadou Cissé Dia dans *Les derniers jours de Lat Dior* (1965), Djibril Tamsi Niane dans *Sikasso, la dernière citadelle et Chaka* (1971), Cheik Aliou N'dao dans *L'exil d'Alboury* (1979), et d'autres dramaturges comme Koffi Kwahulé, Kossi Efoui, Gaya Makhélé, Kously Lamko, outre la valorisation des héros historiques, ont lutté eux-mêmes pour accéder à l'indépendance.

La violence qu'ils ont mise en scène se retourne cette fois ci-contre le colonisateur qui s'avère en être le véritable instigateur. Compte tenu de ces nouvelles circonstances et grâce à la propagande du marxisme, le théâtre de culturaliste[9] qu'il était en 1930 va devenir épique. L'objectif étant de rendre le spectateur conscient, en créant une distance par rapport à ce qu'il voit et

---

8. Aimé Césaire, *Discours sur le colonialisme* suivi de *Discours sur la négritude*, Paris, Présence africaine, 2004, p. 23.
9. Conception anthropologique de la culture qui y voit l'ensemble des habitudes et des aptitudes (croyances, connaissances, savoir-faire, valeurs, normes) qui font les caractéristiques d'une société.

solliciter une réaction exigée par la lutte pour l'évacuation du colonisateur. Des œuvres comme *Iles de tempête* et *Beatrice Du Congo* (1986) de Bernard Dadié contiennent plusieurs scènes de torture appartenant à différentes époques historiques ou exposent une identité culturelle menacée par une intrusion de religions étrangères. *Tarentelle noire et diable blanc* (1976) de Sylvain Bemba, par exemple, est une pièce qui traite des étapes essentielles du colonialisme au Congo. La Tarentelle est une danse qui exprime une prise de conscience du pouvoir colonial ; le diable blanc est un rôle assumé par un commerçant italien dont l'unique but est de s'enrichir en exploitant des gisements aurifères. Quant à son autre pièce *L'homme qui tua le crocodile* (1975), elle expose le même thème, c'est-à-dire l'exploitation de l'homme par l'homme et le rôle corrupteur de l'argent. Dans cette pièce, il s'agit d'un combat entre un instituteur Henri Balou et un usurier, combat qui sera soldé par une victoire des humbles sur la puissance de l'argent. Le même leitmotiv est repris dans une des pièces du dramaturge, Sony Labou Tansi. Il y présente le personnage Malot, un instituteur, mais cette fois-ci selon une vision pessimiste dans sa pièce *Je soussigné cardiaque* car le héros sera condamné à mort. D'autres pièces telles que *Soleil de l'aurore* (1976) de Amilcar Gabral et *La tempête en Guinée* (1976) de Alexandre Kum'a N'dumbe s'inscrivent dans la même perspective.

Dans ces pièces, la violence est donnée à voir, selon une dialectique presque omniprésente, comme thématique principale et commune, celle du colonisateur et du révolutionnaire. En somme, nous pouvons constater que ces pièces représentent le réel de façon différente. Ces pièces adoptent, ainsi, comme principe idéologique, une distanciation dans l'objectif de débarrasser le spectateur de son aliénation, de l'arracher de sa passivité et de solliciter chez lui surtout un esprit critique. Cependant et à partir de 1970 va se développer un autre genre de théâtre social. Cette fois ci, la veine historique d'enthousiasme qui a nourri les œuvres de la première génération commence à s'étioler pour faire place à un sentiment de désillusion devant l'évolution tragique de la situation globale en Afrique.

Ce théâtre social qui ne fait toutefois pas abstraction du contexte politique va s'atteler à rendre compte d'une réalité loin d'être telle que l'a imaginée les écrivains de la Négritude. Il traite les problèmes qui résultent de l'acculturation ou de l'occidentalisation de l'Afrique. Les problèmes de la lutte des générations, du couple et de la famille, la tentation et le mirage de la ville, l'égoïsme de la vie urbaine, la délinquance, le chômage, la prostitution et en général la difficulté de survivre sont les nouveaux points d'intérêts de ce type de théâtre : un théâtre du « désenchantement » comme a tendance à l'appeler la plupart des critiques de la littérature postcoloniale. Sous formes de satires sociopolitiques, le théâtre en Afrique adopte alors un nouveau projet cette fois-ci : renvoyer à la nouvelle société sa propre image.

Désillusion postcoloniale et théâtre du désenchantement

L'évolution du théâtre africain ne peut être comprise sans la prise en considération des causes politiques et sociales qui président aux changements qui affectent souvent les stratégies d'écriture et les thématiques privilégiées. On revient encore une fois sur la nature du théâtre comme moyen de reproduire la scène sociale sous forme d'une représentation esthétique. Faut-il le rappeler, le théâtre reste parmi tant d'autres moyens esthétiques le lieu où se manifeste le plus l'illusion référentielle. Georges Balandier, un sociologue, pense en effet que « toute société est une scène multiple bien avant que le théâtre n'y trace l'espace qui est le sien »[10]. Si la violence ne se manifeste plus dans des conflits entre le colonisateur et les forces de résistance, une fois l'indépendance acquise, il n'en reste pas moins que cette violence demeure latente. La guerre froide a continué à miner en silence la situation politique globale dans le monde entier. L'Afrique, entre autres, en a subi quelques graves conséquences.

En effet, et bien que les rênes du pouvoir ne soient plus entre les mains de l'envahisseur, sa politique d'exploitation et de déshumanisation se poursuit de façon indirecte cette fois-ci. La réflexion sur le pouvoir conduit des dramaturges à découvrir une réalité nouvelle où les mécanismes de dictatures qui prolifèrent ne sont qu'un signe en vérité de l'échec d'une démocratie suppléante. L'indépendance s'est avéré une pure illusion. Par ailleurs, la situation sociale est devenue précaire. Le phénomène de l'exode vers les villes s'est de plus en plus amplifié, la mendicité, la prostitution en ont été des résultats évidents. On inflige des tortures sévères aux populations, les dictateurs exécutent sommairement les opposants. Des intellectuels et des artistes subissent

---

10. Georges Balandier « La théocratie selon l'anthropologie », in Jean Duvignaud et Cherif khaznadar (dir.), *Internationale de l'imaginaire*, Nouvelle série -n° 12, Maison des culture du monde, 2000, p. 65.

la traque et l'exil. Wole Soyinka, Mongo Beti, Alioum Fantouré, Tchicaya en sont des exemples. Des œuvres littéraires rencontrent la censure. Si l'on recourt au théâtre à cause de la généralisation de l'analphabétisme, on se trouve également censuré. *L'Œil* de Bernard Zadi Zaourou n'a pas tenu l'affiche au-delà de la troisième représentation.

Sur le plan littéraire, l'enthousiasme d'une négritude idyllique qui érigeait le Noir en un être authentique comparé au Blanc présenté comme la figure de l'impérialiste consommateur, fait place à une prise de conscience amère qui rend compte d'une autre facette de l'oppression, cette fois-ci, d'origine non blanche mais noire. Jaques Chevrier souligne un nouvel aspect d'une littérature africaine qui reflète les nouveaux problèmes de l'après indépendance :

> *Il faut bien constater que la période comprise entre 1960 et nos jours a engendré, pour l'essentiel, une littérature de désenchantement et de désillusion (...) les auteurs francophones ont entrepris de dresser à leur tour, et à des degrés divers, un réquisitoire sévère d'une satire acerbe à l'encontre des mœurs politiques de l'Afrique contemporaine. Corruption, népotisme, vénalité, despotisme ou incurie des dirigeants et de leurs complices y sont dénoncés sans ambages[11].*

Comme le théâtre est le moyen culturel le plus accessible à un peuple dont la majorité souffre d'analphabétisme, il reste le moyen le plus propice pour tenter de refléter les nouveaux problèmes et participer à une prise de conscience des nouveaux enjeux sociopolitiques.

En effet, devant l'évolution inattendue et tragique de la situation générale en Afrique, le théâtre change de stratégie et repose les problèmes à partir d'une remise en question de l'idéologie apologétique négritudienne jusque-là régnante. La nouvelle situation de la réalité africaine va, en fait, pousser les auteurs dramatiques à adopter un nouveau projet : celui de la mise à nu des contradictions internes dans le dessein de renvoyer à la société sa propre image. Bernard Dadié nous offre dans sa pièce *Monsieur Thôgô-Gnini* (1970) le

---

11. Jacques Chevrier, *Littérature nègre*, op. cit., p. 135.

portrait caricatural du personnage éponyme qui profite de sa situation proche du roi pour s'enrichir aux dépends du peuple, en n'hésitant pas à faire des transactions commerciales douteuses avec un Blanc. Le dramaturge recourt à l'ironie dans une visée satirique qui met à nu les nouveaux exploitants. Ses autres pièces *Les voix dans le vent* (1969), *Mhoi-Ceul* (1979) sont des satires politiques des nouveaux dirigeants où le dramaturge dresse aussi des portraits grotesques de dictateurs, d'usurpateurs dont l'unique désir est d'impressionner les gens simples d'esprit pour extorquer leur fortune, n'hésitant pas pour cela à faire couler gratuitement le sang. S'inscrivent dans la même stratégie d'écriture, qui par le truchement de procédés humoristiques et satiriques met le doigt sur les défauts de la nouvelle société postcoloniale, des pièces telles que : *Le président* (1970) de Maxime Ndébéka, *Tougnantigui ou le diseur de vérité* (1972) d'Amadou Kourouma, *Maréchal Nkikon* (1979) de Tchicaya UTamsi, *La secrétaire particulière* (1973) de Jean Pliya. Dans ces pièces, ce sont les nouveaux visages de dirigeants africains dans leur folie de grandeur et leur tyrannie sanguinaire qui sont mis en scène.

Parallèlement au théâtre qui traite des déboires du pouvoir politique en Afrique postcoloniale, se développe un autre genre de théâtre social qui met l'accent sur les problèmes sociaux générés par cette situation. La violence sociale qui sera désormais mise en scène n'émane pas cette fois-ci d'une autorité blanche, ni d'une force étrangère, mais plutôt de nouveaux dirigeants africains. Ayant usurpé le pouvoir et abusé dans son exercice, ces dirigeants ont pactisé avec des puissances étrangères, leurs permettant ainsi de s'immiscer dans leurs affaires. Ce courant social du théâtre africain traite les problèmes qui résultent de ces mutations que connaît la société africaine contemporaine.

Parmi ces changements, on rencontre souvent la thématique de l'influence négative de la vie urbaine. Au sein d'un espace aliénant ou disparaissent les valeurs humaines de la solidarité et de l'esprit communautaire, les personnages se sentent motivés et poussés à réagir par pur intérêt personnel. Cet égoïsme génère une dégradation des mœurs : vol, corruption, vénalité. L'occidentalisation de l'Afrique a été source d'une violence sociale qui se manifeste cette fois au niveau familial. Lutte des générations, sentiment de perte, déshumanisation des êtres restent les motifs principaux débattus dans le théâtre africain de facture sociopolitique. Ces quelques pièces, entre autres, illustrent cette violence vécue au niveau social : *Le certificat de Sita* de Jean Lafost Afana, *Lisa, la putain* de A.Kuma N'dumbe, *M. Ganga Mayala* de Ferdinand Mouangassa, *L'oracle* de Guy Menga.

En fin de compte, il faudrait se rendre à l'évidence que « l'Afrique noire a des formes spécifiques d'expression dramatique qui ne sont ni le théâtre ni le NÔ et qui méritent qu'on s'y intéresse »[12] comme le constate M-J Hourantier ; d'où l'intérêt de s'ouvrir sur d'autres formes dramatiques, de bannir cette idée selon laquelle toute représentation ou spectacle qui n'obéissent pas au schéma de la dramaturgie classique sont à écarter ou à ne pas être considérer pour cette seule raison. Le théâtre en Afrique, a en effet, ses propres paramètres et présente une structure diamétralement opposée à celle que la tradition aristo-télicienne nous en donne. Chevrier apporte l'éclairage suivant :

> *Quiconque a été témoin d'une veillée traditionnelle africaine ne peut jamais oublier la performance du conteur qui, dans le même temps où il déroule le fil de son récit, chante, danse et mime les péripéties de l'action en s'accompagnant du mvet, du balafon ou de la Kôra. Toutefois à la différence de certaines vedettes qui réalisent un de ces one man show dont l'Europe et les États -Unis sont friands, le conteur africain n'est jamais séparé des spectateurs par l'espace de la scène, et à la vérité, il n'y a pas d'un côté un acteur et de l'autre des spectateurs, mais seulement une assemblée d'hommes, de femmes et d'enfants réunis autour d'un grand diseur[13].*

Deux aspects méritent d'être soulignés dans cette caractérisation du théâtre africain. Le terme « performance » retient en particulier l'attention, spécialement si on établit la relation avec le concept de « la performance » chez l'ethnoscénologue américain Richard Schechner :

> *La performance ne suppose pas nécessairement qu'il y ait un rôle à jouer, un espace dramatique à constituer, mais simplement une action présente se donnant comme objet des*

---

12. Marie-José Hourantier, *Du rituel au théâtre-rituel. Contribution à une esthétique théâtrale négro-africaine*, op. cit., pp. 36-37.
13. Jacques Chevrier, *Littérature nègre*, op. cit, p. 54.

regards. En cela le performer peut-être aussi bien un comédien
qu'un danseur, un chanteur, un peintre, un récitant, etc. qui
manifeste une présence scénique dans un cadre[14].

Dans cette optique, Jacques Chevrier a déjà été préalablement sensible à la dimension qui fait du spectacle africain un lieu de rencontre de plusieurs aspects de l'art, que ce soit la musique, le chant, la peinture...etc. Ce qui renvoie exactement à l'image du « spectacle total », et des différentes réalisations du « performer »[15]. L'autre aspect, non moins important à souligner, est la parfaite cohésion entre les spectateurs et l'acteur.

Il s'agit, donc, d'une structure différente qui nécessite d'autres paramètres pour être évaluée. Le théâtre africain révèle ainsi des formes de spectacle qui obéissent à des modes de représentation particuliers. Effectivement, dans cette optique, il y a eu quelques tentatives pour sauvegarder dans la culture africaine, qui est éminemment orale, ces formes de spectacles par opposition aux formes importées de l'occident, en essayant de les instituer et de les insérer dans un cadre conceptuel. Parmi celles-ci nous pouvons, par exemple, citer **la griotique** : qui est une tentative de conceptualiser des modes d'expression poétique qui font partie de la culture africaine orale. Le "griot" y est à la fois conteur, metteur en scène, historien, chanteur, danseur et musicien. L'expérience fut menée au départ par des étudiants dans le cadre du théâtre universitaire en 1970. Le projet adopté s'inscrivait dans un objectif général de réhabilitation de la culture d'origine et de lutte contre la prégnance des formes occidentales. La griotique devient ainsi le cadre conceptuel qui permet de désigner l'ensemble des moyens artistico-scéniques d'une technique griotienne qui constitue un art à part entière. M-J Hourantier pense qu': « Après la négritude de Senghor qui était une arme de refuge, de combat, et d'espoir, la Griotique cherche à s'imposer comme une philosophie de la construction »[16].

---

14. Richard Schechner, *Performance. Expérimentation et théorie du théâtre aux USA*, Paris, Éditions Théâtrales, 2008, p. 8.
15. Mots par lesquels Schechner remplace, dans une acception ethnoscénologique plus large du théâtre, les mots « scène » et « acteur ». L'idéal pour Schechner est justement que le spectacle soit un phénomène catalyseur qui puisse regrouper tout le potentiel artistique et les différents modes d'expression.
16. Marie-José Hourantier, *Du rituel au théâtre-rituel*, op. cit.,p. 45.

On aura donc vu comment le théâtre en Afrique se présente selon des paramètres spécifiques. Il s'avère que les enjeux culturels qui président dans le
façonnement de ses formes se font souvent l'écho d'un ensemble de circonstances historiques nécessaires pour le découvrir et l'étudier, c'était le premier
objectif de cette étude. Un autre aspect sera ensuite mis en lumière : celui de
la découverte d'une expérience théâtrale en Afrique, différente sur le plan
esthétique de celle connue en Occident. Ces formes de théâtre offrent encore
un champ fertile pour d'autres investigations.

Zahra RIAD, PHDC

Bibliographie

BALANDIER, Georges « La théocratie selon l'anthropologie », Jean Duvignaud et Cherif khaznadar (dir), *Internationale de l'imaginaire, Nouvelle série*, n° 12, Maison des cultures du monde , 2000, pp. X-Y.

CHEVRIER, Jacques, *Littérature nègre*, Paris, Armand Colin, 1984.

CÉSAIRE, Aimé, *Discours sur le colonialisme* suivi de *Discours sur la négritude*, Paris, Présence africaine, 2004.

HOURANTIER, Marie-José, *Du rituel au théâtre-rituel. Contribution à une esthétique théâtrale négro-africaine*, Paris, L'Harmattan,1984.

KANE, Mohamadou, *Birago Diop*, Paris, Présence Africaine, 1971.

KOTCHY, Barthélémy, « Évolution historique et caractère du théâtre contemporain », *Actes du colloque sur le théâtre nègro-africain*, Paris, Présence africaine, 1971. pp. 45-50.

MIDIOHOUAN, Guy Ossito, « Littérature africaine : Une critique de la critique » (à propos d'Ousmane Socé Diop), *Peuples noirs, peuples africains*, n° 8, 1980, pp. 75-88.

--, « Le théâtre négro-africain d'expression française », *Peuples noirs, peuples africains*, no 31, 1983, pp. 54-78.

MAVOUAGNI, David, « SonyLabouTansi"Le refus d'exister sur commande », Macula Kadima-Nzuji, AbelKouvouama et Paul Kibangou)dir.), *Sony LabouTansi ou la quête permanente du sens*, Paris, L'Harmattan, 1997, pp. 294-97.

CHECHNER, Richard, *Performance. Expérimentation et théorie du théâtre aux USA*, Montreuil, Éditions Théâtrales, 2008.

Pour citer cet article :

Zahra RIAD, « Le théâtre en Afrique : voies et parcours », *Revue Legs et Littérature* n° 17, vol. 1, 2021, pp. 83-101.

La prégnance du réinvestissement mythique dans *Le Temps de Tamango* et *Le Cavalier et son ombre* de Boubacar Boris Diop

Docteur en littérature africaine écrite, Abdoulaye SALL est enseignant vacataire au Département de Lettres Modernes (littérature africaine) et au Département d'Histoire (techniques d'expression française) de la Faculté des Lettres et Sciences Humaines de l'Université Cheikh Anta Diop de Dakar (Sénégal). Professeur de littérature africaine au West African Research Center de Dakar (WARC) et de lettres modernes au Lycée de Bambey, il est spécialiste des œuvres littéraires et cinématographiques de Sembène Ousmane. Il est également auteur de plusieurs publications scientifiques et communications à des colloques sur cet écrivain et réalisateur sénégalais mais aussi sur Boubacar Boris Diop, Ahmadou Kourouma, Jean-Marie Adiaffi.

Résumé

Notre étude portera sur les traces du mythe, la réactualisation ou le réinvestissement mythique, élément narratif et dispositif structurant importants dans Le Temps de Tamango *et* Le Cavalier et son ombre *de Boubacar Boris Diop. Nous mettrons aussi en relief, dans la continuité de l'installation du mythe, dans le texte romanesque, la nouvelle image de la femme noire africaine, intellectuelle émancipée, insaisissable car échappant à toute emprise réelle, même à celle de l'écrivain dont le génie révèle la prépondérance de l'échec à la fin du parcours de certains personnages.*

Mots clés

Femme, insaisissable, monstre, mythe, réinvestissement

LA PRÉGNANCE DU RÉINVESTISSEMENT MYTHIQUE DANS *LE TEMPS DE TAMANGO* ET *LE CAVALIER ET SON OMBRE* DE BOUBACAR BORIS DIOP

Introduction

Figure devenue incontournable dans les dédales des belles galeries de la littérature africaine, Boubacar Boris Diop fait partie de cette génération d'écrivains qui, grâce à la minutie de leur description des États africains aux fondements fragiles, à une écriture libérée et portant les marques de l'oralité, s'interrogent et soulignent des apories en s'appuyant, avec conviction et dérision, sur des faits troublants, passés ou actuels. Diop a habitué ses lecteurs, le long de ses romans, à l'intertexte merveilleux, à la rencontre de personnages névrosés, introvertis, incompris, pleins de sensibilité, à l'imbrication et à la polyphonie dialogiques, à des récits initiatiques où l'on va à la recherche du sens d'un acte paraissant souvent insensé, d'une vie brisée, etc.

Notre présente réflexion s'articulera autour du réinvestissement mythique qui imprègne fortement les intrigues de deux romans de Diop : *Le Temps de Tamango*[1] et *Le Cavalier et son ombre*[2]. Il s'agira, pour nous, d'étudier l'installation et la place qu'occupent le mythe et ses avatars dans les histoires

---

1. Boubacar Boris Diop, *Le Temps de Tamango*, Paris, Le Serpent à plumes, 2002.

2. Boubacar Boris Diop, *Le Cavalier et son ombre*, Abidjan, Nouvelles Éditions Ivoiriennes, 1999.

délirantes, tragiques que nous font vivre les multiples instances narratives, mais aussi la problématique de quêtes marquées par l'impuissance, l'insatisfaction d'un désir profond, l'insaisissabilité de l'objet convoité – ici, une femme – avec, en toile de fond, la peinture de l'insatisfaction, d'un manque émotionnel ou social qui en découle.

1. Le mythe et ses avatars comme liens entre fiction et réalité

De manière générale, pour la définition du mythe, plusieurs possibilités s'offrent à nous selon les situations en jeu dans *Le Temps de Tamango* et *Le Cavalier et son ombre*. Nous en retiendrons deux pour une meilleure compréhension des actes, actions et événements parfois oniriques :

> *récit fabuleux, le plus souvent d'origine populaire, qui met en scène des êtres incarnant sous une forme symbolique des forces de la nature, des aspects du génie ou de la condition de l'humanité* [...]
> *représentation de faits ou de personnages dont l'existence historique est réelle ou admise, mais qui ont été déformés ou amplifiés par l'imagination collective, une longue tradition littéraire...*[3].

Il faut associer à ces définitions les traits distinctifs d'un actant représentant un élément du sacré. Il y a aussi les diverses catégories mythiques que l'on retrouve dans les communautés très anciennes et riches d'un patrimoine oral immense : cosmogonique (explication de la naissance de l'univers), théogonique (formation progressive du monde, de ses éléments ou composantes, en les liant à des interventions divines), anthropogénique (écho de l'apparition de l'homme sur terre), historique (fondation d'une ville, d'une nation). Faisant le compte rendu d'un ouvrage de l'éminente spécialiste de l'Afrique littéraire, Lilyan Kesteloot, Alpha Oumarou Ba fait un tracé historique des mythes ouest-africains, partant d'un mythe originel fonctionnant comme un hypotexte :

> *Le mythe de Seth et d'Horus (mythe fondateur de l'Égypte pharaonique) est considéré comme l'ancêtre des mythes de l'Afrique de*

---

3. *Le Grand Robert de la langue française*, 2005.

l'Ouest [...] *le mythe de Bida de Wagadou, Ndiadiane Ndiaye, le mythe de fondation des royaumes wolof, Tyamaba, le serpent mythique dans la royauté de Tekrour*[4].

Ici, nous remarquons surtout une parenté – un serpent, mythème capital – unissant les éléments fondateurs des sociétés ayant vécu, et toujours vivant, dans un espace unique ou dans des milieux reliés par l'histoire.

En partant d'un récit originel, de traditions séculaires d'une collectivité qui se pose des questions échappant à toute réponse théorique, mais dont elle ne pourrait aucunement faire l'économie, de nombreux auteurs africains ont entrepris une réactualisation d'un mythe en créant des avatars complexes, des figures allégoriques pour révéler les valeurs de leur époque remplie d'incertitudes : le nigérien Boubou Hama[5], le zaïrois, aujourd'hui congolais, Georges Ngal[6], les camerounais Yodi Karone[7] et Werewere-Liking[8] l'ivoirien Jean-Marie Adiaffi[9], le gabonais Laurent Owondo[10].

Le Cavalier et son ombre est le récit du parcours de Khadija, une jeune femme émancipée. Elle a été recrutée pour accomplir un travail atypique : raconter des histoires, dire tout ce qui lui vient à l'esprit à un individu qu'elle ne pourra jamais voir, caché dans une chambre, près d'elle. Emportée par ses délires de ses créations, elle sombre peu à peu dans une névrose obsessionnelle. Dans ce roman, Boubacar Boris Diop, à travers une multiplicité de modes, d'instances et de niveaux narratifs, une floraison de figures symboliques, plonge son lecteur dans des contes philosophiques, des récits initiatiques où la réalité se

4. Alpha Oumarou Ba, « Lilyan Kesteloot, *Dieux d'eau du Sahel. Voyage à travers les mythes de Seth à Tyamaba* », in *Cahiers de littérature orale* [En ligne], n° 65, 2009, pp. 1-2. Consulté le 03 octobre 2016. URL : http://clo.revues.org/1164
5. Boubou Hama, *Le Double d'hier rencontre demain*, Paris, 10-18, 1973. Boubou Hama, *Hon si suba ben (Aujourd'hui n'épuise pas demain)*, Paris, P. J. Oswald, 1973.
6. Georges Ngal, *L'Errance*, Paris, L'Harmattan, 2001. Georges Ngal, *Une saison de symphonie*, Paris, L'Harmattan, 1994. Georges Ngal, *Giambatista Viko ou le viol du discours africain*, Paris, L'Harmattan, 1975.
7. Yodi Karone, *Nègre de paille*, Paris, Silex, 1982. Yodi Karone, *Le Bal des caïmans*, Paris, Karthala, 1980.
8. Werewere-Liking, *Orphée Dafric*, Paris, L'Harmattan, 2000. Werewere-Liking, *Elle sera de jaspe et de corail (journal d'un misovire)*, Paris : L'Harmattan, 1993.
9. Jean-Marie Adiaffi, *Silence, on développe*, Paris, Silex, Nouvelles du Sud, 2004. Jean-Marie Adiaffi, *La Carte d'identité*, Paris, Hatier, 2002.
10. Laurent Owondo, *Au bout du silence*, Paris, Hatier, 1985.

dispute farouchement la place au fantastique, au rêve, où les personnages sont à étudier à divers niveaux de sens tant ils échappent à une uniformité ontologique. Le premier motif qui nous y intéresse, c'est le secrétaire de la commission scientifique chargée par les autorités politiques de trouver un héros national au pays : Dieng Mbaalo. Ce personnage au portrait physique d'une banalité trompeuse va, à partir d'un fait non naturel, se révéler majeur dans la mise en place du statut mythique du récit :

> *Le Cavalier avait emporté Dieng Mbaalo avec lui* [...]. *Le ciel nocturne prit soudain une magnifique teinte mauve et l'univers devint un poème, un instant de rêve, une enfantine féerie. Le pur-sang du cavalier remua d'abord la queue et quand il se mit à gratter nerveusement le sol de ses sabots dorés, Dieng Mbaalo fut frappé par le sublime frémissement de son pelage. Un long et sinistre hennissement s'éleva dans l'air. Le pur-sang hennit trois fois de la sorte, puis le Cavalier tendit la main à Dieng Mbaalo, le hissa avec vigueur sur sa monture et ils s'enfoncèrent dans la nuit. Ainsi commença la seconde vie de Dieng Mbaalo*[11].

En recourant, dans ce passage, à une sorte de protocole énonciatif, avec des éléments du merveilleux omniprésents, le narrateur introduit progressivement le récit mythique dans un conte allégorique dominé par la mise en abyme : « le Cavalier et son ombre ». Ce dernier est une des nombreuses histoires créées par Khadidja dont le travail est de parler, de dire tout ce qu'elle veut à un auditeur qu'elle ne verra jamais, dans une grande et belle demeure, mais manquant affreusement de chaleur humaine. Elle l'imagine d'abord enfant, puis adulte, sous les traits d'un dément, ce qui la contrarie énormément. Comme pour se venger de son interlocuteur imaginaire qu'elle avait pris en affection, telle une mère avec son enfant condamné à vivre ses derniers instants à cause d'une maladie incurable. En fait, Khadidja plonge son auditeur – et le lecteur – dans une nouvelle version du mythe du serpent[12] personnifié, demandant un sacrifice immense pour la survie de la collectivité.

---

11. Boubacar Boris Diop, *Le Cavalier et son ombre*, op. cit., p. 134.
12. Voir à ce propos Bassirou Dieng, « Les genres narratifs et les phénomènes intertextuels dans l'espace soudanais (mythes, épopées et romans) », in *Annales de la Faculté des Lettres et Sciences humaines* n° 21, Dakar, Université Cheikh Anta Diop, 1991, pp. 77-93.

Dieng Mbaalo est donc la nouvelle figure du héros légendaire et le point de départ des motifs redondants de ce mythe qui réapparait sous la forme d'un texte romanesque. Nous relevons ici une sorte de complémentarité intertextuelle entre les deux genres comme l'énonce Pierre Rajotte : « Si le mythe donne forme au récit littéraire et l'ordonne, réciproquement, le récit opère une sélection parmi les motifs du mythe et en accuse certains au détriment d'autres »[13]. En reversant les éléments mythiques dans son œuvre, le romancier en élabore une autre forme qui puise dans les mœurs de son temps, en les remodelant et en les interrogeant.

Ainsi, dans *Le Cavalier et son ombre*, Dieng Mbaalo se propose de délivrer le royaume de Dapienga du monstre Nkin'tri. À partir de ce fait posé en prétexte, les mythèmes, qui permettent de voir la structure mythique traditionnelle reproduite et métamorphosée, jaillissent tels des faisceaux redondants et éclairants :

– le pacte conclu entre le génie-protecteur et le peuple : « C'est le Jour du Sacrifice, celui où la Princesse Siraa doit être dévorée, comme ses sœurs avant elle, par le monstre du lac Tassele »[14] ;

– un personnage qui souffre de l'issue fatale de cet accord et qui cherche à s'en défaire : « J'aime mon peuple mais j'aime aussi ma fille. [...]. Celle-là n'entrera pas dans la gueule du monstre Nkin'tri »[15] ;

– les représailles possibles pour toute action contraire à la tradition établie : « Tu ne peux faire cela, Père. Dapienga va subir famines et épidémies, les hommes et le bétail vont périr et il sera dit dans les siècles à venir que tu as été un lâche »[16] ;

– la résolution d'une situation rendue tragique par un possible changement de trajectoire pour tous les protagonistes : « Le monstre surgit des flots et s'avance vers Siraa, la gueule ouverte. Le cœur du Cavalier ne tremble pas. [...]. Il tranche la tête du monstre d'un coup sec et la plante au bout de sa lance. »[17] ;

– la sanction qui attend le téméraire ayant bravé l'interdit ancestral figurant dans le pacte : ici, nous assistons à un changement d'itinéraire narratif car la récompense promise par l'autorité à celui qui a tué le monstre ne sera jamais

13. Boubacar Boris Diop, *Le Cavalier et son ombre*, op. cit., p. 30.
14. Ibid., p. 165.
15. Ibid., p. 167.
16. Ibid., p. 167.
17. Ibid., p. 168.

donnée. Au contraire, elle renie sa parole pour, dit-elle, assurer la pérennité de son règne : « Ma fille est sauve, et mon trône aussi. Je peux donc tuer cet étranger et garder ma fille auprès de moi. Je ne donnerai pas Siraa à un Twi, cet homme a les dents de chacal »[18]. La guerre civile[19] qui aura lieu dans le royaume, devenu république, est une sorte de punition que subissent les personnages du fait de la cupidité du chef et pour n'avoir pas pu conjurer le mauvais sort et réparer le sacrilège commis.

En nous intéressant de près à la triade histoire/récit/narration, nous nous rendons compte que la reprise de ce mythe permet à l'auteur de faire une œuvre originale. Ainsi, le personnage principal agissant, l'espace, le temps, la violation de l'interdit et d'autres motifs sont ici classés dans un ordre préétabli, mais ils permettent surtout l'installation d'un univers mythique différent, préfigurant des troubles que va subir l'Afrique contemporaine. C'est une configuration que nous pouvons interpréter suivant deux conceptions assez différentes. Nous avons d'abord le mythe qui est perçu comme un récit sacré, avec une vision idéaliste[20] qui le propose en tant qu'élément primitif, structural de la pensée, de l'imaginaire, de la psyché collective ; il est ensuite une parole, un langage qui part d'une vision pragmatique[21] pour mettre en œuvre une fable, une fiction allégorique, un produit littéraire. L'affectif et le rationalisme, qui composent respectivement l'une et l'autre de ces interprétations, en sont les différences majeures.

Nous retrouvons, dans une certaine mesure, les mêmes « personnages angoissants »[22] plongés dans les luttes syndicales au lendemain de l'accession à l'indépendance de certains États africains où la coopération technique[23],

---

18. Le lecteur averti comprend ici le récit de la guerre civile au Rwanda, un génocide que Boubacar Boris Diop restitue – en le dénonçant fermement – dans beaucoup de ses textes, Le Cavalier et son ombre en est une parfaite illustration.

20. S'inspirant du Banquet de Platon, voir Maurice Leenhardt, Do kamo : la personne et le mythe dans le monde mélanésien, Paris, Gallimard, 1947 ; Georges Gusdorf, Mythe et métaphysique. Introduction à la philosophie, Paris, Flammarion, 1953 ; Mircea Éliade, Aspects du mythe, Paris, Gallimard, 1963.

21. Partant de la Poétique d'Aristote, voir Pierre Brunel, Mythocritique, Paris, P.U.F, 1992 ; Société Française de Littérature Générale et Comparée, Mythe et littérature, Sylvie Parizet (dir.), Paris, Éditions Lucie, 2008.

22. Boubacar Boris Diop, Le Temps de Tamango, op. cit., p. 11.

23. D'autres expressions ironiques sont aussi employées : « La Sagesse des Nations, la Solidarité Internationale, l'Amitié entre les peuples ». Boubacar Boris Diop, Le Temps de Tamango, op. cit., p. 98.

sorte de néocolonialisme adroitement renommé, est le cordon ombilical jamais rompu avec l'ancienne puissance coloniale. La diachronicité et les corrélations entre différents mythes et textes littéraires sont omniprésentes comme dans *Le Cavalier et son ombre* où Dieng Mbaalo, actant sans envergure, finit par devenir le Cavalier, le personnage mythique. Boubacar Boris Diop a aussi recours ici à des situations – plutôt à une combinatoire de situations – et à la mise en abyme pour nous ouvrir les volets presque fermés de ce nouveau roman éponyme : *Le Temps de Tamango*.

N'Dongo Thiam, qui a eu une « vie brève et complexe »[24], mais que l'on sent omniprésent dans les batailles contre le pouvoir politique très répressif, est un personnage-narrateur majeur et l'auteur d'ouvrages littéraires – parfois, des fragments – parmi lesquels nous retenons *Thiaroye, Les Fenêtres de Lauchammer, Les Tripes de Satan, L'Arbre blessé, L'Île sans étoiles, Promenade dans Pretoria…* Nous percevons ici les influences de l'écrivain sur ce personnage car Diop a publié une œuvre intitulée *Thiaroye, terre rouge*[25]. Nous remarquons également, dans le roman, ses fréquentes références à Gabriel Garcia Marquez, auteur colombien l'ayant fortement marqué – ce qu'il transmet aussi au Narrateur : « Il n'est pas nécessaire de présenter longuement ce géant qui continue de jouir d'une exceptionnelle notoriété chez nous et dans le reste du monde »[26] –, à Jacques Roumain, « l'auteur de *Bois d'ébène* et de *Gouverneurs de la rosée* – roman magistral publié à Paris en 1950 – […] notre époque voit en lui le plus grand poète nègre de tous les temps »[27].

À travers N'Dongo Thiam et le Narrateur, Boris Diop révèle, par ailleurs, certaines fonctions importantes de son écriture agissant comme une sorte de thérapie :

> *Je me suis aperçu que j'étais un enfant en terre étrangère. Alors sans hésiter je me suis blotti contre les chauds souvenirs de mon Afrique – Mère-Poule. J'avais atrocement peur et froid. J'ai écrit. Pour retrouver un sol ferme sous mes pas. Les Fenêtres, ce n'était pas vraiment un livre, plutôt un talisman*[28].

24. Ibid., p. 121.
25. Boubacar Boris Diop, *Thiaroye, terre rouge*, Paris, L'Harmattan, 1981.
26. Boubacar Boris Diop, *Le Temps de Tamango*, op. cit., p. 167.
27. Ibid. p. 167.
28. Ibid., p. 71.

Lorsqu'il arrive à N'Dongo de se lire, quelques passages retiennent son attention mais il éprouve toujours le sentiment de n'avoir pas libéré tous les silences emprisonnés quelque part au fond de lui. Mais, tenace, un espoir : un jour immobiliser les mirages, poignarder le rêve dans le dos[29]...

[...] on doit savoir qu'après tout je ne suis pas un romancier, moi. Je ne suis qu'un Narrateur, un homme de science en quelque sorte. Je ne peux pas me permettre d'imaginer des scènes ou d'inventer des traits de caractère[30]...

[...] un romancier, c'est-à-dire un monsieur autorisé à dire n'importe quoi au nom de l'imagination[31].

Nous passons ici par différentes étapes révélant des particularités de la littérature : écrire pour combler un vide et pour exister, créer pour poursuivre obstinément un chemin infini, puiser dans les illusions, l'imagination pour faire une véritable œuvre artistique où l'écriture libérée, servant de pinceau magique, est exaltée, etc. Lorsque nous en arrivons à la réinvention mythique qui bouscule la narration dans *Le Temps de Tamango*, N'Dongo Thiam réapparaît sous les traits du personnage éponyme qui prend une pluralité de formes et de vies. Il est d'abord le fruit de son imagination, un « mythe littéraire »[32] :

Tamango, l'esclave déchaîné, ne savait pas non plus quelle direction prendre. Après la révolte et la victoire il avait dû laisser le navire voguer au hasard. C'est cela qui l'a perdu. Il ne savait pas conduire un navire. Un beau sujet de roman[33].

Nous avons ici une projection d'un personnage sur un autre qu'il a créé, et cela va ainsi continuer lorsque N'Dongo ira travailler chez le général Navarro, un homme chargé par la France de conseiller militairement l'ancienne colonie où, avec son épouse, il débarque en tant que seigneur. N'Dongo y est pour l'assassiner au nom du M.A.R.S., mouvement révolutionnaire violent auquel il appartient. Le statut de Tamango va beaucoup prêter à confusion dans le

---

29. Ibid., p. 83.
30. Ibid., p. 125.
31. Ibid., p. 71.
32. Ibid., p. 178.
33. Ibid., p. 42.

roman. Dans les « Notes sur la troisième partie », une voix narrative nous souffle que le Narrateur principal doute presque de son existence, tant les recherches pour prouver sa réalité sont difficiles : c'est « un mirage »[34].

Le fil conducteur du récit, qui bifurque à chaque fin de partie vers une sorte de synthèse appelée « Notes [...] », prendra une nouvelle direction dans les dernières pages du roman. En effet, Tamango, qui hante le Narrateur, se retrouve, grâce à l'intertextualité, dans un mythe tout à fait hallucinant, associé à des références historiques, au cœur de l'Afrique : « (...) un seul auteur, Mérimée, mentionne sa tribu d'origine – les Wolofs, croit-il savoir. Notons d'ailleurs que Mérimée orthographie ce mot les ''Zolofes'' »[35]. En replongeant le personnage dans une histoire fantasmagorique, le Narrateur en fait également un héros mythique que l'histoire se dispute à la fiction. Tour à tour, nous voyons, à travers le récit rapporté de Mérimée, Tamango faire jaillir une constellation de mythèmes importants dans une parfaite diachronicité. Les éléments matériels de la chefferie traditionnelle qu'il représente, dans le texte, au XVIIIᵉ siècle, sont confondus avec les marques d'une violence sanguinaire :

> *Chaque année, sous prétexte que Kuntha, le dieu de la tribu, lui avait parlé en rêve, il réunissait tous les hommes de la tribu susceptibles de lui disputer le pouvoir et les faisait pendre par le thorax pour que leur agonie fût plus longue ; on rapporte aussi que pour lui faire plaisir, une jeune femme avait donné à son nouveau-né le nom de Tamango. Il la fit venir, puis lui demanda de mettre son bébé dans un mortier et de le piler jusqu'à ce que mort s'ensuive*[36].

Pour rehausser la grandeur de son pouvoir, la violence est ici élevée à un niveau supérieur contre ses sujets, mais aussi contre les esclavagistes qui échangent, contre des hommes, des pacotilles dont certaines sont inexistantes à cette époque comme « des blue-jeans, quelques appareils photos »[37]. Tamango, le « mythe »[38], favorise puis combat farouchement l'esclavage dans une suite infinie de batailles victorieuses. Il réapparait, en tant que type

---

34. Ibid., p. 169.
35. Ibid., p. 171.
36. Ibid., p. 171.
37. Ibid., p. 173.
38. Ibid., p. 176.

nouveau et figuratif du drame humain, dans les rues de Pretoria, à côté d'une autre allusion au dieu Kuntha. Changeant de visage, de forme, de rôle, Tamango, que l'on définirait comme un avatar jaillissant de la folie de N'Dongo Thiam, et le Cavalier, transposition mythique de Dieng Mbaalo, représentent également les personnages partant dans une quête éperdue vers un objet insaisissable, vers un idéal jamais atteint : une femme.

2. Le mythe de la femme insaisissable

De nombreux romanciers africains[39], surtout à partir des indépendances, ont habitué leurs lecteurs à l'émergence d'un nouveau type de personnage féminin dont l'intellectualisme, la détermination, le charme constituent des forces équilibrantes face à la domination masculine, en grande partie, basée sur une conscience collective très ancrée. Dans les romans de Boubacar Boris Diop qui nous servent de corpus, *Le Temps de Tamango* et *Le Cavalier et son ombre*, nous remarquons une nette propension de l'auteur et de ses instances narratives multiples à montrer certaines figures appariées et plongées dans différentes sortes de mythe, cherchant avec beaucoup de peine à (re)conquérir une femme qu'une imbrication complexe de structures dynamiques empêche de percevoir complètement.

Dans *Le Cavalier et son ombre*, Khadidja domine particulièrement les récits enchâssés dont elle est la narratrice principale. Elle fait figure d'intellectuelle, d'émancipée, portant un regard distant, assez hautain sur ce qui l'entoure et revendiquant son droit à la différence. De retour au pays avec son compagnon, Lat-Sukabé, elle habite un quartier populaire, Nimzatt, où la promiscuité, la pauvreté, la médisance et autres vices sont le lot quotidien des gens plongés dans une banalité rageuse. Cherchant à échapper à cette misère sociale et morale qui bouleverse toutes ses certitudes, elle accepte un travail de conteuse, payée à parler, à dire des histoires à un inconnu qu'elle ne pourra jamais voir. Même si ce qu'elle est obligée de faire défie la raison, elle retrouve, pendant un temps, un certain équilibre, une certaine satisfaction que lui procure l'oralité. Avec une « aisance [...] dans la métamorphose »[40], une parfaite maitrise

---

39. Nous pouvons en citer Ousmane Sembène, *Xala*, Paris, Présence Africaine, 1973 ; Mariama Ba, *Une si longue lettre*, Dakar, N.E.A, 1979 ; Ken Bugul, *Le Baobab fou, Dakar*, Dakar, N.E.A., 1983 ; Boubacar Boris Diop, *Les Tambours de la mémoire*, Paris, L'Harmattan, 1991-2004.
40. Boubacar Boris Diop, *Le Cavalier et son ombre*, op. cit., p. 76.

de la mise en scène, elle s'applique à relater, d'abord à Lat-Sukabé qui lui sert de cobaye, puis à son auditeur invisible des légendes, des mythes souvent terrifiants d'anciens peuples d'Amérique et d'Europe : « presque pas un seul mot de vrai dans tout ce qu'elle avait raconté et pourtant tout était si profondément juste »[41].

L'élément qui est tout à fait intéressant avec Khadidja et sa métamorphose évoquée plus haut, c'est qu'elle va, plus tard, quitter le statut de narratrice, de conteuse pour devenir l'un des personnages principaux de ses histoires. Elle transpose, surtout dans le récit du Cavalier et de la Princesse Siraa, ses angoisses, ses doutes et ses échecs. C'est là que nous comprenons la force du mythe qui permet de transférer et d'expliquer, par « un système d'oppositions réversibles entre la nature (ordre instinctif, individuel et nocturne) et la culture (ordre rationnel, communautaire et diurne) »[42], les souffrances individuelles, les événements dramatiques anciens ou actuels, les « réminiscences collectives traumatisantes »[43]. Les frustrations d'une vie au cours sinueux et l'incapacité à déchiffrer la véritable nature de son auditeur vont précipiter la jeune femme dans la folie. Elle quitte Nimzatt et disparaît. C'est au bout de plusieurs années d'errance que Lat-Sukabé reçoit une lettre pathétique dans laquelle Khadidja l'implore de venir hâtivement à son secours, à Bilenty. Cette entreprise s'avérera périlleuse à cause de nombreux facteurs puisant dans le mythe : « Le Cavalier tient le village de Bilenty et fait bonne garde autour de Khadidja. Aucune embarcation ne peut s'y rendre »[44] ; « Il s'agit de savoir qui de Khadidja ou du Cavalier est l'ombre de l'autre »[45]. Pour clore cette succession de mythèmes, le lecteur découvrira, à sa grande stupeur, que Bilenty n'existe même pas. C'est un endroit irréel, une sorte de refuge imaginaire pour les âmes en peine.

Il est donc clair que Khadidja reste un mystère total pour son compagnon et le lecteur. Elle sombre dans une dépression nerveuse mais trouve dans celle-ci les moyens de conjurer son malheur, d'échapper aux pesanteurs sociales, de fuir, en quelque sorte, la dure réalité. Elle est d'autant plus inaccessible qu'elle doit accomplir une mission quasi divine : aller, avec le Cavalier,

---

41. Ibid., p. 90.
42. Pierre Rajotte, « Mythes, mythocritique et mythanalyse : Théorie et parcours », in *Nuit blanche* n° 53, 1993, p. 32.
43. Marc Van Dongen, « Échouer encore », in *Carnets de bord* n° 9, septembre 2005, p. 25.
44. Boubacar Boris Diop, *Le Cavalier et son ombre*, op. cit., p. 103.
45. Ibid., p. 104.

représentation allégorique de Dieng Mbaalo, à la recherche d'un autre personnage mythique, « Tunde, l'enfant par qui le monde sera sauvé de l'horreur et le peuple noir de la servitude »[46], celui qui « n'a eu ni le temps de vivre ni celui de mourir »[47]. Cette quête fantastique les conduira dans beaucoup d'endroits très symboliques comme le palais présidentiel transformé en lieu de misère, en dépotoir humain. Jusqu'à la fin du roman, Khadidja ne s'offrira au lecteur que dans une succession d'analepses narratives car elle s'est irrémédiablement perdue dans les labyrinthes secrets qu'elle a créés.

Dans *Le Temps de Tamango*, nous retrouvons le même type de personnage féminin échappant à toute emprise terrestre, à toute perception matérielle : Léna. Cette femme, considérée comme « le mythe de la pureté »[48] par N'Dongo Thiam, hante continuellement ce dernier : « Son problème, il le sait, ce n'est pas l'agitation de la grande ville. Simplement, se libérer de Léna la fille imprécise. L'étrangler. En finir avec elle. Il dit soudain qu'il est urgent de mettre sur pied un mouvement de libération des mâles »[49].

Ce cri du cœur que l'on sent dans les propos du Narrateur permet de mesurer l'étendue du pouvoir de domination de la femme sur l'homme. N'Dongo, qui survole généralement tous les événements racontés avec une certaine aisance, un détachement propre aux esprits supérieurs, est submergé par l'incompréhension de la nature réelle de Léna. Celle-ci échappe à une classification catégorielle précise et tombe, de ce fait, dans le domaine mythique[50] par la suggestion de son inconstance physique, de son irréalité flagrante, de son pouvoir démoniaque : « Le diable existe. C'est une jeune fille. Elle s'appelle Léna »[51].

La nature multiple de Léna se confirmera dans la suite de la narration entrecoupée de « Notes […] » – en fait, des précisions sur le Narrateur – lorsque le personnage de Nafi, compagne de Kaba Diané, le dirigeant principal du

---

46. Ibid., p. 176.
47. Ibid., p. 194.
48. Boubacar Boris, *Le Temps de Tamango*, op. cit., p. 84.
49. Ibid., p. 85.
50. C'est une idée que Roland Barthes (*Mythologies*, Paris, Seuil, Points, 1957) développe. Il constate que tout peut être mythe car le monde est rempli de signes, de suggestions, la société pouvant s'approprier chaque objet qui dépasse un statut fermé, sans vie, pour entrer dans l'oralité, dans le domaine des connaissances ouvertes.
51. Boubacar Boris, *Le Temps de Tamango*, op. cit., p. 86.

M.A.R.S., est introduit dans le récit. Tout comme Khadidja, narratrice, conteuse et personnage majeur de *Le Cavalier et son ombre*, Nafi, dans *Le Temps
de Tamango*, prépare une thèse de doctorat. Sa grande particularité est qu'elle
se confond avec le personnage irréel de Léna. Des doutes sont même émis par
le Narrateur quant à son identité, à son statut : « Il semble bien que ce soit la
même fille qui selon les circonstances porte le nom de Nafi ou de Léna. Ne
pas négliger cette hypothèse. Elle peut éclairer les rapports ambigus entre
N'Dongo et Kaba »[52]. Il faut souligner ici que, si Léna échappe à toute
compréhension de la part de l'homme qu'elle subjugue, c'est l'inverse qui se
produit avec Nafi car cette dernière est fortement attirée et influencée par
Kaba qui la domine entièrement. Une forme littéraire en sablier s'établit ainsi
entre les deux couples.

Dans *Le Temps de Tamango*, Léna s'installe définitivement dans le récit
mythique lorsqu'elle devient, dans les « Notes sur la troisième partie », la
fiancée de Tamango, le chef de tribu. Dans un moment de colère et d'ivresse,
ce dernier la vendit comme esclave au capitaine Delarose. Ce geste va
provoquer le changement – positif – de comportement du chef noir qui fut, lui
aussi, esclave. Ayant connu les affres de la captivité et délivré Léna de son
ravisseur, Tamango devint un autre homme, prêt à sauver son peuple. Notons,
cependant, que le Narrateur, dans une sorte de raisonnement déductif, anticipe
sur la réaction des esprits sceptiques quant à la cause principale de l'action
salvatrice de Tamango pour son peuple : « Entre nous, hein ! Après tout,
n'est-ce pas, ce Tamango, il se foutait pas mal du sort de son peuple, il ne
s'est révolté que pour les beaux yeux de Léna [...] »[53]. Face à ces doutes qui
s'immiscent dans son récit, le Narrateur résume ce que l'on doit retenir du
personnage de Léna :

> *Tout ce que je peux dire aux détracteurs de Tamango, c'est que
> Léna n'a jamais existé. C'est une honte qu'on soit obligé de dire
> des choses aussi évidentes. Messieurs, Léna est tout simplement un
> symbole. Et je suis déjà secoué d'indignation à l'idée qu'un de ces
> imbéciles va bientôt me demander sur ce ton narquois que je
> connais bien : "Oui, mais symbole de quoi ?" Passons ! Vraiment
> passons !*[54]

---

52. Ibid., p. 129.
53. Ibid., p. 177.
54. Ibid., p. 177.

Il est clairement établi, à travers ce passage, que cette femme est insaisissable. Elle englobe, en les représentant, les souffrances des hommes, leurs craintes, leurs doutes, leurs espoirs, la liberté, le but d'une vie à laquelle l'on cherche désespérément un sens quelconque, tant il est vrai que « l'espace littéraire, autant qu'il peut être une sellette où l'on cuit, fait aussi parfois office de havre pour les naufragés, les ombres »[55]. Cette remarque est plus que pertinente dans la mesure où le lecteur se rend compte que l'échec est une dominante thématique dans les deux romans de notre corpus, *Le Temps de Tamango* et *Le Cavalier et son ombre* de Boubacar Boris Diop. L'auteur y met en jeu des personnages tels que Lat-Sukabé, Khadidja, N'Dongo Thiam, Kaba Diané, le général Navarro vaincus par la vie. Leur quête n'a de sens que dans sa trajectoire ; ce qui importe avant tout, c'est le chemin emprunté, les moyens employés, la volonté infaillible et non l'objet que l'on pourrait obtenir à la fin car ce dernier est perdu, profondément immergé dans un mythe dont la réactualisation, par Diop, est plus que pertinente

Conclusion

Dans son étude consacrée au roman *Les Tambours de la mémoire*, Alioune-Badara Diané fait une intéressante remarque qui permet de voir les traits différentiels de Boubacar Boris Diop : « Souvent considéré comme l'incarnation même de l'extravagance et d'une certaine forme de destruction nihiliste, l'écrivain a pourtant un projet cohérent »[56]. Ce projet dont parle Diané englobe une parfaite réactualisation et un réinvestissement mythique que façonnent une écriture baignée d'oralité, une grande richesse stylistique, une subversion des codes établis depuis ses devanciers de la période coloniale, etc. Ainsi, dans *Le Cavalier et son ombre*, nous avons pu observer la place centrale accordée au mythe du génie-protecteur, diffuseur de trésors chez beaucoup d'ethnies africaines. À travers les pérégrinations du Cavalier, représentation de Dieng Mbaalo, et de la Princesse Siraa, figure représentant Khadidja, nous avons pu revisiter la beauté d'une tradition orale, source de connaissances. Dans *Le Temps de Tamango*, le personnage éponyme quitte une réalité terrestre pour devenir un mythe.

---

55. Marc Van Dongen, « Échouer encore », op. cit., p. 27. .
56. Alioune-Badara Diané, « Écriture, mémoire et subversion : les (en)jeux de la création esthétique dans *Les tambours de la mémoire* », in *Revue du Groupe d'Études Linguistiques et Littéraires*, Hors série n° 1, Saint-Louis, Université Gaston Berger, 2014, p. 94.

Dans les deux romans de notre corpus, l'image de la femme africaine tradi-tionnelle a été remplacée par celle de l'intellectuelle qui brise les tabous, qui impose une trajectoire à la quête des hommes qu'elle domine, surtout, psy-chologiquement. Nous avons pu aussi nous rendre compte de la récurrence de l'échec à cause de l'inaccessibilité de la femme qui, elle aussi, sombre dans le délire, dans le mythe. Fadel Sarr, poursuivant jusqu'à Wissombo le mythe de la domestique devenue reine, Johanna Simentho, et qu'il ne verra jamais, est dans la même lignée que Lat-Sukabé avec Khadidja dans *Le Cavalier et son ombre*, N'Dongo Thiam avec Léna dans *Le Temps de Tamango*.

Abdoulaye SALL, Ph.D

Bibliographie

ADIAFFI, Jean-Marie, *La Carte d'identité*, Paris, Hatier, 2002.

---,*Silence, on développe*, Paris, Silex, Nouvelles du Sud, 2004.

BA, Alpha Oumarou, « Lilyan Kesteloot, Dieux d'eau du Sahel. *Voyage à travers les mythes de Seth à Tyamaba* », in *Cahiers de littérature orale* [En ligne], 65|2009, pp. 1-2. Consulté le 03 octobre 2016. URL : http://clo.revues.org/1164.

BA, Mariama, *Une si longue lettre*, Dakar, N.E.A, 1979.

BARTHES, Roland, *Mythologies*, Paris, Seuil, Points, 1957.

BATHILY, Abdoulaye, *Guerriers, tributaires et marchands. Le Gajaaga (ou Galam) le « Pays de l'or ». Le développement et la régression d'une formation économique et sociale sénégalaise (8è-19e siècle)*, Thèse de doctorat d'État, Dakar, Université de Dakar, 1985.

BRUNEL, Pierre, *Mythocritique*, Paris, P.U.F., 1992.

BUGUL, Ken, *Le Baobab fou*, Dakar, N.E.A., 1983.

DIANÉ, Alioune-Badara, « Écriture, mémoire et subversion : les (en)jeux de la création esthétique dans Les tambours de la mémoire », in *Revue du Groupe d'Études Linguistiques et Littéraires*, Hors série n° 1, Saint-Louis, Université Gaston Berger, 2014, pp. 93-109.

DIENG, Bassirou, « Les genres narratifs et les phénomènes intertextuels dans l'espace soudanais (mythes, épopées et romans) », in *Annales de la Faculté des Lettres et Sciences humaines* n°21, Dakar, Université Cheikh Anta Diop, 1991, pp. 77-93.

DIOP, Boubacar Boris, *Le Temps de Tamango*, Paris, Le Serpent à plumes, 2002.

---, *Le Cavalier et son ombre*, Abidjan, Nouvelles Éditions Ivoiriennes, 1999.

---, *Thiaroye, terre rouge*, Paris, L'Harmattan, 1981.

---, *Les Tambours de la mémoire*, Paris, L'Harmattan, 1991-2004.

ÉLIADE, Mircea, *Aspects du mythe*, Paris, Gallimard, 1963.

GRAND ROBERT de la langue française, (Version électronique), version 2.0, Le Robert/SEJER, 2005. URL: www.lerobert.com

GUSDORF, Georges, *Mythe et métaphysique. Introduction à la philosophie*, Paris, Flammarion, 1953.

HAMA, Boubou, *Le Double d'hier rencontre demain*, Paris, 10-18, 1973.

---, *Hon si suba ben (Aujourd'hui n'épuise pas demain)*, Paris, P. J. Oswald, 1973.

KARONE, Yodi, *Le Bal des caïmans*, Paris, Karthala, 1980.

---, *Nègre de paille*, Paris, Silex, 1982.

LEENHARDT, Maurice, *Do kamo : la personne et le mythe dans le monde mélanésien*, Paris, Gallimard, 1947.
MONTEIL, Charles, BATHILY, Abdoulaye, *Bulletin de l'IFAN* (XXXIX), B., tome 29, 1967.

NGAL, Georges, *L'Errance*, Paris, L'Harmattan, 2001.

---, *Une saison de symphonie*, Paris, L'Harmattan, 1994.

---, *Giambatista Viko ou le viol du discours africain*, Paris, L'Harmattan, 1975.

OWONDO, Laurent, *Au bout du silence*, Paris, Hatier, 1985.

RAJOTTE, Pierre, « Mythes, mythocritique et mythanalyse : Théorie et parcours », in *Nuit blanche, Le Magazine du livre*, n° 53, 1993, pp. 30-32.

SEMBÈNE, Ousmane, *Xala*, Paris, Présence Africaine, 1973.

SIDIBÉ, Modibo, *La Légende du Ouagadou-Bida. D'après la tradition orale soninké*, Bamako, Donniya, collection Mythes Bleus d'Afrique, 2010.

Société Française de Littérature Générale et Comparée, *Mythe et littérature*. Sylvie Parizet (dir.), Paris, Éditions Lucie, 2008.

VAN DONGEN, Marc, « Échouer encore », in *Carnets de bord* n° 9, septembre 2005, pp. 24-29.

Werewere-Liking. *Orphée Dafric*, Paris, L'Harmattan, 2000.

---, *Elle sera de jaspe et de corail (journal d'un misovire)*, Paris : L'Harmattan, 1993.

Pour citer cet article :

Abdoulaye SALL, « La prégnance du réinvestissement mythique dans *Le Temps de Tamango* et *Le Cavalier et son ombre* de Boubacar Boris Diop », *Revue Legs et Littérature*, n° 17, vol. 1, 2021, pp. 103-122.

La construction de l'identité au prisme de l'autre. Le cas d'étude de *Bleu Blanc Rouge* d'Alain Mabanckou

Agatino LO CASTRO est actuellement doctorant à l'Université Paris-Est Créteil (UPEC), UR 4395 - LIS (« Lettres, Idées, Savoirs ») de l'École doctorale « Cultures et Sociétés ». Ses recherches portent sur la poésie francophone contemporaine, l'analyse interprétative et linguistique du texte littéraire, la relation épistémologique entre sciences du langage et littérature, la linguistique des œuvres, la créativité linguistique et culturelle, l'idiolecte et les idiolectalismes, la traduction et la traductologie.

Résumé

L'identité est un concept assez complexe à définir dans les textes des francophonies, car plusieurs éléments se croisent : les langues, la construction de l'identité au prisme de l'autre, l'imitation. Dans le roman d'Alain Mabanckou, Bleu Blanc Rouge, *il s'agit de la construction d'une identité au prisme de l'autre, c'est-à-dire d'un modèle stéréotypé et formaté de France. D'un point de vue méthodologique, nous étudions les isotopies du texte, en choisissant des extraits particuliers, ce qui nous permet de mettre en évidence les thèmes de l'identité et de sa construction au prisme de l'autre. Le texte littéraire est analysé à travers les réflexions de la sémantique des textes.*

Mots clés

Alain Mabanckou, isotopie, identité, imitation, altérité

LA CONSTRUCTION DE L'IDENTITÉ AU PRISME DE L'AUTRE.
LE CAS D'ÉTUDE DE *BLEU BLANC ROUGE* D'ALAIN MABANCKOU

Introduction

Le roman d'Alain Mabanckou *Bleu Blanc Rouge*[1] s'articule autour du thème de l'identité et de sa réalisation au prisme de l'autre. En particulier, l'identité se nourrit d'une assimilation d'un modèle français, voire d'un modèle essentiellement parisien, c'est-à-dire le centre de la réussite sociale et économique. Plusieurs éléments comme les changements d'habitudes, les lectures, les vêtements, la nourriture deviennent des symboles d'une construction de l'identité au prisme de l'autre, ce qui s'éloigne d'une dimension transculturelle, pour rejoindre une dimension identitaire qui s'articule uniquement à travers l'assimilation d'un modèle extérieur.

Dans cette étude, le texte sera le palier de l'analyse de notre réflexion sur la déclinaison de l'identité au prisme de l'autre dans le roman d'Alain Mabanckou. C'est donc à partir du texte que nous construisons notre analyse. Par ailleurs, nous ne visons pas à l'exhaustivité, mais plutôt à la mise en pratique d'une approche interprétative des textes francophones, ce qui nous permettra de valoriser le texte littéraire. Nous abordons le roman d'Alain Mabanckou d'après la méthodologie de la *sémantique des textes* et de la *Sémantique*

---

1. Alain Mabanckou, *Bleu Blanc Rouge*, Paris, Présence Africaine, 1998.

interprétative[2]. Nous étudions les isotopies dans des fragments du roman et notamment une composante sémantique particulière, à savoir la *thématique*[3]. Dans *Bleu Blanc Rouge*, il s'agit de la création de l'identité du personnage-narrateur Massala-Massala au prisme de l'autre, à savoir Charles Moki, un homme dont la réussite est caractérisée par sa vie en France, notamment Paris, emblème de la civilisation et de la consécration.

Notre objectif de recherche est double : d'un point de vue méthodologique et épistémologique (i) nous envisageons de proposer une perspective de recherche visant à l'analyse textuelle par le biais de l'étude des isotopies, aborder notamment des extraits du roman à travers une méthodologie qui voit dans le texte le point de départ de chaque analyse ; (ii) d'un point de vue plus strictement littéraire, nous analyserons la construction de l'identité au prisme de l'autre à l'aide des isotopies. Dans la première partie, nous présentons le corpus d'analyse, c'est-à-dire, le roman d'Alain Mabanckou *Bleu Blanc Rouge*. Dans la deuxième partie nous abordons la méthodologie de recherche utilisée dans le cadre de cette étude, notamment la *Sémantique interprétative* et la *sémantique des textes*. Dans la troisième partie, nous analysons les isotopies des fragments pris en examen dans le cadre de cette étude[4].

1. Présentation du corpus : *Bleu Blanc Rouge*

Bleu Blanc Rouge (1998) marque l'entrée en littérature d'Alain Mabanckou. Il met en valeur le rapport entre identité et altérité, entre la France et l'Afrique,

2. Cf. ces articles pour d'autres approches théoriques Kathryn Kleppinger, « Alain Mabanckou's Subversion of Stereotypes Through Humour », *Essays in French Literature and Culture*, n° 52, University of Western Australia, Dec. 2015, pp. 27-42 ; Koffi Anyinefa, « Le Métro parisien : Figure de l'exotisme postcolonial », *French Forum*, vol. 28, n° 2, Spring 2003, pp. 77-98 ; Yonah Nyawalo, « La France inventée en Afrique : un discours sur l'imaginaire collective », *Journal of the African Literature Association*, vol. 6, n° 1, 2011, pp. 89-103 ; Robert Nathan, « The Religion of the Dream. Colonial Myths and the Epistemology of Power in Alain Mabanckou's *Bleu blanc rouge* », *Matatu*, 42, 2013, pp. 331-388 ; Wandia Njoya, « Lark Mirror: African Culture, Masculinity, And Migration To France in Alain Mabanckou's *Bleu Blanc Rouge* », *Comparative Literature Studies*, vol. 46, n° 2, 2009, pp. 338-359.

3. Nous appuyons notre étude sur les travaux de François Rastier, cf. François Rastier, *Sémantique interprétative*, Paris, Presses universitaires de France, 2009 et François Rastier, *Sens et textualité*, Paris, Hachette, 1989.

4. Cf. Agatino Lo Castro, « L'hybridité transculturelle et linguistique dans les textes de Gabriel Okoundji : l'exemple de *L'âme blessée d'un éléphant noir* », in Cettina Rizzo (dir.), *Migrazioni, storie, lingue, testimonianze*, Roma, Aracne, décembre 2020, pp. 77-104.

entre la réalité et un modèle de France formaté et stéréotypé. Le protagoniste est Massala-Massala qui rêve de vivre à Paris, comme Charles Moki qui a quitté le Congo (Pointe-Noire). Tout le monde n'est pas indifférent aux retours au pays natal de Moki, car il représente la réussite sociale, l'homme qui a gagné dans la vie, car il habite à Paris dont chaque détail, chaque élément, acquiert un rôle mythique, presque sanctifié[5].

La structure du roman nous plonge dans l'histoire de Massala-Massala qui voit en Moki un modèle à suivre, même en se reniant pour atteindre un modèle de France idéalisé. Le roman se compose de quatre parties : « Ouverture », « Le Pays », « Paris » et « Fermeture ». Parmi les questions que l'on peut dégager du roman, « Is life in Africa so poor and desperate that it is worthwhile to endure the treacherous hazards of migrating to Europe, and the possibility that one may live in poverty or worse, be deported ? »[6].

La France représente le modèle à suivre, une opportunité pour s'emparer de la civilisation parisienne dont les habitudes deviennent le noyau central d'une vie. La question est de voir si la vie en Afrique est si terrible, à tel point que l'on préfère traverser l'Europe avec le risque de devenir pauvre. La notion de *mimicry* peut être utile afin de comprendre l'intériorisation épistémique et sociale d'un modèle, car comme le souligne Homi Bhabha :

Mimicry emerges as the representation of a difference that is itself a process of disavowal. Mimicry is, thus, the sign of a double articulation; a complex strategy of reform, regulation and discipline, which « appropriates » the Other as it visualizes power.

---

5. Wandia Njoya, « Lark Mirror: African Culture, Masculinity, And Migration To France in Alain Mabanckou's *Bleu Blanc Rouge* », op. cit., pp. 338-339 pour un résumé du récit : « The Congolese writer's first novel captures the fate of Massala-Massala, a poor, lackluster young man who decides to seek his fortunes in France upon inspiration by Charles Mold, a flamboyant migrant who regularly returns home for the holidays with considerable wealth and exaggerated tales about easy success in France. Upon reaching France, Massala-Massala rudely discovers that contrary to Moki's stories, Moki and his friends live in an abandoned apartment and earn their living from illegal trade. On his first attempt at selling public transportation tickets bought with money obtained by cashing stolen checks, he is arrested and imprisoned for eighteen months. The novel begins with Massala-Massala contemplating his fate after having served his prison sentence and while awaiting repatriation home, and ends with his vow to make a second attempt to return to France ».

6. Ibid., p. 338.

> *Mimicry is also the sign of the inappropriate, however, a difference of recalcitrance which coheres the dominant strategic function of colonial power, intensifies surveillance, and poses an immanent threat to both « normalized » knowledges and the disciplinary powers*[7].

Il y a donc une appropriation de l'autre, voire du pouvoir colonial, ce qui est lié à la relation colonisateur-colonisé. Nous n'approfondissons pas cette démarche dans le cadre de notre étude, mais la notion de mimicry représente un angle de perspective qui traduit l'intériorisation d'un modèle et notamment la construction d'une identité au prisme de l'autre. Plusieurs questions en découlent : quelle est la France représentée dans le roman ? Quel est le modèle à suivre ? Comment l'identité va-t-elle se construire ? Quels sont les symboles de cette construction ? Comment se construit l'identité au prisme de l'autre ?

2. Méthodologie d'analyse

Notre analyse vise à interroger le texte littéraire, en partant du texte-même par le biais de la mise en évidence des isotopies. Nous abordons (i) le concept d'isotopie, (ii) la *Sémantique interprétative* et (iii) la *sémantique des textes*. Nous n'avons pas la présomption ici de faire une synthèse des travaux de François Rastier, mais plutôt de fournir un panorama général des outils méthodologiques utilisés dans le cadre de cette étude[8].

2.1. Le concept d'isotopie

L'isotopie représente le point de repère qui permet de relever une cohérence textuelle, car il est possible de souligner « [un] effet de récurrence syntagmatique d'un même sème. Les relations d'identité entre les occurrences du sème isotopant induisent des relations d'équivalence entre les sémèmes qui les incluent »[9]. En utilisant les mots de François Rastier : « une isotopie est une suite non ordonnée (plutôt qu'un ensemble) : (i) les occurrences du sème isotopant sont liées par une relation d'identité qui exclut évidemment toute relation d'ordre, puisqu'elle est symétrique » ; (ii) par ailleurs la suite des

---

7. Homi Bhabha, *The location of culture*, London/New York, Routledge, 1994, p. 86.
8. Pour une synthèse, Cf. Lo Castro, « L'hybridité transculturelle et linguistique dans les textes de Gabriel Okoundji : l'exemple de *L'âme blessée d'un éléphant noir* », op. cit., pp. 82-93.
9. François Rastier, *Sémantique interprétative*, op. cit., p. 276.

sémèmes indexés sur une isotopie n'est pas non plus ordonnée, puisque la relation d'équivalence qui les unit est également symétrique[10]. L'isotopie ne répond pas à la dimension phrastique, puisque la virtualisation du sème isotopant au sein du texte dépasse la phrase pour rejoindre le texte dans sa totalité.

Une isotopie permet (i) d'abord, d'outrepasser la limite phrastique, pour rejoindre la dimension textuelle de l'analyse ; (ii) ensuite, de considérer et contribuer à la cohérence textuelle du texte ; (iii) de concevoir une notion de lecture et (iv) enfin, d'entreprendre une stratégie d'interprétation[11]. Nous proposons ici un aperçu terminologique utile à notre analyse :

- *Sémème : contenu d'un morphème ;*
- *Sème : élément d'un sémème, défini comme l'extrémité d'une relation fonctionnelle binaire entre sémèmes*
- *Domaine : groupe de taxèmes, lié à l'entour socialisé, et tel que dans un domaine déterminé il n'existe pas de polysémie.*
- *Sème inhérent : extrémité d'une relation symétrique entre deux sémèmes appartenant à un même taxème ;*
- *Sème afférent : extrémité d'une relation anti-symétrique entre deux sémè-mes appartenant à des taxèmes différents ;*
- *Sème isotopant : se dit d'un sème dont la récurrence induit une isotopie ?[12].*

2.2 La Sémantique Interprétative (SI)

Le texte est toujours ancré dans un contexte culturel, énonciatif, analysable aussi à l'aide de l'entour pragmatique. Or, comme le souligne François Rastier :

Pour une sémantique interprétative, le palier du texte est primordial, puisque c'est la connaissance des caractéristiques du texte qui permet d'assigner du sens à la phrase et au mot. On s'étonnera peut–être du paradoxe apparent qui voudrait que le simple soit élucidé par le complexe, au rebours du fondamentalisme traditionnel qui voudrait dériver toujours le

---

10. Ibid., p. 96.
11. Cf. Ali Belghamen, « La sémantique interprétative. Du mot au corpus et du sème aux formes sémantiques », *Texto ! Textes et Cultures,* [en ligne], vol XIX, n° 1-2, 2014, pp. 4-6.
12. François Rastier, *Sémantique interprétative,* op. cit., pp. 275-278.

complexe du simple. Si, privés de leur contexte, les mots et les phrases conservent en général des caractéristiques morpho-syntaxiques identifiables, il n'en va pas de même pour leur sens, qui reste indéfiniment équivoque. Seule la connaissance du contexte proche et lointain peut guider les interprétations plausibles[13].

En effet, « [la] SI constitue un modèle théorique qui laisse une place importante à l'investigation empirique. Se réclamant d'un rationalisme empirique et non dogmatique, elle emprunte en effet un mode de pensée relationnel, différentiel et praxéologique qui récuse d'entrée toute forme d'atomisme, de substantialisme et de naturalisme »[14]. Cette démarche nous permet d'envisager une analyse visant à l'attention aussi bien littéraire que linguistique.

2.3 La sémantique des textes

La construction de l'isotopie vise à dépasser la phrase en tant que palier d'analyse, pour rejoindre le texte comme palier d'analyse. La sémantique des textes permet de dépasser la dichotomie entre signifiant et signifié, car comme le précise François Rastier :

Une sémantique des textes se fixe [. . .] pour objectif de contribuer à la réunification des "sciences de la lettre" et des "sciences de l'esprit", en précisant les contraintes linguistiques sur l'interpré-tation. Elle contribue ainsi à ces trois objectifs : le remembrement des sciences du langage et des disciplines du texte. En–deçà, la réunification de l'herméneutique et de la philologie ; au–delà, la restitution de la dimension critique à l'activité descriptive des sciences de la culture. Ce programme demande de reconnaître la dimension critique de la philologie, la dimension textuelle de la linguistique, la dimension linguistique de l'herméneutique[15].

---

13. François Rastier, « De la signification lexicale au sens textuel : Éléments pour une approche unifiée », *Texto ! Textes et Cultures,* [en ligne], vol XI, n° 1, 2006.
14. Ali Belghamen, « La sémantique interprétative. Du mot au corpus et du sème aux formes sémantiques », op. cit., p. 1.
15. François Rastier, « Herméneutique et linguistique : Dépasser la méconnaissance », *Texto ! Textes et Cultures,* [en ligne] , vol. X, n° 4, 2005.

Par le biais d'une *sémantique des textes*, le mot, la phrase et le texte font partie d'une sémantique unique, ce qui permet de considérer le texte comme palier d'analyse de la linguistique, car comme le montre François Rastier :

> *Les tâches principales d'une sémantique des textes se disposent sur trois lignes convergentes : élaborer une sémantique unifiée pour les trois principaux paliers de description (mot, phrase, et texte) ; élaborer des catégories pour une typologie des textes (littéraires et mythiques, scientifiques et techniques) ; développer ces théories descriptives en liaison avec les traitements automatiques des textes[16].*

En outre, « on peut considérer la production et l'interprétation des textes comme une interaction non séquentielle des composantes autonomes : thématique, dialectique, dialogique et tactique »[17]. Ces composantes autonomes sont interdépendantes et non compositionnelles, car elles représentent les composantes du plan du signifié. C'est donc par le biais de la *sémantique des textes* que l'on étudie l'interaction entre les composantes. Il faut aussi souligner que le choix d'une composante ou d'une autre est un choix de l'analyste, en fonction de la démarche de recherche choisie, car « seule une décision méthodologique peut isoler ces quatre composantes en interaction simultanée et non hiérarchique »[18]. La sémantique des textes se décline en 4 axes :

1. *La thématique rend compte des contenus investis, c'est-à-dire du secteur de l'univers sémantique mis en œuvre dans le texte. Elle en décrit les unités. Par analogie, et bien qu'elle ne décrive pas spécifiquement le lexique, on peut dire qu'elle traite du « vocabulaire » textuel, dont nous détaillerons plus loin les unités (molécules sémiques, faisceaux d'isotopies, etc.) ;*
2. *La dialectique rend compte des intervalles temporels dans le temps représenté, de la succession des états entre ces intervalles, et du déroulement aspectuel des processus dans ces intervalles ;*
3. *La dialogique rend compte des modalités, notamment énonciatives et évaluatives, ainsi que des espaces modaux qu'elles décrivent. Dans cette*

---

16. François Rastier, *Arts et sciences du texte*, Paris, PUF, 2001, p. 38.
17. Ibid., p. 38.
18. Ibid., p. 41.

mesure, elle traite de l'énonciation représentée (l'énonciation réelle ne relevant pas de la linguistique, mais de la psycholinguistique) ;

4. La tactique rend compte de la disposition séquentielle du signifié, et de l'ordre linéaire (ou non) selon lequel les unités sémantiques à tous les paliers sont produites et interprétées[19].

Dans le cadre spécifique de notre étude, nous limitons notre attention à la *thématique*, car nous avons fait le choix de cibler notre recherche à la disposition des isotopies, des thèmes virtualisés dans les fragments pris en considération. En particulier l'étude de la thématique, nous permet de dégager des éléments assez révélateurs pour l'analyse du texte, les sémèmes et les sèmes virtualisés par le contexte.

3. Analyse du corpus

Nous analysons la dimension thématique, car notre étude porte sur les contenus des fragments choisis pour l'analyse. Il s'agit de dégager :
(i) Les isotopies génériques ;
(ii) Les isotopies spécifiques.
Dans cette perspective, nous avons construit un premier tableau avec les isotopies génériques et un tableau pour chaque isotopie spécifique avec le trait générique qui permet de dégager la récurrence et la construction même de l'isotopie. Pour l'analyse, nous avons choisi des extraits qui montrent le thème de l'identité et sa construction au prisme de l'autre[20].

3.1. Les isotopies génériques

Dans les fragments en examen, nous remarquons deux domaines sémantiques : identité et modèle. Dans le tableau suivant nous présentons la liste des sémèmes qui sont indexés dans les extraits que nous avons pris en compte pour notre analyse :

---

19. François Rastier, « De la signification lexicale au sens textuel : Éléments pour une approche unifiée », op. cit., p. 38.
20. Alain Mabanckou, *Bleu Blanc Rouge*, op.cit., pp. 38-41,

domaines	A //identité//	B //modèle//
	"personnalité"	"vin"
	"ombre"	"téléviseur"
	"double"	"Ici Paris"
	"peau"	"Paris Match"
	"allure "	"Le Parisien"
	"image"	"métro"
	"mutation"	"cartes"
	"Blancs"	
	"métamorphose"	

Nous avons indexé ces sémèmes, car ils ont des sèmes à la fois afférents et inhérents qui rentrent dans le domaine concerné, notamment // identité// et //modèle//. Par exemple, le trait générique /identité/ est inhérent à certains sémèmes mais afférent à d'autres. Il est notamment inhérent à "personnalité" et afférent à "ombre".Le trait générique /modèle/ est localement afférent à tous les sémèmes indexés pour l'analyse. La récurrence de contenus relevant des deux domaines //identité// et //modèle//, induit deux isotopies génériques, ce qui nous permet de dégager les contenus des extraits.

3.2. Les isotopies spécifiques : la construction de l'identité au prisme de l'autre

Dans le tableau suivant, nous analysons les récurrences sémiques (les traits /transformation/ et /idéalisation/) sur lesquelles se base la cohésion de la classe A, c'est-à-dire l'ensemble des sémèmes rattachés au domaine //identité//, identifiés dans la liste. Voici le tableau avec la première classe :

A	/transformation/	/idéalisation/
"personnalité"	+	(+)
"ombre"	(+)	(+)
"double"	(+)	(+)
"peau "	(+)	(+)
"allure "	(+)	(+)
"image"	(+)	(+)
"mutation"	+	(+)
"Blancs"	(+)	(+)
"métamorphose"	+	(+)

Les parenthèses soulignent les traits afférents qui sont propagés par le contexte. Dans les extraits du roman pris examen, l'identité du protagoniste

Massala-Massala se construit à travers le regard de son ami Charles Moki, mais aussi sa transformation et de l'idéalisation de ses habitudes et connaissances. Voyons de près un extrait du roman qui représente le contexte dans lequel les sémèmes sont indexés :

> *Moki était arrivé. Ce que nous remarquions de prime abord, c'était la couleur de sa peau. Rien à voir avec la nôtre, mal entretenue, mangée par la canicule, huilée et noirâtre comme du manganèse. La sienne était blanchie à outrance. Il arguait que l'hiver y était pour quelque chose. Plus tard, en France, je sus qu'il s'appliquait sur tout le corps des produits à base d'hydroquinone. Les jeunes du pays qui s'ingéniaient dans leur cécité irréversible à singer les Parisiens, se rabattaient sur les produits bon marché fabriqués en Afrique comme les Ambi rouge ou Ambi vert. Le résultat n'était pas le même. Ils n'égalaient guère l'éclat de la peau d'un Parisien. La chaleur suffocante du pays accélérait les effets secondaires. Les imitateurs écopaient d'allergies, de rougeurs et de caillots de sang sur le visage[21].*

Le protagoniste voit dans Moki une transformation qui commence dans l'aspect physique, ce qui se perçoit par exemple à travers les sémèmes "mutation" et "métamorphose". L'identité se construit d'abord par le biais de la transformation physique, car Moki représente le modèle à imiter, il a la peau plus blanche que le protagoniste et dans son imaginaire. Cela devient un moyen pour effacer son africanité et s'inscrire sur le modèle parisien. L'identité devient imitation de l'autre, l'appropriation d'un modèle qui regarde avec méfiance la transculturalité.

Nous examinons à présent un extrait du texte qui nous éclaire l'aspect d'appropriation identitaire par le biais d'une idéalisation du modèle français, qui plus est du modèle parisien.

> *Lui qui est à l'origine de tout. Je suis certain que nos lignes de vie s'entrecroisent. Que ma propre personnalité s'est estompée, s'est étiolée au profit de la sienne. Que nous avons le même destin. Le*

---

21. Ibid., pp. 60-61.

même souffle, les mêmes aspirations, le même destin. Le même destin ? Oui, mais comment se fait-il qu'il ne se retrouve pas ici avec moi ? Et si je n'étais que son ombre ? Et si je n'étais que son double ? Je me pose la question quelquefois. On ne se ressemble pas du tout. Physiquement, du moins. Il est plus grand que moi [...] dans l'espoir que ce corps étique prendrait quelques kilos et cesserait de ternir l'image que le pays se faisait des Parisiens, les vrais : des hommes joufflus, à la peau claire et à l'allure élégante. [...] J'ai vécu comme son ombre. J'étais derrière lui. [...] L'ombre n'est rien en elle-même. Il lui faut une présence, une surface vierge afin d'imprimer ses contours [22].

Pour le protagoniste, Moki est le modèle à suivre, le symbole de la perfection et de la réussite sociale. Massala-Massala construit son identité au prisme d'une figure, d'une idéalisation d'un modèle parisien, filtré par une fausse image de la réalité, au lieu de considérer la réalité qui est beaucoup plus complexe. C'est pourquoi, les sémèmes "mutation" et "ombre" sont rattachés au domaine //identité// par le biais du sème afférent /idéalisation/.

En effet, la construction de l'identité se fait au prisme de l'autre, d'une idéalisation d'un modèle qu'il ne connait pas, comme le montre la dernière phrase de la citation précédente « Il lui faut une présence, une surface vierge afin d'imprimer ses contours »[23]. Massala- Massala est une ombre, un papier blanc prêt à être imprimé. L'ombre suivie est celle de Moki à côté de qui il cherche toujours à se rapprocher d'un point de vue physique, intellectuel et social. Ainsi est-il dans ce fragment :

Ce pays de Blancs avait changé son existence. Il y avait une mutation, une métamorphose indéniable. Il n'était plus le jeune homme frêle dont on disait autrefois que, s'il était maigre comme une tige sèche de lantana, c'était parce qu'il mangeait debout et se couchait sur une veille natte. [...] La France l'avait transfiguré. Elle avait cisaillé ses habitudes, lui prescrivant une autre manière de vivre [24].

---

22. Ibid., p. 39.
23. Ibid., p. 39.
24, Ibid., p. 40.

L'identité se fabrique autour d'une altérité construite, voire idéalisée par des images improbables, en s'appuyant sur un modèle standard qui s'éloigne de la diversité transculturelle. Paris devient donc le modèle à suivre, c'est-à dire une référence pour la construction de l'identité.

3.2.1 Les isotopies spécifiques : Paris comme modèle d'imitation

Dans le tableau suivant, nous analysons la récurrence sémique (le trait /imitation) sur lequel se base la cohésion de la classe B, c'est-à-dire l'ensemble des sémèmes rattachés au domaine //modèle//, identifié dans la liste. Voici le tableau avec la deuxième classe :

B	/imitation/
"vin"	(+)
"téléviseur"	(+)
"Ici Paris"	(+)
"Paris Match"	(+)
"Le Parisien"	(+)
"métro"	(+)
"cartes"	(+)

Les sémèmes sont rattachés au domaine // modèle// par le sème /imitation/. Les parenthèses soulignent les traits afférents qu'ils sont propagés par le contexte.   Voyons de près un extrait du roman qui nous aide à désigner le contexte de propagation des sémèmes pris en examen pour notre analyse :

Le matin, il lisait des journaux parisiens qu'il avait ramenés du nord : Ici Paris, Paris Match, le Parisien, il gardait sur lui son peignoir en soie avec des motifs en taffetas. Des jeunes gens du quartier, ses amis d'enfance, venaient lui couper les cheveux. Ils monnayaient ces services contre quelques objets de Paris. Et n'importe quels objets ! Moki les gratifiait de petites cartes du métro parisien[25].

Dans cet extrait, les sémèmes "Ici Paris" "Paris Match" "Le Parisien" "métro" sont rattachés au domaine //modèle//, par le sème /imitation/. La lecture des journaux parisiens est synonyme de civilisation, de réussite sociale et d'une

---

25. Ibid., p. 12.

habitude fort révélatrice pour le concept d'imitation, car Massala-Massala regarde cette pratique avec admiration. Même les objets deviennent des symboles sacrés :

> *En effet, certains autochtones décrivaient, avec un talent inéga-*
> *lable, les lignes du métro, station par station, à croire qu'ils a-*
> *vaient séjourné à Paris. D'autres s'attribuaient pour pseudonymes*
> *les noms de ces stations. Un tel se surnommait Saint-Placide, un*
> *autre Strasbourg-Saint-Denis, un autre encore Colonel Fabien ou*
> *Maubert-Mutualité. Ils adjoignaient à ces pseudonymes le mot «*
> *Monsieur », Monsieur Saint Placide, Monsieur Strasbourg Saint*
> *Denis, Monsieur Colonel-Fabien, Monsieur Maubert-Mutualité*[26].

Le métro devient un symbole de richesse, de distinction sociale. Les stations du métro deviennent des êtres humains. Dans l'imaginaire collectif, les lignes du métro deviennent le symbole de la civilisation[27]. C'est à travers l'imitation des habitudes, de la langue, du métro ou encore de la nourriture que le protagoniste du roman rêve de construire son identité, tout en imitant son ami Moki. Il commence à s'approprier d'un modèle filtré et stéréotypé d'un point de vue physique en évoquant la couleur de la peau ; ensuite il symbolise des éléments apparemment simples : le métro, les journaux, les vêtements.

Par ailleurs, c'est par le biais d'un modèle à imiter que l'on cherche à s'affirmer, à être au monde, car il est le témoin d'un récit fautif de la réalité parisienne.

Conclusion

Dans *Bleu Blanc Rouge* d'Alain Mabanckou, l'identité du protagoniste se construit à travers l'image idéalisée de Charles Moki, le Parisien. L'identité se dispose au prisme de l'autre, voire d'un modèle idéalisé qui se transforme en réalité : les billets du métro parisien, l'allure élégante de Moki, les vêtements et les habitudes deviennent des symboles d'un modèle à suivre, de la construction de l'identité.

---

26. Ibid., p. 62.
27. Nous n'approfondissons pas ici la question postcoloniale. Pour approfondir, Cf. Koffi Anyinefa, « Le Métro parisien : Figure de l'exotisme postcolonial », op. cit., pp. 77-98.

À travers l'étude des isotopies, nous envisageons un modèle qui voit dans le texte le point de départ d'analyse. Nous avons donc individué des isotopies qui visent (i) d'abord à montrer l'articulation sémique des sémèmes pris en examen pour l'analyse ; (ii) ensuite à montrer que dans le roman d'Alain Mabanckou, l'identité se construit à travers le regard de l'autre et d'un modèle stéréotypé de Paris, assimilé à la France.

Agatino LO CASTRO, PHDC

Bibliographie

ANYINEFA, Koffi, « Le Métro parisien : Figure de l'exotisme postcolonial », *French Forum*, vol. 28, n° 2, Spring 2003, pp. 77-98.

BELGHAMEN, Ali, « La sémantique interprétative Du mot au corpus et du sème aux formes sémantiques », *Texto ! Textes et Cultures,* [en ligne], vol. XIX, n° I, 2014, pp. 1-15.

BHABHA, Homi, *The location of culture*, London/New York, Routledge, 1994.

KLEPPINGER, Kathryn, « Alain Mabanckou's Subversion of Stereotypes Through Humour », *Essays in French Literature and Culture*, n° 52, University of Western Australia, 2015, pp. 27-42.

LO CASTRO, Agatino, « L'hybridité transculturelle et linguistique dans les textes de Gabriel Okoundji : l'exemple de L'âme blessée d'un éléphant noir », in Cettina Rizzo (dir.) *Migrazioni, storie, lingue, testimonianze*, Roma, Aracne, décembre 2020, pp. 77-104.

MABANCKOU, Alain, *Bleu Blanc Rouge*, Paris/Dakar, Présence africaine, 1998.

NATHAN, Robert, « The Religion of the Dream" - Colonial Myths and the Epistemology of Power in Alain Mabanckou's *Bleu blanc rouge* », *Matatu*, 42, 2013, pp. 331-388.

NJOYA, Wandia « Lark Mirror: African Culture, Masculinity, And Migration To France in Alain Mabanckou's *Bleu Blanc Rouge* », *Comparative Literature Studies*, vol. 46. n° 2, 2009, pp.338-359.

NYAWALO, Yonah, « La France inventée en Afrique : un discours sur l'imaginaire collective », *Journal of the African Literature Association*, vol. 6, n° 1, 2011, pp. 89-103.

RASTIER, François, *Sens et textualité*, Paris, Hachette, 1989.

RASTIER, François, *Arts et sciences du texte*, Paris, PUF, 2001.

---, « Herméneutique et linguistique : dépasser la méconnaissance », *Texto !*
Textes et Cultures, [en ligne] , vol. X, n° 4, 2005.

---, « De la signification lexicale au sens textuel : éléments pour une approche
unifiée », *Texto ! Textes et Cultures,* [en ligne], vol. XI, n° I, 2006.

RASTIER, François, *Sémantique interprétative* [1987], Paris, PUF, 2009.

Pour citer cet article :

Agatino LO CASTRO, « La construction de l'identité au prisme de l'autre. Le cas
d'étude de *Bleu Blanc Rouge* d'Alain Mabanckou », *Revue Legs et Littérature*, n° 17,
vol 1, 2021, pp. 123-140.

La représentation de la déesse des eaux dans la littérature angolaise : *O Desejo de Kianda* de Pepetela

Oumar DIALLO est docteur en Études Lusophones (langue, civilisations et littératures Portugaises, Brésiliennes et luso-africaines) des Universités Clermont Auvergne en France et Cheick Anta Diop au Sénégal. Enseignant-chercheur au Département de Langues et Civilisations Romanes, Section de Portugais de l'Université Cheick Anta Diop de Dakar-Sénégal, il est également Lecteur de Portugais de la Chaire Sá de Miranda – Institut Camões de l'Université Clermont Auvergne (UCA-France).

Résumé

La principale figure mythologique angolaise, Kianda, n'a évidemment pas manqué de marquer les créations littéraires et artistiques. Communément appelée « La déesse des eaux », Kianda est une divinité dotée de pouvoirs surnaturels qui suscite une forte inspiration pour les écrivains angolais. Le recours à un récit mythique par la littérature angolaise est révélateur de l'effondrement des rêves utopiques qui ont marqué les luttes pour l'indépendance. À la lecture de ce roman de Pepetela, il sera ainsi question pour moi d'aborder les préoccupations propres au peuple angolais dont l'histoire est jalonnée par de nombreuses péripéties liées à la colonisation. Pour cela, je vais privilégier l'approche selon laquelle les méfaits de la colonisation portugaise sont à l'origine de la révolte de Kianda. Ainsi, j'analyserai la manière dont l'auteur s'appuie sur les valeurs traditionnelles, comme les mythes pour éclairer les entraves du processus révolutionnaire. Il serait donc intéressant, me semble-t-il, d'analyser l'emprise des phénomènes sociologiques sur la situation politique et sociale en Angola.

Mots clés

Angola, Pepetela, mythe, colonisation, Kianda

LA RÉPRÉSENTATION DE LA DÉESSE DES EAUX DANS LA LITTÉRATURE ANGOLAISE : *O DESEJO DE KIANDA* DE PEPETELA

Introduction

Le processus révolutionnaire en Angola, comme toute révolution de manière générale, s'est concrétisé par un changement réel. Un changement dans lequel le nouveau système chasse l'ancien par l'établissement d'un ordre différent, qui est présenté par les défenseurs comme une amélioration, voire un progrès. Au départ vision imaginaire, à la fin le projet, parfois utopique, prend la forme d'une réalité concrète qui permet de procéder aux transformations longtemps souhaitées. Ceci est particulièrement évident dans le domaine politique puisqu'il s'agit d'éradiquer un système jugé rétrograde pour lui substituer un autre mieux adapté aux aspirations des peuples.

Dans le cas des anciennes colonies portugaises en Afrique, la lutte contre le système colonial en est un exemple parfait, puisqu'il s'agit de faire disparaître une politique raciste et exploratrice pour la remplacer par une autre basée sur la liberté des peuples, de façon à permettre à ces peuples de s'engager souverainement sur la voie du développement. Ce rêve, même utopique, était nécessaire, voire indispensable pour aller d'une étape à l'autre. Mais il est parfois long et parsemé d'embûches faites d'abnégations et de sacrifices de toutes sortes.

1. Littérature et histoire angolaise

En Angola comme dans les autres colonies portugaises d'Afrique, le rêve utopique constitue en quelque sorte une foi, une arme morale qui galvanise la conscience et l'énergie des individus pour les mener, par la voie du combat, à l'aspiration d'être conduits vers la victoire finale. Les guerres de libération qui ont eu lieu en Afrique lusophone, vers les années 1960 et particulièrement en Angola, constituent des expériences historiques et montrent que le rêve peut devenir réalité, que le temps de l'occupation cède la place à celui de la liberté. Paradoxalement, le temps de la gestion du pays est différent de celui de la conquête d'une nation. De telle sorte que nous pouvons affirmer valablement que : « Le temps est venu où l'utopie, précipitée par l'événement, passe du royaume de l'imaginaire à celui de l'histoire ; elle n'est plus seulement un programme à mettre en œuvre, elle est contenue latente des espérances d'un peuple en mouvement, qui les met à l'ordre du jour »[1].

Cette citation résume l'analyse que nous comptons faire du roman *O Desejo de Kianda*[2] (1995) ou *L'Esprit des eaux*[3] (2002) comme l'a traduit Michel Laban. Alors que les inégalités sociales deviennent de plus en plus inadmissibles, Pepetela s'approprie Kianda, la déesse des eaux, pour dénoncer les contradictions au sein de la société angolaise. Le colonialisme a opprimé les Angolais en les envoyant, parfois, très loin de leur pays comme au Brésil, à São Tomé et Principe au Capt-Vert. Sous le « soleil ardent » comme sous les « fortes pluies », l'homme noir travailla dur et de façon inhumaine. Agostinho Neto, poète, homme politique et père de l'indépendance de l'Angola, s'émeut sur le destin de son peuple. C'est pourquoi il nourrit ce sacré espoir de le sortir de cet engrenage. Agostinho Neto a toujours dénoncé ce travail forcé auquel étaient assujetties les populations africaines. Dans son poème *Civilização occidental*, Neto crie sa colère : « Depois as doze horas de trabalho escravo / britar pedra / acarretar pedra / britra pedra / ao sol / à chuva / britar pedra / acarretar pedra / A velhice vem cedo / Uma esteira nas noites escuras / basta para ele morrer / grato / e de fome »[4].

---

1. Lyman Tower Sargent et Roland Schaer, *Utopie : la quête de la société idéale en Occident*, Paris, Ed. Bibliothèque Nationale de France / Fayard, 2000, p. 190.

2. Pepetela, *O Desejo de Kianda*, Lisboa, Dom Quixote, 1995.

3. Pepetela, *L'Esprit des eaux* [Trad. Michel Laban], Paris, Actes Sud, 2002.

4. Après douze heures de travail forcé / À casser des pierres / À transporter des pierres / À casser des pierres / À transporter des pierres / sous le soleil / sous la pluie / À casser des pierres / la vieillesse vient vite / Une natte dans les nuits sombres / lui suffit pour mourir / reconnaissant / et affamé. Agostinho Neto, *Sagrada Esperança*, Lisbonne, Sá da Costa, 1979, p. 57.

Quand les mouvements de libération se sont constitués, le mécontentement des Africains couvait depuis fort longtemps et attendait le moment propice pour exploser. Le mérite des mouvements nationalistes comme le MPLA est donc d'avoir su canaliser cette colère pour la transformer progressivement en vaste mouvement d'opposition et de lutte contre le pouvoir colonial portugais. Il faut rappeler que le Portugal était en pleine dictature au moment de l'éclosion des guerres de libération en Afrique. Par conséquent, la Police Internationale et de Défense de l'État (PIDE) ainsi que la censure compromettaient sérieusement la libération des Africains. Ces organes de répression étaient présents également dans les colonies et imposaient un régime encore plus sévère que dans la métropole. Les Africains étaient pourchassés, battus à mort chaque fois qu'ils ont osé contester l'autorité coloniale. Les intellectuels, notamment les écrivains, étaient surveillés ; tout était fait pour les empêcher d'exprimer librement leur pensée, de mettre en cause le pouvoir colonial. Certains étaient emprisonnés, d'autres exilés ou même les deux à la fois. C'est le cas d'Agostinho Neto, de José Luandino Vieira, de Pepetela, entre autres.

2. L'auteur

Pepetela, de son vrai nom Artur Carlos Maurício Pestana, est cet auteur angolais, qui signe ses œuvres sous ce pseudonyme qui veut dire Pestana[5] en Umbundu[6]. C'était aussi son nom de guerre. Descendant d'une famille portugaise, il est né à Benguela le 19 octobre 1941, en Angola. Ayant terminé l'école primaire dans sa ville natale, il partit à Lubango, où il a pu continuer ses études qu'il termina au Lycée Diogo Cão. À Benguela, il a partagé ses études primaires avec des élèves d'origines diverses. L'écrivain reconnaît d'ailleurs que la ville de Benguela lui a donné plusieurs occasions de rencontrer des Angolais de toutes les ethnies, car c'était la ville la plus multiraciale à cette époque. Après avoir fait des études au Portugal, l'écrivain a connu des années d'exil, d'abord à Paris (1970) et ensuite en Algérie où il soutiendra une thèse en sociologie. Il se rend clandestinement en Angola afin de participer activement à la guerre de libération. En 1975, après l'indépendance de son pays, il participera au gouvernement d'Agostinho Neto en tant que vice-ministre de l'éducation. C'est en 1963 que Pepetela est devenu militant du MPLA (Mouvement pour la Libération de l'Angola).

---

5. Pestana mot portugais qui signifie « cils » en français.
6. Umbundu est une langue parlée en Angola.

Durant les années 1960, il s'était installé à Alger, lieu de rencontre de toutes les guérillas et où tous les mouvements révolutionnaires du continent étaient représentés. D'ailleurs, certaines élites africaines s'en servaient comme base arrière. Ce fut le cas des mouvements d'opposition armée à la présence coloniale portugaise, particulièrement le MPLA. L'expérience qu'il a eue pendant la guerre de libération a été une grande source d'inspiration pour une de ses œuvres les plus connues, il s'agit de *Mayombe*[7] et de *As Aventuras*[8] de Ngunga qui a été publié en 1972, avant même l'indépendance de son pays. Pepetela a écrit ce roman dans le souci de mettre en perspective le courage du jeune héros, Ngunga, symbole d'un nouvel homme angolais en devenir. Par son expérience, Pepetela se sert de la littérature pour mener des combats au profit d'une cause qui prend en compte les réalités des Angolais. Sa littérature n'a d'autre mobile que de servir un intérêt social et populaire. En ce sens, l'essence de sa fiction est clairement l'engagement pour plus de liberté, de justice sociale, de paix, davantage de solidarité et d'unité au sein de la nation angolaise. À cela, il faut ajouter le fait que Pepetela, comme la plupart des écrivains africains, se préoccupe du langage et de l'écriture. Autrement dit, il s'appuie sur les langues locales et l'oralité, d'où son pseudonyme emprunté de l'Umbundu, pour rendre plus authentique son message littéraire. C'est en quelque sorte une façon d'articuler le style traditionnel africain et le message d'engagement de l'auteur. Comme le souligne Tzvetan Todorov : « La littérature a le langage comme point de départ, puisque [...] l'homme s'est constitué à partir de lui, et comme point d'arrivée, parce que la littérature a le langage comme matière perceptible. Le langage ne pourra être compris que si l'on apprend à penser à sa manifestation essentielle, la littérature et l'écrivain ne fait que lire le message »[9]. De ce point de vue, on peut considérer que le langage est le point central de la littérature et que tout se joue autour de lui. Pepetela et d'autres écrivains angolais et africains ont bien intégré cette approche dans leur écriture, en faisant de celui-ci un lieu de rencontre de l'oralité et des langues occidentales et africaines. D'autre part, à travers ses œuvres comme Mayombe[10], Yaka[11], ou encore Lueji[12], il met en avant son

---

7. Pepetela, *Mayombe*, Lisbonne, Dom Quixote, 1980.

8. Pepetela, *As Aventuras de Ngunga*, São Paulo, Ática, 1981.

9. Tzvetan Todorov, *Critique littéraire au XXe siècle, Jean-Yves Tadié*, Paris, Belfond, 1990, pp. 242-243.

10. Pepetela, *Mayombe*, Lisbonne, Dom Quixote, 1980.

11. Pepetela, *Yaka*, Lisbonne, Dom Quixote, 1985. Traduit en français par Artur da Costa et Carmelo Virone, Bruxelles, Editions Aden, 2010.

12. Pepetela, *Luej, o Nasciemnto do Império*, Lisbonne, Dom Quixote, 1990.

expérience individuelle à partir de laquelle il mène des réflexions profondes sur l'histoire et l'identité angolaise. Dans *A Geração da Utopia*, il fait le bilan de la libération du pays. De fait, ce texte constitue une véritable remise en question de ce que fut la guerre de libération et des conséquences qui en ont découlé. Le titre thématique, à connotation descriptive, annonce une réflexion à caractère historique. En effet, comme le souligne Inocência Mata : « *A Geração da Utopia* (1992) é a ocasião para o escritor exercitar a sua memória individual, num percurso marcado pela tensão encanto / desencanto, percurso que é também o de uma geração através do cruzamento da memória histórica e individual, perseguindo a história de uma geração que afinal, é também parte da história de um país »[13].

En effet, ses romans retracent la période initiale de la lutte de libération jusqu'à la prise du pouvoir par l'élite africaine. Les mises en scène auxquelles il procède révèlent tout l'espoir que l'auteur mettait sur le processus révolutionnaire à ses origines, mais son attitude change quand l'élite africaine s'est occupée de la gestion du pouvoir en Angola. Face à cette crise post-indépendance, Pepetela n'a pas hésité à proposer des options de changements orientées essentiellement vers la réhabilitation des valeurs traditionnelles de l'Angola, valeurs anéanties par la colonisation mais qui n'ont pas pu être restaurées par une élite angolaise aliénée culturellement. Toutes ces péripéties politiques trouvent un écho dans la littérature angolaise. Parmi les auteurs qui se sont particulièrement intéressés à cette évolution, on peut à juste raison citer Pepetela. Par conséquent, au regard de sa formation politique et idéologique, et en tant qu'écrivain engagé au service des intérêts du peuple angolais, Pepetela propose des voies pour sortir l'Angola de l'engrenage dans lequel l'ont mis les fossoyeurs de la révolution. Ces voies sont représentées à travers la révolte de la déesse Kianda à la place de Kinachichi, au cœur de la capitale angolaise, Luanda.

3. Le recours au mythe comme allégorie du désenchantement

Dans cette dynamique de représentation littéraire, notre auteur, Pepetela, fait appel au mythe de Kianda pour exprimer les problèmes que rencontre la

---

13. *A Geração da Utopia* (1992) est l'occasion pour l'auteur de faire appel à sa mémoire pour décrire son propre parcours marqué par la tension entre espoir et désillusion, un parcours qui du reste est celui de toute une génération marquée individuellement par la guerre de libération. Au fond, l'expérience de cette génération ne peut être détachée de l'histoire du pays. Elle en fait partie. Inocência Mata, *Literatura angolana, silêncios e falas de uma voz inquieta*, Luanda, Edições Kilombelombe, 2001, p. 162.

société angolaise durant le régime post-indépendance. Le recours au fantastique dans le système de communication littéraire chez cet auteur nous intéressera particulièrement. En effet, la colère de la déesse des eaux, Kianda, est due à une action indue des colons portugais sur le lac de Kinachichi, sa demeure naturelle. Le processus de dégradation de la société angolaise est représenté par Pepetela sous forme de l'allégorie de la ruine dans son roman, *O Desejo de Kianda*. Cette allégorie de la ruine est symbolisée par l'effondrement des immeubles sur la place de Kinachichi. L'engagement de l'auteur, pour la restauration des valeurs traditionnelles africaines, est toujours authentique, même si cela dépend de la relation entre sa fiction et la politique menée en Angola, ainsi que la sincérité de cette relation. D'ailleurs, très tôt, Costa Andrade avait insisté sur le fait que « a poesia de hoje é a voz do povo »[14]. En effet, il y aurait là une sorte de superposition du discours littéraire au discours idéologique des jeunes intellectuels angolais.

À travers la lecture du roman, *O Desejo de Kianda*, on constate que la fiction de Pepetela est une arme pour combattre le colonialisme. L'écriture de Pepetela confronte des images de construction et de destruction. *O Desejo de Kianda* raconte la ville de Luanda, où les immeubles s'écroulent les uns après les autres. Le scénario du roman coïncide avec le début des années 1990. Durant cette période, un vent de réconciliation commençait à souffler en Angola avec la naissance d'un semblant de multipartisme sous la pression de la communauté internationale. Compte tenu des manquements du pouvoir, en place depuis l'indépendance, liés à la corruption, au clientélisme, à la misère et aux guerres, les écrivains angolais ont mis en œuvre une littérature de résistance, comme ils l'avaient fait pendant la lutte de libération contre le colonialisme portugais. Après l'indépendance, conscients du rôle prépondérant de la littérature, ces mêmes écrivains, à l'image de Pepetela, ont procédé à une révision de leur fiction. Une fiction qui va s'approprier l'histoire, la tradition, et la culture angolaise pour envisager un nouveau projet de société. Rappelons que, dans la plupart des composantes ethniques de l'Afrique subsaharienne, il existe une mythologie extrêmement riche et variée, comme celle qu'on rencontre dans le monde grec antique, par exemple. C'est le cas de Kianda, cette divinité de la mer qui protège l'île de Luanda et ses pêcheurs. Le recours au mythe est une preuve que Pepetela maîtrise bien la culture orale

14. La poésie d'aujourd'hui est la voix du peuple. Fernando Costa Andrade, « Cela 1 », in *Poesias com armas*, Lisboa, Sá da Costa, 1975, p. 42.

traditionnelle angolaise. Dans les littératures africaines, le roman s'est bien nourri de diverses leçons liées aux mythes, comme celle de Kianda qui prône un retour aux sources traditionnelles. Ce recours à la mythologie n'est pas un simple affichage identitaire, destiné à donner de la couleur locale aux littératures africaines, mais il permet à ses auteurs d'aboutir à une création originale en évitant le piège de totale acculturation lorsqu'ils sont amenés à s'exprimer dans une langue différente et dans un genre étranger à leur culture d'origine.

Fig. 1: Place de Kinachichi à Luanda[15]

Cette image est celle de la Place de Kinachichi, qui existe de nos jours dans la ville de Luanda. C'est aussi une métaphore des contradictions mises en évidence dans *O Desejo de Kianda*. Ainsi, pour Pepetela, recourir à la tradition est une démarche d'adaptation de son discours littéraire à certaine réalité ou méthode d'expression locale facile à interpréter par les Angolais. Ce recours aux événements historiques est une manière de raviver l'héritage culturel du peuple angolais. Pepetela utilise la communication traditionnelle pour exprimer la réalité du présent bien obscur. L'oralité resurgit ainsi en surface pour porter l'histoire et la réalité sociale angolaise. Pour Pepetela, les langues et les traditions africaines doivent réapparaître dans le discours littéraire pour rendre plus claire la rhétorique, basée sur la tradition orale d'une part, mais aussi pour rompre avec le diktat des langues étrangères européennes, d'autre part. C'est évidemment cette rupture qui confère une grande originalité à la littérature africaine post-indépendance, particulièrement en Angola. Ainsi, la place Kinachichi symbolise le présent historique de l'Angola. Ce roman est inscrit dans un temps présent long et dans un temps mythique intemporel. Il représente, de façon satirique, une réalité politique dont la fin était plus inéluctable que souhaitable. C'est sur cette place que les immeubles vont subir

---

15. Voir URL: https://www.google.com/search?q=Largo+Kinaxixe&tbm=isch&source=hp&sa=X&ved=2ahUKEwjtoaO57oHiAhUSQRQKHeuUB9UQsAR6BAgKEAE&biw=946&bih=845 Consulté le 17 mars 2021.

le séisme de Luanda. La narration est entrecoupée par la voix de la déesse Kianda et celle de Cassandra, la messagère. Le régime oppresseur imposé par l'élite africaine au pouvoir finira par disparaître au profit de la restauration d'un ordre nouveau par rapport aux valeurs traditionnelles. La mémoire de Kianda était bafouée par une société en perte de repères.

Fig. 2: Kianda ou l'Esprit des eaux[16]

Kianda, dont le message n'est compris que par Cassandra, jeune fille symbolisant la pureté et l'avenir, est un sujet fictionnel intermédiaire permettant d'alerter sur la dégradation des valeurs traditionnelles ancestrales. Cette fiction est une allégorie de la détérioration culturelle angolaise. Dans *O Desejo de Kianda*, le personnage de Carmina représente cette élite corrompue qui vole les deniers publics pour organiser son mariage en grande pompe :

> *Foram feitas réquisições às empresas estatais que controlavam a distribuição de pescado e marisco, às de frangos e carne, à panificadores, empresas de bebidas, etc. Quantidades de produtos sem limites e a preços simbólicos. O local foi cedido gratuitamente. O conjunto musical era subvencionado pela organização, por isso tocava de borla. E a noiva (Carmina) ainda arranjou uma missão de serviço fictícia a Roma, paga evidentemente pelo Estado, para comprar o enxoval. João Evangelista só podia estar grato à jovem esposa, pois tinha boda de príncipe, sem gastar um lwei[17].*

16. Kianda signifie « sirène » en Kimbundu, langue locale angolaise.
URL : https://i.pinimg.com/originals/22/39/18/223918b5c87bd7de769dbf30739c1efa.jpg [page Consulté le 17 mars 2021].
17. Dans les entreprises publiques qui contrôlaient la distribution, on avait réquisitionné du poisson, des fruits de mer, de la volaille ainsi que de la viande, du pain, des boissons, etc. des quantités infinies de denrées avaient été obtenues à bas prix. Le local octroyé gratuitement. La troupe musicale, subventionnée par l'organisation, s'était donc produite gracieusement. Et la mariée avait encore trouvé le moyen de s'offrir une mission fictive, à Rome, aux frais de l'État naturellement, ce qui lui avait permis de se payer son trousseau. João Evangelista ne pouvait qu'être reconnaissant à sa jeune épouse pour la noce princière dont il avait bénéficié sans avoir à dépenser un sou. Pepetela, *O Desejo de Kianda*, op. cit., p. 16.

4. La corruption

Pepetela, à travers ce roman, met en évidence cette corruption grandissante qui sévit en Angola. Il est aussi question, dans ce roman, du manque de solidarité qui exacerbe la dégradation des valeurs sociales. Les grandes valeurs promues par les grandes figures des mouvements de libération populaires des années 1960, ont cédé devant les capitalistes et les grandes entreprises de réseaux internationaux. Ainsi, l'individuel se dissout dans le collectif, autrement dit, le national devient transnational. Les grands thèmes et les grands principes, qui ont marqué l'idéologie anticoloniale révolutionnaire, ont perdu leur quintessence et leur valeur. Avec le changement de régime et le passage au modèle de l'économie de marché, l'Angola sombre dans une crise identitaire qui sera à l'origine de conflits politiques et religieux. L'échec de la réalisation des utopies a occasionné la prolifération des religions, mais aussi l'adoption de comportements individualistes qui a pour objectif l'accumulation de biens contre tout respect des valeurs de société, définies par le socialisme. En effet, il est surtout question de la montée du capitalisme sauvage dont la seule et unique morale est de gagner beaucoup d'argent et surtout rapidement : « o capitalismo instalou-se nas consciências e as pessoas contam consigo próprias e lutam pela vida passando por cima umas das outras, negociam, fazem esquemas. A única moral é ganhar dinheiro rápido »[18]. Il s'agit là d'une allégorie de la désillusion de la crise qui a frappé la société angolaise avec la guerre civile qui a éclaté après les résultats des élections présidentielles de 1992. L'action romanesque se déroule durant l'année 1994, ayant comme décor la ville de Luanda, pleine de mutilés, de véhicules importés, en peu de mots, pleine de contradictions : « a rua tinha sido definitivamente fechada à circulação de veículos, por isso não se viam os carros dos novos ricos, últimos modelos de vidros fumados e ar condicionado, para proteger os passageiros dos pedidos constantes de esmola por parte dos meninos de rua, dos mutilados de todas as guerras, dos velhos atirados para a rua pela nova mendicidade »[19]. Tout au long du roman, Pepetela représente ainsi la

18. Le capitalisme s'est installé dans les consciences, et les personnes ne comptent que sur elles-mêmes, prêtes à écraser les autres, à négocier et à faire des tractations malhonnêtes. La seule morale est celle de gagner de l'argent et rapidement. Pepetela, in *Jornal de Letras, Artes e Ideias*, Lisboa, A edição 638, 29 de Março a 11 de abril de 1995, p. 15.
19. La rue ayant était fermée définitivement à la circulation des véhicules, on ne voyait plus que les voitures dernier modèle des nouveaux riches, climatisées et vitres teintées afin d'épargner à leurs occupants les quêtes incessantes des enfants de la rue, des mutilés de toutes les guerres et des vieux poussés dans la rue par la nouvelle mendicité. Pepetela, *L'esprit des eaux*, op. cit., p. 112.

complexité de la réalité angolaise contemporaine. Les critiques de l'auteur portent sur les incertitudes et les incohérences du régime post-indépendance. Elles sont dirigées contre la nouvelle bourgeoisie angolaise qui n'a pas su bâtir une société de paix et de justice. La guerre civile en Angola, aggravée par l'intervention de capitalistes, soutiens de Jonas Savimbi et l'UNITA, va provoquer des déplacements de populations, abandonnées à leur propre sort : « Luanda se ia enchendo de gente fugida da guerra e da fome, num galopante e suicidário crescimento. Milhares de crianças sem abrigo vagueavam pelas ruas, milhares de jovens vendiam e revendiam coisas aos que passavam de carro, mutilados sem conta esmolavam nos mercados »[20]. À l'abri du besoin et des tourments de la vie, à l'opposé de la situation catastrophique du pays, le personnage de Carmina Cara de Cu (CCC) symbolise cette corruption de l'élite angolaise. Le roman décrit ce personnage, parlementaire du MPLA et en même temps entrepreneure, à l'image du « Jota »[21].

5. Kianda et le fantastique

Notre auteur recourt à un registre littéraire : le fantastique. Ayant comme origine le mot grec « phantastikos », ce mot signifie « imagination ». Une définition appropriée nous est donnée par le dictionnaire du littéraire : « le fantastique est le registre qui correspond aux émotions de peur et d'angoisse. Il est caractérisé par le renversement des perceptions rationnelles du réel, l'immixtion du doute dans la représentation établie et à la proximité d'un supra ou anti naturel »[22]. Le fantastique, dont il s'agit dans ce roman, est le produit de cet effort de Pepetela à se distancer de la réalité par l'imagination, pour dénoncer de façon allégorique la problématique de justice sociale qui devrait être la mission principale du nouveau pouvoir angolais. Pour cela, Pepetela va jusqu'à recourir au surnaturel en s'appropriant le mythe de Kianda. Selon Tzvetan Todorov, le fantastique repose sur la possibilité d'hésiter entre une explication naturelle et surnaturelle, et c'est ce à quoi nous assistons dans *O Desejo de Kianda*. L'effondrement des immeubles, de façon mystérieuse sur la place de Kinachichi, est à l'origine de beaucoup d'interprétations. Une

---

20. Luanda, allait de plus en plus recevoir du monde, à rythme suicidaire, des gens fuyant la guerre et la faim. Des milliers d'enfants sans abri trainaient le long des rues, des milliers de jeunes vendaient et revendaient des bricoles aux automobilistes, d'innombrables mutilés mendiaient sur les marchés. Pepetela, *O Desejo de Kianda*, op. cit., p. 117.

21. La jeunesse du MPLA. Pepetela, *O Desejo de Kianda*, op. cit., p. 6.

22. Paul Aron, Denis Saint-Jacques, Alain Viala, *Le dictionnaire du littéraire*, Paris, PUF, 2002, p. 219.

partie des habitants de Luanda interprétait les effondrements comme étant la conséquence de la révolte de Kianda ; d'autres, au contraire, cherchent une réponse scientifique au syndrome de la capitale angolaise :

> *As mesmas cenas de pessoas a descerem suavemente até ao chão, acompanhadas por móveis e animais, sem ferimentos nem sangue. [...] As mais disparatadas opiniões eram transmitidas nas rodas de amigos com abundantes copos, nas discussões políticas, nas entrevistas, até no meio dos jogos de futebol. Os cientistas da banda eram constantemente solicitados a darem a sua opinião. Prudentes como sábios, não adiantavam nada, que era preciso pesquisar e o País não tinha condições para fazer investigações sérias[23].*

Cette citation nous oblige à considérer le monde de la déesse des eaux, Kianda, comme un monde impénétrable, mais qui veille sur les destinées humaines. Sans réponse scientifique, le lecteur est enclin à donner une explication surnaturelle, ce qui augmente ainsi son impact sur les consciences et rend l'avertissement plus plausible. Le fantastique émerveille et crée une situation d'immanence que l'être humain ne peut transcender. Dans le cas décrit ici, l'événement ne peut manquer d'effrayer la population, particulièrement la classe dirigeante, de façon à adopter un comportement plus citoyen. En même temps, il rappelle la nécessité de se réorienter vers la culture traditionnelle longtemps piétinée par le colonialisme.

En effet, le syndrome de Luanda ou la révolte de Kianda sont en réalité des événements invraisemblables. C'est une façon pour l'auteur de nous faire participer à un voyage sensationnel, formidable et extraordinaire, durant lequel le pouvoir mystique dépasse l'entendement des non-initiés. Mais il devient perceptible quand ce même pouvoir s'exécute avec l'effondrement des immeubles à la place de Kinachichi. Le mystique se transforme en

---

23. Même spectacle de gens chutant lentement jusqu'au sol, accompagnés de meubles et d'animaux, et cela sans une écorchure. (...) Les commentaires les plus farfelus s'échangeaient entre amis déjà pas mal imbibés, dans les discussions politiques, dans les interviews et même au beau milieu des matchs de foot. Les scientifiques du coin étaient constamment invités à donner leur avis, mais, prudents comme le sont les savants, ils se gardaient bien de toute opinion, il fallait voir, le pays n'était pas en mesure d'entreprendre une recherche sérieuse. Pepetela, *O Desejo de Kianda*, op. cit., pp. 19-20.

profane avec le drame qui s'est produit sous les yeux des habitants. C'est le seul moyen pour eux de mesurer la colère de Kianda à travers ce message. D'un côté, les populations qui souffrent, de l'autre les hommes du pouvoir qui vivent dans l'opulence :

> *Não houve explosão, não houve fragores de tijolos contra ferros, apenas uma ligeira musiquinha de tilintares, como quando o vento bate em cortinas feitas de finas placas de vidros. As paredes foram-se desfazendo, as mobílias caindo no meio dos estuques e louças sanitárias, pessoas e cães, papagaios e gatos, mais ninhadas de ratos e baratas, tudo numa descida não apressada, até chegar ao chão. Luzes estranhas, contam os relatos, de todas as cores do arco-íris, acompanhavam a sua queda. [...] Foi uma cama enorme que desceu pelos ares, com um casal nu, apanhado em pleno acto de amor. [...] O prédio ficou destruido totalemente em escombros.*
> *Nem pessoas, nem outros locatários animais, nem móveis, nem electrodomésticos, sofreram qualquer arranhão. Coisas nunca vista, gente a cair do sétimo andar, chegar a terra e contar logo as sensações de pára-quedismo*[24].

Par cette description détaillée, il s'agit là, de montrer le caractère insolite du scénario de l'effondrement des immeubles. Ce registre littéraire, le fantastique, est caractérisé aussi par l'intervention du pouvoir surnaturel de Kianda dans un espace profane, une place bien connue à Luanda. À cela s'ajoute aussi une sorte de miracle, car aucune blessure n'a été constatée et les personnes comme les animaux sont pris de surprise par les scènes. On a l'impression que la déesse Kianda adresse un message dont la cible est bien connue : l'élite dirigeante. Elle le dirige exclusivement à une partie de la société, ceux qui

---

24. Pas une explosion, pas le moindre craquement de briques contre les structures métalliques, tout juste un cliquetis comme le vent en produirait en agitant des rideaux faits de fines lamelles de verre. Les murs s'étaient effrités et les meubles tombèrent au milieu des stucs et des sanitaires, des gens et des chiens, des perroquets et des chats, sans parler des nichées de souris et de cafards, le tout en une lente descente jusqu'au sol, dans des lumières bizarres, d'après les récits, de toutes les couleurs de l'arc-en-ciel. [...] Ce fut l'apparition d'un immense lit descendant dans les airs, avec un couple nu, surpris en plein acte d'amour. [...] On le voit, seul l'immeuble avait été détruit ; réduit à l'état de gravas. Locataires, animaux, meubles ou appareils ménagers, rien ni personne n'eut à souffrir d'une écorchure. Du jamais vu, des gens tombés du septième étage et qui, les pieds à peine posés au sol, se mettaient à raconter leur impression d'être descendus en parachute. Pepetela, *L'esprit des eaux*, op. cit., pp. 12-13.

détiennent le pouvoir et en abusent au détriment du peuple travailleur. Dès lors que ce peuple innocent n'a pas les moyens de changer les comportements dse nouveaux dirigeants, c'est Kianda qui s'en charge. Elle devient le porte-parole des sans voix. Elle est redoutable parce qu'elle possède un immense pouvoir mystique. À coup sûr, elle se fera entendre puisque dans la société angolaise comme partout en Afrique, le mythe, comme les croyances, a un impact très puissant sur les consciences.

La déesse des eaux est offusquée par les hommes parce que son espace vital a été profané : le sable a pris la place de l'eau, son environnement naturel. Ce lieu a une connotation mystique que la fiction de Pepetela cherche à réinterpréter. Le lac de Kinachichi auquel on fait référence dans le récit est un espace sacré. C'est le lieu où vit, ensevelie, la déesse des eaux. C'est là où elle décida de punir la classe politique dirigeante. L'effondrement des immeubles de la capitale n'est qu'un signe de la fin d'un pouvoir politique qui bafoue les droits des populations. Elle est irritée par le fait que cette classe dirigeante a non seulement trahi la révolution, mais elle a aussi sacrifié les valeurs fondamentales de la culture et de la tradition africaine. Parmi les maux qui gangrènent la société angolaise, le plus visible est la corruption. Le seul souci des dirigeants est de tirer le maximum de profit avant qu'ils ne soient balayés par les vents de l'histoire ou par la colère de Kianda. Tous s'empressent de s'enrichir et disparaître à l'étranger afin de sauver leur peau, puisque les prochaines élections pourraient avoir des conséquences imprévisibles : « – Os mujimbos de corrupção e desfalques são às centenas e alguns serão verda-deiros – (…). – É o fim dum reinado e tudo está a tentar safar-se enquanto é tempo, assegurarem a reforma no estrangeiro se as eleicões correrem mal »[25]. La corruption est devenue un moyen de réussite. En tant que militante de la première heure et défenseuse du socialisme, Carmina, au gré des opportunités, se laisse aller à des pratiques de corruption, entrainant son mari dans cette longue aventure. Elle bénéficie ainsi de la complicité de son mari, João Evangelista, qui, avant son union par le mariage, était respectueux de valeurs traditionnelles et religieuses qu'il avait reçues de ses parents qui étaient de fervents croyants :

> *João Evangelista vinha de linhagem religiosa. Filho de Mateus*
> *Evangelista e neto de Rosário Evangelista. O avô foi o iniciador*

---

25. Les ragots au sujet de la corruption et des détournements se comptent par centaines, – (…). – C'est la fin d'un règne et chacun essaie de se tirer à temps, d'assurer sa retraite à l'étranger, au cas où les élections tourneraient mal. Pepetela, *L'esprit des eaux*, op. cit., pp. 26-27.

do apelido respeitável, pelas suas funções de pastor duma igreja protestante do Huambo. O pai nasceu na Missão e só dela saiu, já adulto, para tentar a vida em Luanda. João nasceu na capital, filho duma malanjina da igreja. Mas aos seis anos foi para a Missão no Huambo, onde seu avô pregara e seu pai foi educado. Só voltou a Luanda com vinte anos feitos, perseguindo o objectivo de cursar engenharia, arranjando emprego para apoiar os paisde[26].

Contrairement à João Evangelista, Carmina, sa femme jouissait d'une très mauvaise réputation au sein de son quartier parce que « Carmina não tinha boa fama junto das pessoas mais velhas lá no bairro. Por isso era conhecida desde pequena por CCC (Carmina Cara de Cu)[27]. D'ailleurs, le vieux Mateus, le père de João Evangelista, n'avait jamais caché son désaccord lors de leur mariage. Il qualifie Carmina de satanique. Selon Mateus, Carmina avait déjà des prédispositions pour introduire dans sa famille de mauvaises mœurs dues à l'activité politique de cette dernière. Il n'est donc pas étonnant que Carmina s'adonne à la corruption. Par conséquent, le vieux avait une attitude hostile puisqu'elle était aux antipodes des valeurs qu'il défendait en tant qu'homme religieux. Elle avait perdu ses convictions socialistes et était rentrée dans un cercle vicieux de politiciens véreux qui utilisent l'argent du contribuable à des fins personnelles. Ce fut le cas lors des festivités de son mariage : « Dans les entreprises d'État qui contrôlaient la distribution, on avait réquisitionné poissons, fruits de mer, volailles ainsi que de la viande, du pain, des boissons, etc. Des quantités infinies de denrées avaient été obtenues à des prix symboliques »[28]. L'auteur dresse le portrait de Carmina et la décrit comme une jeune femme très ambitieuse, qui cherche par tous les moyens à s'enrichir. Elle représente cette élite angolaise au pouvoir depuis l'indépendance. Avec l'ouverture à une économie libérale, le choix du pouvoir de rentrer dans

---

26. João Evangelista était issu d'une famille religieuse, Fils de Mateus Evangelista et petit-fils de Rosário Evangelista. Son grand-père, par sa position de pasteur dans une église protestante de Humbo, avait été à l'origine de leur respectable nom de famille, et son père était né dans la mission. Il en était parti que pour aller tenter de gagner sa vie à Luanda, où João était donc né d'une mère elle aussi femme d'église, originaire de Malange. À l'âge de six ans, il était allé à Huambo, dans la mission où son grand-père avait prêché et où son père avait grandi. Puis, à ses vingt ans résolus, il était revenu à Luanda dans le but d'étudier le génie civil et avait trouvé un emploi qui lui permettait de soulager ses parents. Pepetela, *L'esprit des eaux*, op. cit., pp. 9-10.

27. Carmina n'avait pas une bonne réputation chez les gens respectables du quartier. Pepetela, *L'esprit des eaux*, Ibid.., p. 10.

28. Pepetela, *L'esprit des eaux*, op. cit., p. 16..

un système basé sur l'économie de marché, le pays verse dans la fraude et la corruption, ce qui est à l'opposé des principes socialistes qui étaient les objectifs fixés dès le début de la lutte pour l'indépendance. La narration se développe par une succession d'événements alternatifs, entre augmentation de la corruption et effondrement d'immeubles. Au fur et à mesure que les immeubles s'écroulent, la déesse des eaux, Kianda, cherche à se libérer du lac ensablé. On peut dire que la punition de Kianda semble viser principalement Carmina, personnage paradigmatique de toute la classe politique corrompue. La guerre semble se nouer entre deux personnages féminins. D'une part, nous avons la mythique Kianda et d'autre part la corrompue et opportuniste Carmina. Kianda représente ainsi la tradition, tandis que Carmina, elle, représente les maux dont souffre l'Angola des temps modernes. Kianda est une allégorie de la liberté. Pour donner plus de crédibilité à l'histoire racontée, Pepetela fait appel à deux témoins prestigieux, en l'occurrence Luandino Vieira et Arnaldo Santos, écrivains angolais et fins connaisseurs de la culture et des traditions :

> *Ouvia a estoria um dia, ali mesmo na esplanada do Kinaxixi, quando se sentou com o maior respeito à mesa onde se encontravam dois escritores, Luandino Vieira e Arnaldo Santos, grandes sabedores das coisas de Luanda. Como não podia deixar de ser, os kotas falavam da sua meninice kinaxixense, embora Luandino fosse de Maculusso, que de facto era ali ao lado. E foi ele mesmo que contou, lembras, Arnaldo, quando a mafumeira chorou sangue durante sete dias, não se sabe se de dores de ser cortada se de pesar por tirarem a lagoa à Kianda[29].*

Le témoignage de ces deux personnalités littéraires qui maîtrisent parfaitement bien les réalités culturelles de l'Angola, renforce le contenu du message de *O Desejo de Kianda*, message orienté vers la condamnation du comportement inconscient et irresponsable des nouveaux dirigeants politiques africains. Kianda cible Carmina, mais c'est toute la classe politique qui est visée. De la sorte, à partir de ces deux personnages, le narrateur réaffirme

---

29. Il avait entendu cette histoire un jour à une terrasse de café de Kinachichi, lorsqu'il s'était assis, avec beaucoup de respect, à la table où se trouvaient deux écrivains, Luandino Vieira et Arnaldo Santos, grands connaisseurs de la vie de Luanda. Comment peut-il en être autrement, puisque les deux aînés parlaient de leur enfance à Kinachichi, encore que Luandino fût de Maculusso, juste à côté. Et c'est lui-même qui avait raconté, tu te souviens, Arnaldo, quand le fromager a pleuré des larmes de sang pendant sept jours, on ne sait pas si c'était de douleur d'avoir été coupé ou de tristesse d'avoir vu disparaître le lac de Kianda. Pepetela, *L'esprit des eaux*, op. cit., pp. 56-57.

l'antagonisme qui existe entre deux mondes au sein de la société angolaise : la tradition ou l'incarnation de Kianda et l'immoral personnage de Carmina, pour qui « c'est la fin d'un règne et chacun essaie de se tirer à temps, d'assurer sa retraite à l'étranger »[30]. Quant à João Evangelista, le mari de Carmina, lui préfère ne pas regarder la réalité du pays en face. De parents protestants, ayant fait ses études dans une mission à Huambo, João Evangelista, tout au long du récit, vit tranquillement le présent malgré toutes les difficultés que traverse son peuple. L'objectif est bien-sûr de dénoncer les injustices sociales mais aussi de reconsidérer les valeurs culturelles et traditionnelles de l'Angola. C'est la raison pour laquelle les auteurs font recours aux mythes et aux traditions culturelles dans leurs narrations littéraires.

Conclusion

Le mythe de Kianda intervient dans la perspective de « mariage entre l'histoire et la légende » angolaises. La fonction de cette fusion est de donner une meilleure idée sur la valeur de l'oralité dans la conception du roman africain. C'est aussi le cas de l'utilisation des proverbes, qui « sont les ruines qui marquent l'emplacement d'anciens récits, et dans lesquelles une morale s'enroule autour d'une posture comme le lierre autour d'un pan de mur »[31]. Autrement dit, Pepetela, par le biais du mythe de Kianda, cherche à réaffirmer une identité nationale, en s'appropriant les contes, les chants (celui de Kianda), entre autres, qui sont des armes contre l'aliénation culturelle imposée par le colonialisme portugais et le capitalisme. Le recours à l'oralité à travers les contes, les légendes et les proverbes permet à Pepetela de mieux expliquer l'histoire et la réalité angolaise, à travers sa fiction. L'appropriation du mythe est non seulement une manière de condamner les pratiques abusives de la classe politique angolaise, mais aussi et surtout la revalorisation de la culture et des traditions ancestrales, gages de la reconstruction d'une identité angolaise réelle et authentique.

Oumar DIALLO, Ph.D

---

30. Ibid., pp. 26-27.

31. Walter Benjamin, *Œuvres, tomes I, II, III*, [Traduction française de Maurice de Gandillac revue par Rainer Rochlitz (présentation) et Pierre Rusch], Paris, Gallimard, 2000, p. 150.

Bibliographie

ANDRADE, Fernando Costa, « Cela 1 », in *Poesias com armas*, Lisboa, Sá da Costa, 1975.

ARON, Paul, SAINT-JACQUES, Denis et VIALA, Alain, *Le dictionnaire du littéraire*, Paris, PUF, 2002.

BENJAMIN, Walter, *Œuvres, tomes I, II, III*, [Traduction française de Maurice de Gandillac revue par Rainer Rochlitz (présentation) et Pierre Rusch], Paris, Gallimard, 2000.

MATA, Inocência, *Literatura angolana, silêncios e falas de uma voz inquieta*, Luanda, Edições Kilombelombe, 2001.

NETO, Agostinho, *Sagrada Esperança*, Lisbonne, Sá da Costa, 1979.

PEPETELA, *O Desejo de Kianda*, Lisboa, Dom Quixote, 1995.

---, *As Aventuras de Ngunga*, São Paulo, Ática, 1981.

---, In *Jornal de Letras, Artes e Ideias* Lisboa: ed. 638, 29 de Março de 1995.

---, *L'Esprit des eaux* [Trad. Michel Laban], Paris, Actes Sud, 2002.

---, *Luej, o Nasciemnto do Império*, Lisbonne, Dom Quixote, 1990.

---, *Mayombe*, Lisboa, Dom Quixote, 1980.

---, *Yaka* [1985], [Trad. Artur da Costa et Carmelo Virone], Bruxelles, Aden, 2010.

SARGENT, Lyman Tower, SCHAER, Roland, *Utopie : la quête de la société idéale en Occident*, Paris, Bibliothèque Nationale de France/Fayard, 2000.

TODOROV, Tzvetan, *Critique littéraire au XXᵉ siècle, Jean-Yves Tadié*, Paris, Belfond, 1990.

Pour citer cet article :

Oumar DIALLO, « La représentation de la déesse des eaux dans la littérature angolaise : *O Desejo de Kianda* de Pepetela », *Revue Legs et Littérature* nº 17, vol. 1, 2021, pp. 141-159.

Le passage de l'oraliture à l'écriture comme stratégie de résistance et positionnement face au colonialisme.
Cas des contes de Birago Diop

Enseignante à l'Université Chouaïb Doukkali, département de Langue et Littérature françaises, El Jadida, Touria UAKKAS est membre du Centre de Recherches et d'Études du Patrimoine Écrit (CREPE) à Fès, membre du Laboratoire des Études et Recherches sur l'Interculturel (LERIC), Faculté des Lettres, El Jadida. Elle est membre associéa du laboratoire Traductologie, Communication & Littérature (TCL), Faculté des Lettres, El Jadida et du comité de rédaction de la revue Tarjamiyyat, Rabat. Ses domaines de recherche sont Littérature et Tradition orale, Sémiotique et Sémiotique des cultures, Traduction, Recherches et études sur l'interculturel, Didactique.

Résumé

Dans une perspective d'études littéraires francophones, cet article a essayé d'approcher un procédé très significatif dans les contes de Birago Diop, il s'agit de l'oraliture qui est définie comme l'inscription dans le texte écrit de la littérature « parlée ». Les contes de Diop sont des textes oraux récupérés et recontextualisés dans l'écrit avec toute l'influence qu'ont exercée sur lui tous les conteurs traditionnels qu'il a écoutés enfant. Comment ce procédé, l'oraliture, délibérément choisi par l'écrivain, a constitué un certain positionnement du sujet africain et une forme de résistance à la colonisation ? Pour y répondre, l'article, composé de trois chapitres, présente d'abord dans le premier chapitre, trois concepts clés qui se rapportent à notre sujet : « la littérature orale », « l'oraliture » et « le conte ». Le second est consacré à l'écrivain, à ses contes et au contexte historique de la transposition de ces contes qui coïncide surtout avec le mouvement de la Négritude qui encourageait, à cette époque, une sorte de promotion de la culture africaine comme forme de résistance au colonialisme. le troisième et dernier chapitre aborde l'oraliture chez Diop, ses stratégies et ses enjeux. Ainsi, la présence de l'oraliture dans ses contes est un rappel constant de la culture d'origine et une façon de résister au colonialisme en préservant la mémoire collective.

Mots clés

Birago Diop, Oraliture, littérature orale, conte, Négritude

LE PASSAGE DE L'ORALITURE À L'ÉCRITURE COMME STRATÉGIE DE RÉSISTANCE ET POSITIONNEMENT FACE AU COLONIALISME. CAS DES CONTES DE BIRAGO DIOP

Introduction

L'oraliture est avant tout une intention discursive d'inscrire dans le texte écrit la « chose parlée ». Il s'agit, dans le cas des contes de Birago Diop, l'objet de notre analyse, de réécrire ces contes en leur restituant leur nature orale dans le but d'installer l'identité africaine et de résister au colonialisme.

Parler de l'oraliture chez Diop, ce n'est pas se limiter à un écrivain ou à un aspect déterminé, bien au contraire, c'est ouvrir plusieurs perspectives sur toute la littérature orale africaine. Le conte chez cet écrivain contient tous les aspects de ce genre oral et offre une image réduite de cette littérature assez singulière, ce qui répond parfaitement à la thématique de ce numéro consacré aux arts et littératures d'Afrique. Nous aurions bien aimé pouvoir confronter, dans cet article, la version de ces contes écrite en français avec leurs différentes versions orales, mais malheureusement nous ne connaissons pas leur langue atavique. Mais cela ne nous empêchera pas pour autant de déceler les marques de cette oraliture dans les trois recueils de contes de Diop.

Notre travail, consiste plus à rester un peu dans les marges de cette pratique textuelle, lui tourner autour pour mieux approcher ce phénomène très significatif dans la littérature orale africaine et le rattacher à notre problématique : comment cette oraliture peut être décrite comme forme de résistance et processus de positionnement face au regard colonialiste ? De ce fait, et dans le champ d'études littéraires francophones, nous présentons dans notre premier chapitre quelques concepts clés qui vont apporter, nous l'espérerons bien, quelques éclairages et nous aider à mieux situer notre problématique. Le second chapitre est centré sur l'écrivain, ses contes, ses ressources et le contexte de leur transposition. Le dernier chapitre aborde l'oraliture chez Diop, ses stratégies et ses enjeux.

1. Les concepts clés

Regrouper dans ce premier chapitre quelques concepts clés de notre sujet nous permet de mieux cerner notre champ d'investigation et de donner aux non-initiés quelques éléments de base de la littérature orale africaine. Nous avons choisi trois concepts clés qui nous paraissent les plus importants, ce sont « littérature orale », « oraliture » et « conte ».

1.1. Littérature orale

Le terme « littérature orale » a été introduit par George Sand vers 1858, puis officialisé en 1886 par Paul Sébillot qui le définit comme suit : « Sous le nom de littérature orale, on comprend ce qui, pour le peuple qui ne lit pas, remplace les productions littéraires de civilisés. Cette littérature a précédé la littérature écrite, et on la retrouve partout, plus ou moins vivante, suivant le degré d'évolution des peuples »[1]. Nous n'allons pas nous attarder sur les expressions qui mettent en opposition « le peuple qui ne lit pas » et « les civilisés » et qui dénotent un parti pris colonialiste de Sébillot, mais ce que nous retenons, en premier lieu, dans cette citation, c'est le fait que cette littérature orale précède celle écrite. En second lieu, la phrase « le peuple qui ne lit pas » donne l'impression qu'il s'agit d'un peuple analphabète, selon l'auteur, alors qu'il n'en est rien.

En effet, Jacques Chevrier[2], grand spécialiste des littératures francophones et surtout de celle de l'Afrique noire, a un autre avis et refuse de qualifier les

---

1. Nicole Belmont, « Couvrez-moi ce conte que je ne saurais voir », *Cahiers de littérature orale* [En ligne], nº 75-76. Consulté le 2 mai 2021. URL : https://doi.org/10.4000/clo.1844

2. Jacques Chevrier, *L'arbre à palabre : essai sur les contes et récits traditionnels d'Afrique noire*, Paris, Hatier, 1986.

sociétés orales de sociétés « sans écritures ». Pour lui, l'oralité et l'écriture n'entretiennent pas un rapport de succession, d'évolution, ou d'exclusion, mais correspondent, chacune à leur place, à des modèles d'expression obéissant à des conditions de production, de transmission, de conservation étroitement dépendantes d'un certain type de société. Et Claude Hagège, dans son ouvrage, *L'Homme de paroles*, a attiré largement l'attention sur « ce que parler veut dire », non sans poser la question de l'écrit. Il oppose scriptophiles et verbophiles, en reconnaissant que « pour essentielle qu'elle soit dans le destin des humains, ou de la partie d'entre eux qu'elle concerne, l'invention de l'écriture a contribué à occulter l'exercice vivant de la parole »[3]. Le concept de « Littérature orale » désigne un genre très vaste et diversifié de textes standardisés comme les contes, les proverbes, les adages, les devinettes, les chansons, etc.

1.2. Oraliture

La notion d'oraliture est forgée par l'essayiste haïtien Ernest Mirville, alias Pierre Bambou. Il emprunte son préfixe à l'oral et son suffixe à la littérature, mais ne veut pas dire forcément « littérature orale ». Ernest Mirville la définit comme étant « l'ensemble des créations non écrites et orales d'une époque ou d'une communauté, dans le domaine de la philosophie, de l'imagination, de la technique, accusant une certaine valeur quant à la forme ou au fond »[4].

Comme nous avons pu le constater, ce concept est donc né au sein de la littérature antillaise et les traces de l'oraliture dans certains textes de cette littérature en font des textes créolisés et hybrides. Jean Bernabé, écrivain martiniquais et l'un des trois auteurs du manifeste *Éloge de la créolité*, inventorie les genres de l'oraliture dans son article en ligne « le syndrome homérique à l'œuvre dans la parole antillaise »[5], de la façon suivante : « L'oraliture comporte de nombreux genres: mythe, conte, épopée, proverbe, adage, aphorisme,

3. Claude Hagège, *L'homme de paroles : contribution linguistique aux sciences humaines*, Paris, Fayard, 1985, p. 83.
4. Pierre-Raymond Dumas, « Interview sur le concept d'oraliture accordée à Pierre-Raymond Dumas par le docteur Ernest Mirville », *Conjonction*, n° 161-162, mars-juin 1984, p. 162. Consulté le 28 avril 2021. URL : https://www.potomitan.info/travaux/auvisiteur/fenwe.htm
5. Jean Bernabé, « Fènwè et wè klè, le syndrome homérique à l'oeuvre dans la parole antillaise », *Potomitan*, 2000. Consulté le 28 avril 2021.
URL : https://www.potomitan.info/travaux/auvisiteur/fenwe.htm

maxime, sentence, devinette, formule magico-religieuse, chanson, etc. Il s'agit, rappelons-le, de genres dits mnémoniques, c'est-à-dire structurés selon une logique mémorielle »[6]. Il apparait qu'il y a une confusion entre « littérature orale » et « oraliture » en ce qui concerne les genres. Mais Bernabé va ajouter une condition essentielle, celle de la gestualité de la présence propre à l'oraliture et il dit :

> *Tout comme la simple oralité, l'oraliture relève d'un circuit qui est fondamentalement le circuit bouche-oreille. Ce circuit, notamment quand il s'agit d'un genre théâtralisé comme le conte, s'inscrit dans une dimension kinésique. Le conte met, en effet, en œuvre des dispositifs qui fonctionnent "in praesentia", tandis que dans le cas de la simple oralité, il n'est pas indispensable que les interlocuteurs se voient. On peut d'ailleurs classer les genres oraliturels en fonction de l'importance de la gestuelle et de la densité de la présence requise entre les protagonistes de l'énonciation[7].*

Cette citation insiste donc sur la dimension kinésique de l'oraliture et sur le fait que les deux pôles de l'énonciation, le conteur et l'auditoire, y prennent part d'autant plus que ce dernier écoute moins pour se distraire que pour apprendre, réfléchir et s'enrichir et l'oraliture a ce point fort : l'écoute active et participative. Et c'est pourquoi, en tant que genre oral, transmis de génération en génération, cette oraliture, une fois passée à l'écrit, voit « son économie déjà affectée et sa dynamique interne irrévocablement atteinte »[8].

À ce propos, rappelons que Roland Barthes a placé l'écrit du côté du figé, de la mort : « Notre parole, nous l'embaumons, telle une momie, pour la faire éternelle »[9]. On remarque que Barthes affirme, lui aussi, que la parole précède l'écrit et cela montre bien que toute littérature écrite est souvent issue d'une tradition orale transmise de bouche à oreille (par exemple les textes sacrés, les épopées, les contes…).

---

6. Ibid.
7. Ibid.
8. Ibid.
9. Roland Barthes, *Le Grain de la voix*, Paris, Seuil, 1981, p. 11.

1.3 Le conte

Le conte est le genre le plus connu et le plus représentatif de la littérature orale car on y trouve, par exemple, des chansons, des proverbes, des poèmes et des devinettes. On peut en résumer les principales caractéristiques en points suivants :
– il est un genre qui a sa source dans l'oralité.
– il est un rituel communautaire commun à toutes les sociétés à caractère oral.
– il est collectif.
– il est transmissible d'un conteur à un autre.
– sa forme écrite n'est qu'une transposition ou une adaptation d'un texte oral.

Au regard de ces éléments, on peut dire que le conte est d'abord un genre flexible et ritualisé, enraciné dans les habitudes et les traditions culturelles. Il est fait pour être raconté et donc entendu plutôt que lu. Ce caractère oral du conte fait que ses différentes transmissions engendrent souvent des variantes En outre, sa nature collective lui permet d'être porteur de tradition, d'expériences et de leçons de vie. Raconter un conte exige des performances orales et un véritable art de la parole. Même s'il y a des éléments stables qui forment la trame du conte, il en existe d'autres plus mouvants, qui ouvrent la voie à l'improvisation. Le succès du conteur dépend de la façon dont il va s'approprier les contes en y ajoutant sa touche personnelle et approcher son auditoire en établissant le contact avec lui.

Ces trois concepts présentés partagent principalement ce qu'on appelle « tradition orale » ou « tradition » tout court. On note la connotation positive que les écrivains africains donnent à ce mot (« tradition ») ; c'est une façon pour eux de s'affirmer culturellement et politiquement en essayant de substituer cette production orale « traditionnelle » et opprimée au discours dominant du colonisateur.

2. Auteur, corpus et contexte

Après la présentation de ces concepts clés, il est nécessaire de présenter l'auteur, ses recueils de contes, notre corpus et le contexte de la transposition de ces contes oraux dans une version écrite. Commençons par l'écrivain.

2.1. L'écrivain

L'écrivain et poète sénégalais Birago Diop[10] est né en 1906 à Ouakam, près de Dakar et mort en 1989 à Dakar. Il a fait des études au lycée Faidherbe à Saint-Louis et à l'Ecole vétérinaire de Toulouse, a assumé divers postes dans l'administration avant et après l'indépendance du Sénégal et a également, depuis sa jeunesse, composé des poèmes. Il a publié plusieurs recueils de contes dont les plus connus sont : *Les Contes d'Amadou Koumba*[11], *Les Nouveaux Contes d'Amadou Koumba*[12] et *Contes et Lavanes*[13].

L'auteur, selon ses dires, a écouté dans son enfance les contes traditionnels faits à la veillée par sa grand-mère ou par d'autres personnes âgées, contes empruntés aux sources les plus anciennes :« Grand-mère morte, j'eus dans mon entourage d'autres vieilles gens, et, en grandissant à leur côté, « j'ai bu l'infusion d'écorce et la décoction de racines, j'ai grimpé sur le baobab. Je me suis abreuvé, enfant, aux sources, j'ai entendu beaucoup de paroles de sagesse, j'en ai retenu un peu »[14]. Plus tard, l'enseignement des marabouts musulmans, puis celui des maîtres européens, sont venus s'ajouter à ces premiers éléments. C'est à cette diversité d'expériences, à la persistance des premières impressions que l'œuvre de Birago Diop doit sa richesse exceptionnelle et sa signification, et l'on pourrait dire que cet écrivain écrit à partir d'une société fortement orale à laquelle il ne cesse de se référer.

2.2 Les contes de Birago Diop

Les contes de Diop sont des textes oraux récupérés et recontextualisés dans l'écrit avec toute l'influence qu'ont exercée sur lui tous les conteurs traditionnels qu'il a écoutés enfant. Le nom d'« Amadou Koumba » qui se répète dans les titres des deux premiers recueils et qui est mentionné dans la préface

---

10. Ces éléments bio-bibliographiques sont, en partie, empruntés à Roger Mercier dans son article « Un conteur d'Afrique noire, Birago Diop », *Études françaises*, vol. 4, n° 2, 1968.
11. Birago Diop, *Les Contes d'Amadou Koumba*, Paris, Fasquelle, 1947. Rééd. Paris/Dakar, Présence Africaine, 1960.
12. Birago Diop. *Les Nouveaux Contes d'Amadou Koumba*, préface de Léopold Sédar Senghor, Paris, Présence Africaine, 1958.
13. Birago Diop, *Contes et Lavanes*, Paris, Présence Africaine, 1963. Il a eu le Grand prix littéraire d'Afrique noire en 1964.
14. Ibid., p. 120.

est le nom d'un « griot », c'est-à-dire un conteur traditionnel africain et un maître de la parole, sorte de double symbolique de l'écrivain dans la version écrite, et c'est lui qui, après sa grand-mère, a raconté à l'auteur les contes qui figurent dans les recueils.

Dans ces recueils, on trouve les contes classiques où les animaux incarnent des personnages derrière lesquels apparaissent toujours le fourbe, le méchant, le rusé, le trompeur, le trompé, le puissant et la victime. L'histoire dans ces contes est souvent banale et nous met en présence des récits déjà lus ou entendus. Par exemple, quand Bêye-La Chèvre s'écarte du village dans les *Contes et Lavanes*, on pense tout de suite à la chèvre de M. Seguin[15].

Le plus intéressant dans ces contes est le discours que véhiculent ces histoires, comme faire passer la pensée ouolof dans la langue française, ou définir par m'Bam l'Ane[16] le secret de son propre style. Ainsi, le personnage du conte avait appris que ce qui entrait par l'oreille restait plus sûrement dans la tête et dans la mémoire que ce que l'œil regardait ou croyait voir et qui souvent n'était que leurre. Il y a là, une belle stratégie discursive, par le biais des métaphores, qui montre que « savoir écouter » donne « savoir se souvenir » qui est le meilleur moyen de s'aider soi-même et d'aider les autres. Dire ce qu'il faut dire au bon moment. Ce que voit l'œil est trompeur car c'est la vision d'une seule personne, alors que l'oreille enregistre et synthétise ce que des générations ont entendu.

Il y a aussi cet avis qui voit l'écrit comme un procédé qui encourage à la paresse car il évite l'effort de la mémoire et n'évolue pas comme l'oral. Et Bouki, le berger, est le « gardien de mémoire », le « berger de souvenir ». Même le sentier garde les traces de ceux qui passent. On le voit avec « sa peau trouée » souffrant par les sabots de la chèvre et puis l'unité fait la force sinon on finirait comme le vaniteux Mor Yacine, ce « haricot esseulé dans une marmite d'eau bouillante »[17]. On voit bien que toutes ces expressions reflètent l'oraliture qui se manifeste également, dans ces contes, par de nombreux genres de tradition orale comme les proverbes et les dictons et à titre d'exemples on cite : « Il vaut mieux être un bon marcheur que bouder contre l'étendue de

---

15. Ibid., p. 6.
16. Ibid., p. 13.
17. Ibid., p. 70.

la savane », « On a beau laver les entraves de L'âne, elles sentiront toujours l'urine », « La vérité dépend de qui la dit , aussi bien que de qui l'écoute » et par beaucoup de chansons en deux langues : la version originale et la traduction en français comme :

> *Un cheval au si long*
> *Très long cou !*
> *Qui sait si bien*
> *Très bien braire !*
> *(Fass vou gouda.*
> *Gouda batt !*
> *Té meuna*
> *Meuna N'gakhe !)*[18]

Il y a aussi énormément de passages qui contiennent de la sagesse : « L'on nous dit que Deug-la-Vérité a beau être une noctambule, elle ne couche jamais à la belle étoile. Encore faut-il, rectifiait Amadou Koumba, qu'elle se choisisse bien ses compagnons et compagnes ; et que parmi ses rencontres multiples, elle ne compte surtout point la Mauvaise Foi »[19]. *Les contes de Diop*, avec leur beau style, mettent en scène la sagesse et l'expérience des anciens, non seulement pour les valoriser et présenter leur profondeur morale, mais aussi pour montrer que l'Afrique a, elle aussi, une culture égale à la culture du colonisateur.

2.3. Le contexte historique

Les trois recueils concernés par cette étude datent des années 1950-1960, c'est-à-dire qu'ils sont écrits en pleine période de triomphe du mouvement de la « Négritude ». À cette époque, il s'agit pour beaucoup d'écrivains et d'intellectuels africains de faire, au moyen d'une langue de large diffusion (le français, dans notre cas), la promotion de la culture orale traditionnelle en Afrique, à partir de leurs répertoires ethniques, face à l'ignorance et l'arrogance de l'Occident qui croyait qu'une telle culture n'existait pas. Dans ce contexte, Birago Diop, par ses contes, a ouvert l'une des voies qui mènent

---

18. Ibid., p. 94.
19. Ibid., p. 6.

« à l'Esprit négro-africain »[20], selon l'expression de Roland Colin. L'esprit que les contes et tous les genres de l'oraliture mettent en scène pour montrer l'image d'un peuple imaginatif, tolérant, généreux, ingénieux, travailleur, ouvert, accueillant et festif.

3. Stratégies et enjeux
3.1. Tradition et écriture

On a exprimé, dans l'introduction,le regret de ne pas pouvoir comparer les versions orale et écrite de ces contes, mais fort heureusement, nous sommes tombée sur un article[21] de Jean Dérivé où il compare les deux versions d'un conte de Diop « les mamelles » figurant dans le premier recueil.

> [...] *beaucoup de procédés stylistiques (syntaxe recherchée, adjectifs, métaphores...) ou rhétoriques (longues descriptions du décor, du physique et de la psychologie des personnages, alternance du récit et du discours, procédés d'emboîtement) correspondent à des stratégies d'écriture consistant à habiller le conte oral africain selon des normes littéraires de la scripturalité qui le rendent plus consommable et qui le valorisent aux yeux d'un lectorat occidental censé être habitué à certaines conventions propres à la littérature romanesque*[22].

On constate, dans cette citation, qu'il y a un changement de point de vue car au lieu de voir les traces de l'oraliture, c'est-à-dire, la version orale dans le texte écrit, le critique se penche plutôt sur la version écrite, c'est-à-dire, sur l'écrivain Birago Diop lui-même qui se cache derrière la figure du griot. Et là, nous passons du conteur à l'écrivain, du conte oral à un texte littéraire joliment écrit. En effet, on peut lire, sur le site de l'auteur intitulé *Birago Diop, la Plume raboutée*, cette citation d'André Terrisse qui valorise l'écriture de Diop à ce niveau : « Mais Birago Diop a-t-il besoin de se renouveler, lui qui a hérité de tous les dons du conteur et qui a su les ajuster à une langue

---

20. Roland Colin, *Les Contes noirs de l'Ouest africain. Témoins majeurs d'un humanisme*, Paris, Présence Africaine, 2005, p. 44.
21. Jean Dérivé, « Le traitement littéraire du conte africain : deux exemples chez Bernard Dadié et Birago Diop », *Semen* [En ligne], 18 | 2004, mis en ligne le 29 avril 2007. Consulté le 02 mai 2021. URL : http://journals.openedition.org/semen/2226
22. Ibid.

française habilement assouplie à son usage, une langue solide, épaisse et douce à la fois, comme la peau de mouton de Sa M'Baye ? »[23].

Jean dérivé n'a peut-être pas tort en précisant que Diop a enjolivé le conte oral africain dans le but de le rendre attrayant aux yeux du lectorat occidental puisqu'on constate que les générations qui ont succédé à ces pionniers de la littérature africaine, dont Birago Diop, reprochent à leurs ainés ce souci de chercher constamment à plaire au lecteur occidental par la performance langagière. Pour ces nouvelles générations, l'essentiel est de sauver cette tradition orale qui est en train de disparaitre puisqu' « en Afrique, un vieillard qui meurt est une bibliothèque qui brûle »[24]. L'écrivain Amadou Hampâté Bâ, porte-parole de la tradition africaine, a passé sa vie à inciter les intellectuels africains au recueil systématique des textes oraux pour sauver le patrimoine culturel de l'Afrique :

> *Nous nous trouvons actuellement pour tout ce qui touche à la tradition orale, devant la dernière génération des grands dépositaires. C'est pourquoi l'effort de récolte doit s'intensifier dans les dix ou quinze années à venir, après quoi les grands mouvements vivants de la culture africaine auront disparu et, avec eux, les trésors irremplaçables d'un enseignement particulier, à la fois matériel, psychologique et spirituel, fondé sur le sentiment de l'unité de la vie et dont la source se perd dans la nuit des temps*[25].

C'est lui qui a résumé toute l'âme africaine avec ces mots : « Je suis un diplômé de la grande université de la Parole enseignée à l'ombre des baobabs »[26].

---

23. André Tirrisse, *Les "Contes et lavanes" de Birago Diop ou la leçon de M'Bam, l'âne.* URL : https://www.biragodiop.com/critiques/80-critiques/161-les-contes-et-lavanes-de-birago-diop-ou-la-lecon-de-m-bam-l-ane-par-andre-terrisse.html. Consulté le 8 mai 2021.
24. Cette phrase est attribuée à Amadou Hampâté Bâ. Il s'agit en réalité de la reformulation d'une partie de son discours prononcé en 1960 à l'UNESCO : « Je pense à cette humanité analphabète, il ne saurait être question de livres ni d'archives écrites à sauver des insectes, mais il s'agira d'un gigantesque monument oral à sauver de la destruction par la mort, la mort des traditionalistes qui en sont les seuls dépositaires. Ils sont hélas au déclin de leurs jours. Ils n'ont pas partout préparé une relève normale ».
26. Bernard Magnier, *Amadou Hampâté Bâ. Sur les traces d'Amkoullel l'enfant peul*, Arles, Actes Sud, 1998, p. 11.

3.2. Oraliture : stratégies

On a signalé que le contexte du mouvement de la Négritude, contexte de l'interférence continue entre dimension culturelle et dimension politique, encourageait une sorte de promotion de la culture africaine comme une forme de résistance au colonialisme, ainsi plusieurs stratégies discursives sont à relever. D'abord, à partir des titres, on remarque que les contes de Diop ont un auteur original, le griot Amadou Koumba, qui confère à ses textes des origines enracinées dans la tradition orale, et afin que que le lecteur occidental les reconnaisse comme authentiques et ancestraux.

Ensuite, la présence de l'oraliture dans ces contes est un rappel constant de la culture d'origine, une façon de préserver la mémoire et une voix qui s'impose et impose au lecteur d'y faire face à chaque fois qu'il rencontre un élément appartenant à cet univers et cela donne à ce genre d'écrit cet aspect assez particulier qui est le contact de deux langues ou deux cultures grâce aux traces de cette oraliture. Et puis, on rappelle que l'anonymation est l'aspect constitutif de la tradition orale, l'auteur importe peu et seule compte la qualité du conte créé. Bernabé, dans l'article déjà cité, aborde une question très importante qui pourrait se recouper d'une manière ou d'une autre avec cet aspect. Il remarque que la caractéristique de l'œuvre littéraire orale est d'appartenir, aussitôt créée, à tout le groupe social et que l'oraliture figure, dès lors,

> *non pas un état historiquement premier de la textualité mais bien une modalité seconde résultant d'une appropriation-désanonymation opérée, à travers les aléas de l'histoire, par l'instance collective [...] En d'autres termes, cette textualisation seconde est liée à une contextualisation de la parole : la désanonymation et la décollectivisation (individuation) de l'instance auctoriale. Ce double mouvement est l'indice d'un phénomène plus large qui est précisément le passage de l'oraliture à l'écriture*[27].

Conclusion

En fin de compte, c'est toujours le discours d'identité qui permet à un groupe de se définir, de s'affirmer et de se reconnaître. Ainsi, la problématique des

---

27. Jean Bernabé, « Fènwè et wè klè, le syndrome homérique à l'œuvre dans la parole antillaise », op. cit.

identités coloniales et post-coloniales africaines impose, non seulement, le système de valeurs mis en scène par le texte écrit, mais aussi et surtout les modalités d'expression comme c'est le cas pour les contes de Birago Diop fort imprégnés par l'oraliture qui est l'inscription dans le texte écrit de la littérature « parlée ».

Le rapport de l'écrivain à sa langue maternelle est très significatif car il l'a poussé à refaire le conte pour lui redonner sa nature orale et rétablir sa fonction traditionnelle en tant que représentatif d'une identité et d'un imaginaire africains. C'est là que nous pouvons considérer l'oraliture comme une façon d'agir puisque toute parole est action selon Austin, une arme efficace qu'on utilise et pour attaquer et pour se défendre.

Le contexte antagonique de la Négritude, dans lequel l'écrivain a publié ses contes, et l'idéologie coloniale fondée sur la minorisation des cultures colonisées ont déterminé le choix de cette oraliture qui traduit la démarche identitaire de l'écrivain et qui consiste à transposer dans ses textes écrits en français sa langue et sa culture ataviques comme forme de résistance et volonté de s'imposer comme discours riche, beau, authentique et tout à fait différent de celui que le colonisateur avait longtemps tenu sur la culture africaine.

Touria UAKKAS, Ph.D

Bibliographie

AUSTIN, John, *Quand dire c'est faire*, Paris, Minuit, 1970.

BÂ, Amadou Hampâté, *Vie et enseignement de Tierno Bokar, le sage de Bandiagara*, Paris, Seuil, 1980.

BARTHES, Roland, *Le Grain de la voix*, Paris, Seuil, 1981.

BELMONT, Nicole, *Poétique du conte : essai sur le conte de tradition orale*, Paris, Gallimard, 1999.

BERNABÉ, Jean, « Fènwè et wè klè, le syndrome homérique à l'oeuvre dans la parole antillaise », *Potomitan*, 2000. Consulté le 28 avril 2021. URL : https://www.potomitan.info/travaux/auvisiteur/fenwe.htm.

BERNABÉ, Jean, CHAMOISEAU, Patrick, CONFIANT, Raphaël, *Éloge de la créolité*, Paris, Gallimard, 1993.

BOUVIER, Jean-Claude, « La notion d'ethnotexte » in J-N Pelen et C. Martel (dir.), *Les voies de la parole – ethnotexte et littérature orales, approche critiques*, Les cahiers de Salagon 1, Provence, Publications de l'Université de Provence, 1992, pp. 9-22.

CALAME-GRIAULE, Geneviève, GOROG-KARADY, Veronika, *Le conte, pourquoi ? Folk Tales, Why and how ?*, Paris, CNRS, 1984.

CALAME-GRIAULE, Geneviève (éd.), *Le renouveau du conte*, Paris, Centre National pour la Recherche Scientifique, 1991.

CAUVIN, Jean, *La parole traditionnelle, Les classiques africains*, Paris, Les classiques africains, 1980.

CHEVRIER, Jacques, *L'arbre à palabre : essai sur les contes et récits traditionnels d'Afrique noire*, Paris, Hatier, 1986.

DIOP, Birago, *Les Contes d'Amadou Koumba* [1947], Paris, Présence Africaine, 1960.

---, *Les Nouveaux Contes d'Amadou Koumba* [préface de Léopold Sédar Senghor], Paris, Présence Africaine, 1958.

---, *Contes et Lavanes*, Paris, Présence Africaine, 1963.

HAGEGE, Claude, *L'homme de paroles : contribution linguistique aux sciences humaines*, Paris, Fayard, 1985.

HEIDMANN, Ute, ADAM, Jean-Michel, *Textualité et intertextualité des contes. Perrault, Apulée, La Fontaine, Lhéritier*, Paris, Classiques Garnier, 2010.

KERBRAT-ORECCHIONI, Catherine, *Les interactions verbales*, t. III Paris, Armand Colin.

MAGNIER, Bernard, *Amadou Hampaté Bâ. Sur les traces d'Amkoullel l'enfant peul*, Arles, Actes Sud, 1998.

---, « La vie et demie des littératures africaines », *Notre Librairie*, n° 78, 1985, pp. 5-7.

MOURA, Jean-Marc, *Littératures francophones et théorie postcoloniale*, Paris, Presses Universitaires de France, 1999.

Références électroniques

BELMONT, Nicole, « Couvrez-moi ce conte que je ne saurais voir », *Cahiers de littérature orale* [En ligne], n° 75-76 , 2014, mis en ligne le 16 mars 2016. Consulté le 2 mai 2021. URL : https://doi.org/10.4000/clo.1844

BERNABÉ, Jean « le syndrome homérique à l'œuvre dans la parole antillaise », *Potomitan*, 2000. Consulté le 28 avril 2021.
URL : https://www.potomitan.info/travaux/auvisiteur/fenwe.htm,

DERIVÉ, Jean, « Le traitement littéraire du conte africain : deux exemples chez Bernard Dadié et Birago Diop », *Semen* [En ligne], 18 | 2004, mis en ligne le 29 avril 2007. Consulté le 02 mai 2021.
URL : http://journals.openedition.org/semen/2226

TERRISSE, André, *Les " Contes et lavanes " de Birago Diop ou la leçon de M'Bam, l'âne*. Consulté le 8 mai 2021.
URL : https://www.biragodiop.com/critiques/80-critiques/161-les-contes-et-lavanes-de-birago-diop-ou-la-lecon-de-m-bam-l-ane-par-andre-terrisse.html

Pour citer cet article :

Tourias UAKKAS, « Le passage de l'oraliture à l'écriture comme stratégie de résistance et positionnement face au colonialisme. Cas des contes de Birago Diop », *Revue Legs et Littérature* nº 17, vol. 1, 2021, pp. -161-177.

L'oralité, un procédé d'écriture de l'histoire de l'indépendance au Cameroun dans *Une saison dans les montagnes de l'Ouest Cameroun* de Daniel Tongning

Membre de l'équipe de recherche en littérature comparée (ERLIC), Jean Boris TENFACK MELAGHO est doctorant à l'université de Dschang au Cameroun. Ses recherches s'inscrivent dans le cadre des Études françaises et francophones. Son champ d'étude est relatif à l'interdisciplinarité, au rapport que la littérature entretient avec les autres domaines de connaissance. Titulaire d'un Master II en Littérature et Sciences de langage, il est l'auteur de trois articles dont « Terres, eaux et récit dans Le Ventre de l'Atlantique *de Fatou Diome »,* Akofena, n°002 Vol.2, septembre 2020. *En 2018, il publie son premier roman,* De l'autre côté, *aux Éditions Publibook.*

Résumé

L'écriture romanesque de l'histoire de l'indépendance camerounaise que soumet Tongning à travers Une saison dans les montagnes de l'Ouest Cameroun *s'opère à l'observation par le croisement du narratif et de l'oralité. Le passé est construit au gré du mélange de genres. La porosité des frontières du texte romanesque qui s'illustre à grands traits, fait penser à l'idée que la littérature (africaine) peut bien recourir à d'autres formes de représentation pour faire valoir le sens du message qu'il transmet tant sur le plan idéologique qu'esthétique. Dans un contexte précis de réécriture de l'Histoire, la littérature emprunte, adopte et adapte ce qui lui est étranger. Elle s'organise en une sorte de rencontre de codes et présente une nouvelle configuration sans pour autant perdre sa légitimité. À ce titre, elle demande bien d'être attentif à ces codes étrangers, au lien qu'ils entretiennent avec ses modalités (récit, personnages...) si l'on veut vraiment saisir en profondeur l'idée qu'elle renferme. Le présent article met en lumière la portée de l'oralité dans l'élaboration du récit de l'indépendance au Cameroun. En se servant de la sémiotique, l'analyse va rendre compte des modes de figuration au sein de l'espace fictif ainsi que la signification de l'hétérogénéité générique qui en résulte.*

Mots clés

Caméroun, Récit, oralité, hétérogénéité générique, indépendance

L'ORALITÉ, UN PROCÉDÉ D'ÉCRITURE DE L'HISTOIRE DE
L'INDÉPENDANCE AU CAMEROUN DANS *UNE SAISON DANS LES
MONTAGNES DE L'OUEST CAMEROUN* DE DANIEL TONGNING

La volonté de témoigner du passé indépendantiste camerounais chez
Tongning s'est révélée surtout avec l'écriture de son roman *Une saison dans
les montagnes de l'Ouest Cameroun*, roman dans lequel, sur le plan thématique et esthétique, l'oralité contribue à la construction du message historique.
À l'effet d'en accroître l'expressivité, le romancier rompt manifestement avec
le radicalisme narratif pour recourir aux procédés structurel et scripturaire appartenant à l'univers oral. Dès lors, le lecteur détient le récit d'un évènement
historique où s'(entre)mêlent écriture et oralité, faisant ainsi relever la porosité des frontières du texte littéraire. C'est de la sorte qu'il incombe d'interroger la place de l'oralité dans l'écriture romanesque de l'histoire de l'indépendance au Cameroun, de voir en quoi ce code générique de « l'on-dit »[1] en est-
il vecteur de sens. Pour parvenir, il convient de montrer d'abord que la transmission orale de l'évènement historique résulte bien d'un devoir de mémoire.

---

1. Basile-Juleat Fouda et al., *Littérature Camerounaise, Club du livre camerounais* n°7, Cannes,
Presse de l'Imprimerie AEginta, 1961, p. 5.

Ensuite, il sera question d'expliquer que les divers codes oraux insérés dans le récit ont une incidence sémantique indissociable de la perception de la lutte nationale camerounaise. Pour terminer, en se focalisant sur le couple narratio-noralité, nous entendons justifier l'idée selon laquelle le choix de l'hétéro-généité générique concourt à l'adhésion du lecteur quant à la véridicité du récit historique qui lui est destiné.

Ces différentes articulations que nous déclinons ainsi pour rendre compte de la portée de l'oralité dans la mise en texte du passé indépendantiste au Came-roun s'opère sous le prisme de la sémiotique qui, en quelque sorte, s'intéresse au signe comme instance génératrice de sens ou comme élément textuel à charge sémantique. Cette approche va donc servir de canevas méthodologique à l'analyse des signes du récit se rapportant à l'oralité.

1. L'indépendance, un évènement historique *conté* par devoir de mémoire

Le roman de Tongning, historique, ne présente pas une configuration iden-tique à celle des pionniers. Au détriment d'un récit unique à un seul narrateur, ce roman se forge à partir de l'association de plusieurs récits dont nombreux sont les souvenirs des personnages rescapés de la guerre pour l'indépendance. Il s'agit par là d'un roman composite ; un roman où chaque récit représente précisément une partition au macro-récit. Dans ces récits, le lecteur vit l'évè-nement historique à travers l'organisation des personnages à la manière de la palabre[2], cette tradition africaine de transmettre la mémoire collective par rassemblement voulu dans l'espace ouvert. L'auteur emprunte ici à l'oralité un procédé structural qui consiste à mettre en scène un opérateur (vieillard, griot, conteur…) censé restituer la parole originelle[3]. C'est ainsi que dans l'édifice fictionnel, l'évènement historique va refaire surface sous le mode de « récit adressé »[4]. À l'observation, le romancier dispose ses personnages dont le rôle pour certains est de conter l'histoire de l'indépendance et pour d'autres, d'en écouter. Si les premiers – car dépositaire de la mémoire – font office de passeur de mémoire, les seconds se veulent récepteur ou alors quêteur de la mémoire de l'évènement historique.

2. P. Vézinet, *Poésie africaine*, Paris, Hatier, 1969, p. 3.
3. Jacques Chevrier, *Littératures francophones d'Afrique noire*, Paris, ÉDISUD, 2006, p. 176.
4. Antony Mangeon, « Les parentés narratives dans l'œuvre de Tierno Monénembo », in Van Den Avenne Cécile (dir), *Tierno monénembo*. Paris : Classiques Garnier, (sous presse), 2015.

Ce procédé de récit-adressé dans notre contexte se bâtit par la dynamique du jeu question-réponse. Aux questions posées, proviennent des réponses qui fonctionnent comme des récits explicatifs du passé. La mise en commun des personnages pour assumer et assurer cette manière littéraire n'est pas fortuite. Elle est consciente puisqu'elle relève d' « une histoire que personne n'ose aujourd'hui raconter, mais que voici quelques-uns [des] souvenirs réunis »[5]. L'histoire reproduite donc par le romancier est régie en contexte post-colonial par un devoir de mémoire entendu comme « [...] promesse d'une rupture définitoire avec les égarements du passé »[6], « le devoir de rendre justice par le souvenir, à un autre que soi »[7]. Pour illustrer notre propos, nous retenons les récits *Être la sentinelle*[8], *Le jour où la peur s'empara du monde*[9] et *Les protagonistes*[10].

Au sujet du premier récit, les personnages sont mis en scène tel que Tetchéomo apparaît comme conteur de la guerre dont il est d'ailleurs rescapé et Natemo, écouteur passionné de cet évènement qui va lui être conté. Voici comment cette mise en scène se représente :

> *On était déjà en guerre. Ce soir-là, la nuit était tombée et nous étions presque à la douzième heure. Pa Yiseph, Robah mon père et moi Tetchéomo sortîmes de la maison de ma tante Mama NtocK.*
> *– Mama Ntock, comprends-tu, dit Tetchéomo à Natemo qui religieusement l'écoutait, était ma tante. C'était une très belle femme. [...]*
> *– Et l'histoire alors, questionna Natemo.*
> *– Oui, mais, attends un peu.*
> *– Moi j'ai envie de savoir, dit Natemo.*
> *– Sa maison, continua Tetchéomo, était une case de quatre chambres, et toute notre famille de Mengnhé s'y était réfugiée[...].*
> *– Et l'histoire alors ?*
> *– La voici !*
> *– Raconte*[11].

5. Daniel Tongning, *Une saison dans les montagnes de l'Ouest Cameroun*, Paris, Mon Petit Éditeur, 2011, p. 55.

6. Brigitte Krulic, *Écrivains, Identité, mémoire. Miroirs d'Allemagne*, Paris, Autrement, 2001, p. 3.

7. Paul Ricœur, *La mémoire, l'histoire et l'oubli*, Paris, Seuil, p. 105.

8. Daniel Tongning, *Une saison dans les montagnes de l'Ouest Cameroun*, op. cit., p. 17.

9. Ibid., p. 23.

10. Ibid., p. 29.

11. Ibid., p. 17.

Disposé donc à livrer le récit d'*être la sentinelle* à Natemo curieux d'en savoir, Tetchéomo, l'ancien combattant, raconte :

> *– Lorsque sous la conduite de mon père nous sortîmes de la case, nous trouvâmes ce soir-là, à environ cent mètres de la case, dans la brousse, un endroit accueillant entre les herbes, hautes comme deux grands bonhommes superposés, pour étendre notre natte, et nous coucher, la tête tournée vers le haut de la montagne et, comme nous avions, inconsciemment confiance au ciel, nous nous couchions alors sur le côté. Comme j'étais couché entre Pa Yiseph et mon père j'attendis un peu que tous les deux aient sommeil et alors, je me mettais sur le dos, les yeux vers le ciel, pour regarder les étoiles, sachant que, à cette heure-là de la nuit, les avions rouges de l'armée ne viendront pas bombarder [...]*[12].

De cette réplique-récit, nous relevons que le conteur Tetchéomo avait été, durant la guerre pour l'indépendance de son pays, soldat de l'armée de libération comme son père et son oncle. Il est soucieux de la sécurité des membres de la collectivité à laquelle il appartient. Il tient donc à informer de la présence des avions qui viendront démolir le village en raison de la chasse aux nationalistes. Natemo qui l'écoute attentivement va l'interrompre. Il désire savoir pourquoi la crainte des soldats de l'armée du pouvoir : « - Pourquoi aviez-vous peur de ces soldats, reprit Natemo »[13]. Tel sera ainsi jusqu'à la fin du récit le modèle d'énonciation à travers lequel le passé historique se redécouvrira.

Le scénario observé, dans ce premier récit, est bien celui de *Le jour où la peur s'empara du monde* où ern effet, la transmission de la mémoire de l'évènement historique repose sur l'interaction des personnages dont Nana, Kotcho et Gatchou Mooto. Dans la scène du récit, c'est Nana qui a la charge de raconter cet évènement aux autres personnages arrivés l'un après l'autre[14]. L'organisation des personnages faite, le décor planté donc, c'est alors que le témoin va se souvenir de ce que fut la volonté des upécistes camerounais d'être indépendants et réunis en face de l'hostilité française incarnée par le haut-commissaire Joseph Mesmer.

---

12. Ibid., p. 118.
13. Ibid., p. 19.
14. Ibid., pp. 25-26.

*Um et ses amis, disait-on, voulaient maintenant et tout de suite, la
réunification des Kameruns, et l'indépendance dans la foulée du
pays réunifié, [...]. Comme Um et ses amis semblaient déterminés
et que la volonté de mettre fin au mandat s'épanouissait, un malin
Haut-commissaire, Messmer, un Politique certainement, les enten-
dit. Mais, Malin comme il était, il réaffirma, pour se donner les
moyens de négocier, le maintien de la tutelle confie à Flatsi[15], et en
même temps, souhaita en bon tacticien, la médiation d'une tierce
partie. Il sollicita les bons offices d'un prélat camerounais[16].*

Au regard du récit de Nana, pour contrecarrer la cause upéciste, Mesmer opte
pour une franche collaboration avec les Camerounais. L'autorité française en-
visage ainsi de resserrer le lien entre son pays et le Cameroun malgré la levée
de la tutelle qui se pointe à grands traits. Plus loin, l'on note, dans le récit de
Nana, la passeuse de mémoire, que l'indépendance qui fera suite à la levée de
la tutelle sera rejetée en raison du lien fort qui existe entre la puissance euro-
péenne et le pays sous tutelle. Alors, « La question de la véritable indépendance se posera toujours parce que Ayidjou Nkessag[17] qui reçut le pouvoir des
mains des Flatsi, et qui n'avait pas combattu pour que les Kamerouns de la
tutelle fussent restaurés dans l'unité du Kamerun authentique, celui d'avant la
tutelle, sera désormais regardé en complice de la confiscation de la véritable
indépendance par les Flatsi. Et alors, ennemi avec Pouoh Flatsi, de la véritable
indépendance, il sera combattu et à travers lui, Flatsi par des patriotes »[18].

L'échange des personnages qui occupent la scène dans le dernier récit porte
sur les raisons pour faire la guerre. Du passage qui suit, il s'agit de Kiatezo
Montcho-tcho, Nkem Tégu et Missieh Ngui.

*Le Kameroun originel, pour lequel on se battait dans les
montagnes de l'Ouest, était-il différent de la réalité, s'interrogea
en silence Kiatezo Moutcho-Tcho qui, il faut le dire, avait écouté
Nkem Tégu et Messa Money, deux gens qui lui semblaient dire les*

---

15. Le terme Flatsi est traduit du yemba dans le roman par « France ». Daniel Tongning, *Une
saison dans les montagnes de l'Ouest Cameroun*, op. cit., p. 19.
16. Ibid., pp. 26-27.
17. Il s'agit là du nom romancé du président de la république du Cameroun Ahmadou Ahidjo.
18. Daniel Tongning, *Une saison dans les montagnes de l'Ouest Cameroun*, op. cit., p. 28.

choses en intellectuels. Kiatezo Moutcho-Tcho résolut d'en dis-
cuter avec Missièh Ngui. Messièh Ngui comptait ses années d'exis-
tence au début de cette fameuse saison dans les montagnes de
l'Ouest. Kiatezo Moutcho- Tcho alla jusque dans sa concession
située non loin de l'école publique de Mengnhé, se présenta
comme une nouvelle connaissance et, de suite, l'entraîna dans la
cour, sous un arbre dont l'ombre était bienfaisante en saison
sèche[19].

C'est à partir de la question de Missièh que l'histoire de l'indépendance dans sa relation avec les raisons pour faire la guerre va se conter. À Kiatezo, celui-ci demande : « Quelles raisons avaient ces gens de Flatsi de rester ici et de vouloir pour eux, garder la main sur le Cameloun, notre Cameloun ? »[20]. À l'écoute du conteur, il y a lieu de retenir que la lutte pour l'indépendance au Cameroun est née du besoin de mettre un terme aux malaises « du trauma-tisme colonial » ajouté à celui de reconstituer le pays alors partagé entre les puissances européennes (La France et la Grande Bretagne)[21].

On l'aura compris, l'écriture romanesque du passé indépendantiste au Came-roun, dans le roman de Tongning, s'élabore au gré du procédé de l'oralité, celui de la transmission orale entre personnages réunis, les uns étant passeurs de mémoire et les autres récepteurs. Lors de notre analyse, l'on a relevé un certain enthousiasme qui caractérisait l'exercice de la mémoire au cours de son effectuation. Autant il y avait ce plaisir de ressusciter le passé autant il y avait également ce plaisir de le recevoir. Cependant, dans maints récits, émergent des codes oraux bien en rapport avec l'évènement historique.

2. Le récit d'un évènement historique parsemé de codes oraux

Daniel Tongning s'intéresse davantage à l'oralité pour dire l'indépendance de son pays lorsqu'il introduit dans son récit quelques codes relatifs à ce genre littéraire typiquement africain. À ce propos, l'on assiste à la déstructuration de la trame narrative qui, par ailleurs, permet de voir, à la surface du texte, des formes de représentation relevant de l'étranger. Ceci est fortement admis par-ce que, selon Jacques Chevrier, « l'entrée en dialogue de l'écrit avec l'oral se

---

19. Ibid., p. 28.
20. Ibid., p. 33.
21. Ibid., p. 33.

manifeste par la pratique du collage qui consiste à insérer dans le corps du texte des fragments (proverbes, contes, fables etc.) empruntés à l'oralité... »[22]. De ce point de vue, il découle que le roman dispose des frontières poreuses et qu'il :

permet d'introduire dans son entité toutes espèces de genres, tant littéraires (nouvelle, poésie, poèmes, saynètes) qu'extralittéraires (études de mœurs, textes rhétoriques, scientifiques, religieux, etc.) En principe, n'importe quel genre peut s'introduire dans la structure d'un roman, et il n'est guère facile de découvrir un seul genre qui n'ait pas été, un jour ou l'autre, incorporé par un auteur ou un autre. Ces genres conservent habituellement leur élasticité, leur indépendance, leur originalité linguistique et stylistique. [...] Tous ces genres qui entrent dans le roman, y introduisent leurs langages propres, stratifient donc son unité linguistique et approfondissent de façon nouvelle la diversité de ses langages[23].

La sagesse, le chant ainsi que des formules de mise en garde sont les particularités orales avec lesquelles le récit de l'évènement historique se construit et fait sens dans le roman de Tongning. La sagesse que l'on va percevoir est un conseil qui, comme le proverbe, est l'énoncé d'un savoir (Njoh Moullé). Telle qu'elle est dite dans le texte, elle est partagée par les individus appartenant à une même collectivité ou clan. À partir de la portée du message qu'elle véhicule, cette forme de pensée se veut bien règle de conduite pour le groupe. En outre, différente d'une citation par le fait d'être du registre de l'anonymat, elle a ceci d'intéressant qu'elle est construite sur la somme d'expériences collectivement vécues, dont sont tirées des leçons de vie élaborées et retransmises de génération en génération[24]. Évoquée dans le récit de l'indépendance camerounaise, elle est un conseil sur comment éviter la répression qui fait beaucoup de ravages dans le village Baleveng. À la question donc de savoir « pourquoi fallait-il que vous alliez vous coucher dans les champs, parmi les hautes herbes » le combattant Tetchéomo répond : « - La peur d'être surpris entre les murs hantait tout le monde. **Une sagesse disait alors qu'en temps de guerre, les membres d'une même famille ne devaient pas rester ensemble au même endroit.** Il fallait se séparer pour que, s'il y avait une

---

22. Ibid., p. 34.
23. Jacques Chevrier, *Littératures francophones d'Afrique noire*, op. cit., p. 176.
24. Michaël Bakhtine, *Esthétique et théorie du roman*, Paris, Gallimard, 1978, p. 141.

attaque de l'armée, un bombardement, qu'il n'y ait que des vivants et, même si la mort frappait, qu'elle ne frappât pas tout le monde »[25].

La sagesse ou alors le conseil perçu dans cette réplique est doté d'une signification qui montre en quoi il est au service de la quête de l'indépendance. Afin de se mettre à l'abri des opérations militaires des soldats de l'armée du pouvoir, il importe de se séparer. C'est de la sorte qu'il pourrait bien avoir des rescapés, ceux-là qui auront donc à travers la sagesse, échappé aux opérations militaires.

Un autre code oral que Tongning introduit dans son roman est le chant. Ce symbole d'unité et marqueur d'identité est appréhendé par Jean Guy Cintas comme « un mode de fixation de la mémoire dans les traditions orales, avant que l'écriture ne prennent le relais, mais aussi un moment nécessaire dans la reviviscence du passé »[26]. Celui que nous avons dans notre roman d'étude est un chant patriotique centré en effet sur la revendication de l'indépendance. La France et ses collaborateurs, avec force, sont exclus du territoire camerounais. D'où :

Dites à Flatsi de prendre ses affaires,
De prendre ses affaires et de s'en aller
Ses cliques et ses claques et de s'en aller.
De prendre, de prendre ses affaires, et de s'en aller.
Chassons les gens à la tête casquée (soldats)
Qu'ils prennent leurs cliques et leurs claques et de s'en aller.
Qu'ils prennent, leurs affaires, et s'en aillent.
Commandons à ceux qui vendent notre pays de suivre, De suivre
Flatsi chez elle,
De prendre, de prendre leurs affaires, et de s'en aller[27].

Comme on peut le constater, ce chant invite la France et collaborateurs à quitter le Cameroun. C'est, en fait, le chant de révolte d'un groupe déterminé

25. Ibid., p. 18.
26. Jean Guy Cintas, « Poésie et Mémoire. L'efficacité du chant généalogique », Danielle Bohler (dir), *Le temps de la mémoire, la rupture, l'empreinte*, Bordeaux, Presses Universitaires de Bordeaux, 2006, pp. 237, repris par Arsène, Magnima Kakassa, *L'écriture de la mémoire dans le roman africain et antillais contemporain : À propos deTierno Monénembo et Maryse Condé*, thèse de doctorat, Université de Lorraine, 2013, p. 109.
27. Ibid., p. 54.

à se défaire de la présence française. À travers les impératifs « dites/chassons/commandons » et le subjonctif présent « qu'ils prennent... », la libération du pays, plus qu'un souhait, est une injonction, un ordre à exécuter. Les Français ainsi que leurs collaborateurs doivent impérativement prendre le large, ils doivent libérer le territoire camerounais.

Pour ce qui est du dernier code oral, ces formules de mise en garde qui se considèrent comme stratégie de défense, sont adoptées par les soldats de l'armée de libération soucieux de mener à bien leur mission ; celle de libérer leur pays du joug colonial français. Comme il s'agit des Indigènes, ces formules de mise en garde sont dites en leur langue locale (Yemba). « *Ndzon nonci, Meng ngouet* » (s'il y a un espion, je le dépièce)[28]. En effet, la reprise de ce code marque la cohésion sinon l'harmonie qui existe au sein du groupe. Les soldats de l'armée de libération se doivent de le prononcer de manière synchrone s'ils veulent être à l'abri du surgissement de l'ennemi tapi dans l'ombre. Adopté en contexte belliqueux, il instaure la confiance, renforce la sécurité et exige de la prudence. Autant alors retenir qu'ici, l'indépendance est aussi légitime qu'elle nécessite dans la bataille pour son obtention un code partagé conséquemment par les membres du groupe.

Au terme, tous les codes oraux perçus dans nos textes sont bien en rapport avec l'histoire de l'indépendance au Cameroun. Ils sont tous du registre des dominés c'est-à-dire des combattants de la liberté. L'on les considère au vu de leur portée comme des armes de combat quoiqu'ils soient abstraits ou immatériels. La sagesse en l'occurrence est stratégie de survie, le chant d'exclusion de l'ennemi et les formules de mise en garde de prudence. Toutefois lorsqu'on interroge le couple narration- oralité qui caractérise le récit, l'on incline beaucoup à admettre qu'il correspond au désir de persuasion de la véracité de l'évènement historique pris en charge par le romancier.

3. Narration-oralité : l'hétérogénéité générique de la persuasion ?

Comme nous l'évoquions, le roman de Tongning propose une esthétique qui le particularise du roman historique classique. En effet, il semblerait que le modèle de récit unique n'ait pas convenu à l'auteur pour rendre compte des multiples évènements qui se sont déroulés pendant la guerre de libération au Cameroun. Avec ce roman, l'auteur soumet au lectorat un récit composite de

---

28. Ibid., p. 53.

l'évènement historique dont les faits pris en charge apparaissent pour la plupart sous forme de témoignages des rescapés. Ce roman se distingue donc par l'absence d'une narration continue de l'évènement par le biais d'un seul et même narrateur. Les récits élaborés d'une manière autonome se différentient néanmoins par la voix narrante. Tantôt il est question d'un récit où se mêlent différents narrateurs, tantôt il est question d'un récit à narrateur unique. Aussi convient-il de rappeler que nous allons sélectionner les récits qui ont un lien étroit avec l'évènement historique notamment deux récits polyphoniques[29], « Les signes annonciateurs » et « La guerre ».

D'entrée de jeu, nous signalons que ces deux récits se caractérisent par la présence d'un premier narrateur anonyme, non participatif à l'histoire racontée. Dans « les signes annonciateurs » ce premier narrateur se présente dès l'ouverture du récit comme commentateur de la situation du Cameroun à l'approche de la guerre. Il affirme :

> *Ce jour-là, la splendeur, s'agissant de la lumière, des évènements heureux qui devait l'éclairer, n'avait pas été fameuse. Les voix, presque des chuchotements, en plein jour de mars, traduisaient la peur et l'incertitude quant au lendemain : la peur, la peur de l'avenir qui hantait les esprits. […] Le destin, en ce temps-là, dans ces montagnes de l'Ouest camerounais, pouvait-il encore être maîtrisé ? Le maîtrisait-on déjà depuis que la levée de la tutelle sur le Cameroun était demandée ? Et depuis qu'on apprit que le Cameroun, pupille des Nations Unies, s'émancipera et que le début des hostilités se fît le jour même de son entrée dans les rangs des nations libres ? C'était, il faut le savoir, le noir avenir qui, tranquillement, orgueilleusement, attendait, avec des obstacles dressés devant les hommes et des femmes perdues par les batailles idéologiques et d'intérêts, des obstacles dressés en pièges inévitables, pour les conduire au trépas[30].*

Lorsqu'il raconte effectivement cette guerre à Baleveng, il prend la figure d'un narrateur hétérodiégétique, absent des faits qu'il rapporte. Incarnant probablement l'auteur, c'est d'un point de vue externe qu'il livre son récit :

29. La polyphonie, selon Bakthine réfère à la pluralité de voix orchestrée dans l'espace romanesque. Ce terme est apparu dans ses travaux portant sur la poétique romanesque de Dostoïevsky.
30. Daniel Tongning, *Une saison dans les montagnes de l'Ouest Cameroun*, op. cit. pp. 13-14.

Décembre 1959 avait rapidement supplanté novembre. La saison
sèche était bien là et les camions militaires traversant Baleveng
vers Dschang soulevaient des nuages de poussière rouge qu'on se
dépêchait de cracher après l'avoir avalée. Cette saison s'installa,
l'eau des rivières n'était plus là ; janvier 1960 apporta l'indépen-
dance et la guerre agissante [...]. Ndzem Toh, une région de Bale-
veng, était, dans l'esprit des populations, un lieu idéal pour se
cacher et se protéger des coups répétitifs de l'armée, et la majeure
partie d'elles s'y était refugiée pour, à la première attaque, se
précipiter sous la forêt formée par les raphias [31].

Puisque selon lui cette guerre se faisait « pour la dignité et pour le recou-
vrement de la liberté [...] »[32] son récit peut être relayé par celui de Motoh
Molag personnage rescapé de cette guerre. « La guerre était là. On annonçait,
selon des informations du service secret de l'armée clandestine, celle des patriotes qu'on nommait Arnalika, une intervention de l'armée envoyée par
Ayidjou Nkessang. Tout le monde était à l'affût, et voulait être le premier à
apprendre le début des opérations »[33].

Narrateur autodiégétique (car il s'agit d'un héros de cette guerre) Motoh
Molag met en œuvre un récit complémentaire à celui du premier narrateur. Le
lecteur dispose ainsi de deux récits réunis d'un même évènement, celui d'un
narrateur anonyme et celui d'un personnage-narrateur. Nous observons également la présence de ces deux types de narrateur dans le récit de « La guerre ».
En fait, avec ce second récit polyphonique, le premier narrateur est hétérodiégétique à l'histoire de la rescapée Metang Mbou qu'il narre dans un temps
présent.

Metang Mbou, jeune femme de 57 ans aujourd'hui, n'a rien perdu
de sa beauté [...]. Jeune fille, elle avait fui, aux côtés de sa mère,
une mère que suivaient ses cinq autres frères et sœurs de cachettes
en cachette. Ils fuyaient la guerre ; une guerre qui était partout et
nulle part à la fois. Je vais dire qu'on ne savait pas où elle vous
rattrapera, vous mutiler ou vous poussez au trépas[34].

31. Ibid., pp. 14-15.
32. Ibid., p. 15.
33. Ibid., p. 15.
34. Ibid., p. 49.

Le récit à focalisation externe de ce premier narrateur est secondé et attesté par celui de la rescapée. Narratrice homodiégétique. Elle raconte :

> *On fuyait ; oui on fuyait. C'était la saison de la guerre ; une saison de guerre dans les montagnes de l'Ouest Cameroun. C'était, pendant cette saison-là, une saison qui dura de l'an 1959 à l'an 1963. Cette saison-là n'avait de saison que ce temps dominé par le mal, ce continuel mal qui torturait les esprits, distribuait les douleurs psychologiques, morales, et poussait à l'errance les familles et enlevait la vie : aux vieux, aux adultes et à la jeunesse. On se cachait sans savoir comment et où car, le danger était partout. Elle était terrible. Maligne, elle mettait en œuvre toute une stratégie militaire : le nettoyage du maquis*[35].

Présente dans son récit à travers le pronom indéfini « on », marque ici de généralisation et d'inclusion, cette narratrice montre qu'elle appartient à un groupe menacé par la guerre. Elle est pour ceci le porte-parole d'une collectivité victime des attaques meurtrières de l'armée du pouvoir. Malgré la différence de rapport à l'évènement narré qu'il y a entre ce second narrateur et le premier narrateur, il convient de relever que leurs récits partagent une même vision de la guerre. Pour eux, celle-ci avait été une véritable menace pour les populations de Baleveng. Cependant, si pour le premier narrateur il était difficile de circonscrire le danger de cette guerre, pour le second, elle ne visait rien d'autre que l'anéantissement du maquis. Ces deux récits en fin de compte, comme les précédents, sont bien des témoignages réunis d'un même évènement.

Ainsi, l'on peut dire que les voix narratives hétérogènes qui se mêlent dans ces deux récits du roman de Tongning correspondent à cette volonté de convaincre du déroulement de la guerre à Baleveng lors de la lutte de la libération nationale. Deux narrateurs hétérogènes sont mis en scène, à ce titre, dans chaque récit, pour en témoigner des manifestations et des dangers aux lecteurs.

Au sujet des récits monologiques, ces récits-témoignages, les narrateurs sont présents dans l'histoire qu'ils narrent. Ce sont en fait des personnages qui font le récit d'un évènement dont ils sont acteurs. Il s'agit donc des narrateurs-per-

---

35. Ibid., p. 50.

sonnages qui racontent l'histoire en adoptant une perspective interne. À l'évidence, comme nous allons le voir, les récits qu'ils fournissent sont les témoignages de la guerre à Baleveng.

À propos du récit « Les enfants de la guerre » le narrateur propose un récit où il fait partie des enfants soldats de la guerre. C'est par le pronom indéfini « on » remplacé parfois par le « nous » inclusif qu'il relate ses aventures d'enfant soldat. Dans son récit, il évoque tour à tour la tactique de détection de l'ennemi, les exercices de guerre ainsi que l'exécution du chant patriotique dont le thème est la libération nationale[36]. Toutes ces activités menées pendant la guerre sont évoquées sous l'angle du rappel. C'est au moyen des souvenirs que ce narrateur nous fait ainsi vivre son implication dans la guerre. Et lui de préciser : « Ces choses-là se passaient dans les années de guerre d'indépendance au Cameroun »[37]. Acteur donc de cette guerre, ce narrateur autodiégétique dispose d'un statut légitime pour prétendre à la crédibilité d'un récit qui se veut finalement contestataire du silence post-colonial sur la guerre à Baleveng.

Dans le récit « Mon oncle, le rescapé », « Tekouzou » se donne pour narrateur autodiégétique. Son récit fait état de la répression de l'armée dont son oncle, son père et lui furent des victimes et des rescapés. Au moment de raconter cet évènement, il tient un discours révélateur de la lucidité de ses souvenirs. Cet évènement aura été, en effet, d'un impact qu'il se sera gravé, et ce, définitivement dans la mémoire de ce dernier. Aussi s'écrit-il « Je n'ai pas oublié, c'est gravé dans ma mémoire et il me semble que c'était ce matin [...] Je n'ai pas oublié [...]. Vous autres qui m'interrogez, écoutez [...] »[38]. Il y a donc une volonté manifeste chez ce narrateur de faire le témoignage d'un évènement qui l'aura particulièrement marqué. Dans le récit, il est au centre de l'action. En raison des opérations militaires de l'armée, il est inquiet de la sécurité des membres de sa famille. Il est bien gêné à l'idée de ne plus les revoir.

Mon père et moi, nous qui avions couru toute la journée d'un lieu à un autre mais loin du champ de la bataille, étions isolés et craignons d'être les seuls survivants de la famille. J'avais peur de ne plus jamais voir mes frères et sœurs, d'être réduit à

36. Ibid., pp. 53-54.
37. Ibid., p. 55.
38. Ibid. p. 69.

contempler les cases de mes mères et craignais ce que pouvaient
être les désarrois de mon père[39].

Le récit héroïque de son oncle qu'il rapporte dévoile l'envergure de la menace militaire. Les attitudes de survie à la guerre s'articulent en termes de camouflages végétales. La victime est dépareillé et souffrant au moment où elle rencontre le narrateur et son père.

> [...] *Tout d'un coup, nous vîmes monter vers nous, et ce de loin,*
> *un homme, les bras croisés sur la poitrine, seul moyen pour lutter*
> *contre le froid et réguler les tremblements qui le secouaient, mon-*
> *ter vers nous. Quand il fut tout près, nous étions heureux : C'était*
> *mon oncle Marcel, il tremblait [...]. Il nous expliqua qu'il avait*
> *passé la journée, couché dans l'eau et couvert d'un épais manteau*
> *d'herbes et de branchages naturellement rangés sous lesquels il*
> *s'était glissé, et sur lequel passa une troupe nombreuse des sol-*
> *dats. Jusqu'à sa mort, il souffrit de mal de dos et de ses côtés*
> *contractés ce jour-là [...] Il nous fallait continuer notre marche*
> *vers la plaine pour chercher les nôtres* [40].

Ce récit à focalisation interne a la conséquence de créer une proximité accentuée entre le lecteur et l'histoire racontée. Le narrateur entraine ainsi le lecteur dans une guerre où il se sent impliqué, il est captivé et accroché à un récit qui, en réalité, vise à le convaincre de la vérité des faits relatés. Puisqu'il s'a-git d'un autre témoignage, nous sommes portés à croire que Tongning aurait écrit pour traduire et vulgariser les souffrances des dominés issues de la guer-re de l'indépendance à Baleveng.

On pourra conclure après cette étude du roman de Tongning que les narrateurs directs de l'histoire du nationalisme sont bien des passeurs de mémoire. À travers un retour dans le passé, ils exposent dans leur récit les menaces d'une guerre à laquelle ils ont pris part et dont ils gardent les souvenirs. Eu égard à la portée du message transmis dans ces récits, il est fort admissible que la volonté et le besoin de témoigner de la guerre à Baleveng répondent bien à un devoir de mémoire dont l'objectif primordial est la rupture avec le silence.

---

39. Ibid., p. 70.
40. Ibid., p. 71.

Enfin, une lecture objective du passé indépendantiste que prend en charge Tongning dans son roman *Une saison dans les montagnes de l'Ouest Cameroun*, ne saurait en réalité se départir de l'oralité tant celle-ci en est vectrice de sens. Tout au long de notre réflexion, nous avons montré en quoi elle participait dans la formulation du message historique destiné au lecteur. En effet, elle offrait au roman son procédé de palabre et certains de ses codes dont la sagesse (conseil), le chant et des formules de mise en garde. En outre, en l'associant à la narration pour finalement faire le choix de l'hétérogénéité générique comme stratégie d'écriture, l'auteur avait pour objectif d'appeler à l'adhésion du lecteur quant à la crédibilité de la version de l'évènement historique (ra)conté. Ceci nous pousse à dire que, le roman de Tongning pourrait être considéré, au bout du compte, comme celui de « la synthèse de l'écriture et de l'oralité »[41].

Jean Boris TENFACK MELAGHO, PHDC

41. Jacques Chevrier, *Littérature nègre*, Paris, Armand Colin, 1990, p. 6.

Bibliographie

BAKHTINE, Michaël, *Esthétique et théorie du roman*, Paris, Gallimard, 1978.

CHEVRIER, Jacques, *Littérature nègre* [1984], Paris, Armand Colin, 1990.

---, *Littérature francophone d'Afrique noire*, Paris, ÉDISUD, 2006.

FOUDA, Basile-Juleat et al., « Littérature Camerounaise », *Club du livre camerounais* n°7, Cannes, Presse de l'Imprimerie AEginta, 1961.

KRULIC, Brigitte, *Écrivains, Identité, mémoire. Miroirs d'Allemagne*, Paris, Autrement, 2001.

MANGEON, Antony, « Les parentés narratives dans l'œuvre de Tierno Monénembo », Van Den Avenne Cécile (dir), *Tierno monénembo*, Paris, Classiques Garnier, (sous presse), 2015.

NGETCHAM, « De l'ici à l'ailleurs. De l'écriture du terroir à la quête d'une identité pluriculturelle dans *Le Ventre de l'Atlantique* de Fatou Diome », *French Studies in Southern Africa* n°49, 2019, pp. 181-202.

RICŒUR, Paul, *La mémoire, l'histoire et l'oubli*, Paris, Seuil, 2000.

TONGNING, Daniel, *Une saison dans les montagnes de l'Ouest Cameroun*, Paris, Mon Petit Éditeur, 2011.

VÉZINET, P, Poésie africaine, Paris, Hatier, 1969.

Pour citer cet article :

Jean Boris TENFACK MELAGHO, « L'oralité : un procédé d'écriture de l'histoire de l'indépendance au cameroun dans *Une saison dans les montagnes de l'ouest Came- roun* de Daniel Tongning », *Revue Legs et Littérature* n° 17, vol. 1, 2021, pp. 179-196.

La littérature marocaine de langue française et l'implémentation des valeurs. Cas de la quatrième génération à travers *La vieille dame du riad* de Fouad Laroui

Abdellah MHAILI est Inspecteur pédagogique de langue française-cycle secondaire à la direction provinciale d'El hajeb-Maroc, il est Membre du laboratoire « cultures, représentations, éducation, didactique et ingénierie de formation », de faculté des Lettres et des Sciences Humaines, Dhar El mehrèz-Fès-Maroc.

Résumé

La littérature marocaine de langue française est une entité à part entière qui s'est émancipée d'un Tout appelé la littérature francophone. Elle est passée par plusieurs phases, depuis les dernières années du protectorat français jusqu'à l'avènement du troisième millénaire. Les écrivains adeptes de cette littérature se sont intéressés aux préoccupations et aux aspirations de la société marocaine. Parmi les paradigmes omniprésents dans leurs écrits, les valeurs. Elles sont soit déclarées ou sous-jacentes à travers les archétypes (personnages référents). En outre, il est à noter qu'il existe souvent dans ces écrits un certain conflit axiologique via des antagonismes entre les protagonistes ou même dans les entrailles du même personnage. Un exemple qui illustre ces constats est avancé. Il est question de La vieille dame du riad *de Fouad Laroui.*

Mots clés

littérature marocaine, langue française, culture, valeurs, Histoire

LA LITTÉRATURE MAROCAINE DE LANGUE FRANÇAISE ET L'IMPLÉMENTATION DES VALEURS. CAS DE LA QUATRIÈME GÉNÉRATION À TRAVERS *LA VIEILLE DAME DU RIAD* DE FOUAD LAROUI

La littérature marocaine de langue française[1] est une partie à part entière, émancipée de la littérature francophone. Elle est apparue au Maroc à la fin des années 40 notamment avec la publication du premier écrit intitulé *Mosaïques ternies* d'Abdelkader Chatt[2]. Cette littérature a connu une évolution importante au fil du temps, ce qui a permis de la subdiviser en quatre périodes selon la tendance générale de leurs auteurs[3] et aussi selon leurs préoccupations. La vocation de ces écrivains, en dépit de leur différence sur tous les plans, était et est toujours de refléter les aspirations et les rêves de leur société en pleine mutation. Cette mutation touche presque tous les domaines et contribue à un changement brutal qui secoue la société. Dans cette perspective, le paramètre axiologique est l'un des piliers sur lequel est axé tout projet de société. La gestation pénible que connait le Maroc se manifeste principalement par une

---

1. J'opte pour la notion de « langue » vu qu'elle concerne l'utilisation des mots pour écrire. Ce qui est utilisé traditionnellement est « expression ». En fait, ce terme est inapproprié vu qu'il englobe plusieurs formes de création qui ne sont pas nécessairement linguistiques.
2. Même si certains chercheurs tels que Jean Déjeux considèrent que le « vrai premier roman » de cette catégorie est *Les confidences d'une fille de la nuit* de François Bonjean.
3. Cf. Fouad Laroui, « La littérature marocaine d'expression française, point de vue d'un écrivain », *Horizons maghrébins-Le droit à la mémoire*, n°60, 2009, pp. 98-112.

sorte de malaise axiologique alimenté par une sorte d'hésitation au niveau des valeurs à adopter. Il s'agit surtout d'absence d'une vision claire du type de valeurs qu'on voudrait ratifier en tant que citoyen. Cette réalité nous a poussés à nous interroger sur les tendances des valeurs contenues dans les productions littéraires des écrivains marocains de langue française, notamment ceux dits de la quatrième génération.

Le sujet que nous comptons traiter dans cet article portera sur un ensemble d'éléments de réponse aussi bien au niveau académique qu'au niveau sociétal. Au niveau académique, nous aspirons à ce que les interrogations formulées puissent contribuer, d'une part à la création d'une sorte de repères, surtout au niveau de la critique littéraire pour cette catégorie d'écrivains, et d'autre part d'extraire de leurs productions littéraires une sorte de profil culturel, voire interculturel permettant d'aider à la construction, par la suite, d'une anthologie axiologique de ces écrivains. Sur le plan sociétal, le travail entrepris vise à approfondir la réflexion sur le projet de société en cours de construction. Il ne s'agit pas d'une prise de position, mais plutôt d'une tentative d'analyse de la situation générale sans être partie prenante, au sens philosophique du terme.

En ce sens, les valeurs sont une entité qui subit une conceptualisation nationale basée sur les choix politiques, voire idéologiques. Ces choix sont traduits dans les programmes et les curricula. Mais, ces derniers ne sont pas les seuls canaux de véhiculation des valeurs. La littérature est aussi un vecteur axiologique important. C'est pour cette raison que la réflexion que nous proposons permettra de faire la lumière sur cette donnée.

La problématique élaborée vise à analyser la question des valeurs à travers l'étude de certains fragments ou de romans qui font partie d'un corpus d'une thèse de doctorat. La réflexion est née d'un constat plus ou moins visible (du moins à travers la lecture des romans sélectionnés). En outre, nous avons axé la problématique sur les questions suivantes : Comment les écrivains marocains de langue française (quatrième génération) conçoivent-ils les valeurs dans leurs productions littéraires ? Quels sont les types de valeur repérables dans ces romans ? En quoi les personnages traduisent-ils les conflits axiologiques que vit la société ?

Pour tenter de donner des éléments de réponse, l'étude portera sur l'analyse d'un roman de Fouad Laroui *La vieille dame du riad*. Il s'agit juste d'un exemple représentatif. Nous tenterons de donner des éléments de réponse sur ce que l'on entend par la littérature marocaine de langue française, mais aussi sur la segmentation chronologique de cette littérature en mettant l'accent sur la quatrième génération.

1. La littérature marocaine de langue française : état des lieux
1.1. Qu'est-ce que la littérature marocaine de langue française ?

Cette question se pose depuis les années 60 et elle continuera d'être posée pour plusieurs raisons. Tout d'abord, vu que la littérature marocaine de langue française a été un composant d'un Tout appelé la littérature maghrébine qui a vu le jour sous la colonisation française, le protectorat et l'administration directe subis respectivement par les trois pays du Maghreb, à savoir le Maroc, la Tunisie et l'Algérie.

Deuxièmement, cette littérature était, aux yeux de cer-tains, « une littérature mineure » parfois méprisée par les tendances dites chauvinistes[4], qui est vouée à la disparition après l'indépendance du pays. Cette supposition a été vite remise en cause vu que le nombre de productions littéraires a augmenté et a pris les formes littéraires essentielles à savoir le roman, la nouvelle, la poésie et le théâtre.

Troisièmement, la spécificité de cette littérature est qu'elle est en réalité plurielle comme le souligne Salim Jay « Sans doute faudrait-il parler des littératures marocaines plutôt que de la littérature marocaine »[5]. La pluralité réside dans le fait que chaque écrivain ou romancier représente à lui seul un cas unique qui nécessite une étude critique à part entière. La diversité ne concerne pas seulement les genres littéraires dits classiques, mais aussi la littérature orale qui a été en quelque sorte intégrée dans les productions marocaines aussi bien arabophones que francophones[6].

---

4. À ce propos, voir les critiques virulentes qui ont été adressées aux écrivains marocains de langue française, notamment feu Driss Chraïbi avec son roman *Le passé simple* qui a secoué la société marocaine de l'époque.

5. Salim Jay, *Dictionnaire des écrivains marocains*, Alger/Paris, Eddif / Paris-Méditerranée 2005, p. 21.

6. À titre d'exemple, voir *La nuit sacrée* de Tahar Benjelloun. Dans ce roman, une scène se passe à la place Jamaa El fna où l'héroïne (qui est d'ailleurs élevée comme un garçon) assiste à une *halqa*.

1.2. Les pionniers

Les premiers auteurs marocains qui ont pris la langue française comme code d'expression ont fait ce choix dans un premier temps pour des raisons plus ou moins militantistes[7]. En d'autres termes, la plume des écrivains de l'époque était au service du mouvement de libération du pays. C'est donc une forme de protestation des indigènes[8] face à toutes les formes de violence qu'ils ont subies. Le premier écrit marocain de langue française est *Mosaïques ternies*, publié en 1932 par Abdelkader Chatt dans les éditions de la *Revue mondiale*.

Le second écrivain marocain de langue française est Ahmed Sefrioui. Ses écrits sont assez nombreux et sont en particulier des romans. Nous citons à titre d'exemple *Le chapelet d'ambre*, *La boite à merveilles*, *La maison de servitude* et *Le jardin des sortilèges ou le parfum des légendes*. Ces romans constituent en quelque sorte une image instantanée de cette époque[9]. Ce qui est à noter à propos des écrits de Sefrioui, c'est que d'un côté, il y a une forte présence d'une tendance soufie ou mystique. Ce constat peut-être fait même à partir des titres. D'un autre côté, sur le plan herméneutique, il est à signaler que la culture est fortement présente dans ces écrits soit sous forme de récit à propos de pratiques ou de rites[10] ou par des idiomes non-traduits ou intraduisibles qui figurent tels qu'ils sont prononcés localement. Cet ancrage culturel est l'un des aspects de démarquage de cette littérature en herbe (naturellement à cette époque) par rapport à la littérature francophone et encore plus par rapport à la littérature française.

1.3. Le phénomène Driss Chraïbi

Driss Chraïbi est un cas à part qui ne s'aligne pas avec les autres écrivains marocains de langue française. Sa production littéraire est caractérisée par une

---

7. Il s'agit d'un aspect parmi d'autres qui sont traités dans ces écrits. En outre, il ne s'agit pas d'un constat valable pour tous les écrivains.

8. Nous utilisons ce terme tel qu'il a été conçu sous le Protectorat français. Il ne reflète en aucun cas une prise de position quelconque.

9. Certaines études critiques considèrent que les écrits de cette époque sont « une carte postale » (au sens mélioratif du terme) qui met en mots l'image de la société marocaine de l'époque du Protectorat et celle de l'après-indépendance.

10. À titre d'illustration, le chapelet représente un objet symbolique (qui sert à faire l'imploration). En outre, la description des mausolées en tant que lieu ayant un aspect spirituel est faite de manière minutieuse. Citons juste le mausolée Sidi Ali Boughaleb évoqué dans *La Boîte à merveilles*.

sorte de révolte contre toute sorte de conservatisme ou de tradition. Cette révolte se manifeste à travers différentes facettes. Tout d'abord, l'image du père (comme forme symbolique du pouvoir aussi bien matériel que moral) est critiquée virulemment[11]. L'auteur donne à l'archétype du père un portrait dont le trait général est le despotisme et la violence. L'audace avec laquelle il a traité cet élément, jusque-là considéré quasi-vénéré, est une première à une époque où l'avant-gardisme était le courant dominant. Cela a été un choc qui a secoué la réception[12]. Le déphasage de cette attitude de l'auteur par rapport à son époque a créé un grand malentendu intellectuel. Les péripéties de son histoire littéraire en sont la preuve palpable. C'est ce qui l'a poussé à une forme d'« exil volontaire »[13].

La révolte, étant la valeur essentielle du projet de Chraïbi, va se heurter à la désillusion surtout que l'idéal tant aspiré s'est avéré aussi loin de satisfaire sa soif[14]. Ladite révolte s'est apaisée par la suite via un tournant dans la voie littéraire de l'auteur. Il passe de l'écriture des romans à la production de nouvelles policières[15]. Ce changement de genre littéraire n'a pas vraiment apporté un coup de pousse à la renommée de l'écrivain. Sa médiatisation n'a pas été réussie. Les attaques subies lorsqu'il a publié son premier roman ont été un sérieux obstacle devant la restitution de son image en tant que plume importante.

1.4. La deuxième génération :

Les années soixante vont connaitre un revers au niveau des choix idéologiques d'une bonne partie d'écrivains marocains de langue française. La lutte à propos des choix politiques a créé une divergence d'opinions. D'une part, la présence forte à l'époque de la vision gauchiste instaurée par les mouvements de libération ou de protestation à travers le monde a eu une influence indéniable sur l'attitude générale de ces écrivains. D'autre part, les choix

---

11. Ce constat est observable dans *Le passé simple*.

12. Les réactions de certains critiques ont été virulentes à tel point que son premier roman Le passé simple a été presque banni vu son arrivée au mauvais moment.

13. Sans vouloir faire un rapprochement forcé entre l'auteur Driss Chraïbi et le héros de son roman *Le passé simple*, Driss Ferdi, mais leur destin interroge le chercheur. L'épilogue du *Passé simple* témoigne d'une rupture brutale entre le personnage principal et son patrimoine qu'il juge inutile pour lui. La chose qui fait plus ou moins écho avec la prise de position de l'auteur.

14. Pour plus d'éclaircissements, lire « Succession ouverte ».

15. Il a écrit une série de nouvelles policières dont le héros est l'inspecteur Ali.

politiques de l'époque ont été objet d'une querelle intellectuelle féroce. Cette querelle s'est traduite par un démarcage par rapport à la langue dite de « l'ancien colonisateur »[16] et une volonté de changement prétendu « radical ».

La crise vécue au long des deux décennies (les années soixante et soixante-dix) a conditionné la quasi-totalité de la production littéraire. Les publications littéraires ont été plus ou moins le reflet des mutations socio-politiques. À l'image des mouvements d'émancipation internationaux, le projet, en quelque sorte, de ces écrivains est basé sur l'insurrection à tout ce qui est du côté de la tendance conservatrice.

C'est dans cet esprit de révolte intellectuelle qu'une pléiade de romanciers et de poètes a fondé une revue culturelle sous le nom de *Souffles* en 1966. C'est une idée (d'après les versions de plusieurs critiques littéraires) d'Abdellatif Laabi, Mostapha Nissabouri et Mohammed Khair-Eddine. La finalité derrière la publication de ce genre de revues est d'approcher les écrivains en herbe au lectorat. En ce sens, *Souffles* a fait connaitre, entre autres Tahar Benjelloun à travers la publication de ses premiers poèmes. Cette revue a présenté également Mohamed Loakira. Les débats qui suivent la publication de ces revues culturelles ont permis de créer une vie littéraire au Maroc à travers la mise en place de critiques. C'est cette dynamique qui a engendré par la suite le fameux ouvrage *Dictionnaire des écrivains marocains*[17]. Cet ouvrage a instauré, sur le plan académique, une reconnaissance supplémentaire de cette littérature et des études autour d'elle.

1.5. La troisième génération :

La troisième génération s'est penchée sur la confirmation de la littérature marocaine de langue française en tant qu'entité à part entière. C'est à travers une volonté de l'état du statuquo et une tentative de dépassement de la protestation et la revendication, caractère de la période précédente. Cette génération s'est donnée comme objectif de disséquer la société en analysant de manière minutieuse les dysfonctionnements, les inégalités et les vices de la société marocaine.

---

16. Certains écrivains ont fait usage d'une langue plus ou moins violente où la protestation est omniprésente. Contard a qualifié ce choix linguistique de « violence du texte ».
17. Travail effectué par une équipe d'universitaires marocain et dirigé par Salim Jay.

L'œil investigateur de certains écrivains a permis d'approcher de près les défis socio-culturels. Ce renouveau ne touche pas seulement les thématiques, mais aussi le langage. Autrement dit, le style de certains écrivains devient de plus en plus pesé. Quelques-uns ont même essayé de forger leur propre formule d'écriture. En ce sens, Mohammed Khair-Eddine a été connu pour un concept stylistique qu'il a appelé « la guérilla linguistique »[18]. Le choix en question se base sur une sorte de destruction des formes conventionnelles et la recherche d'un autre mode d'écriture. Parmi les caractéristiques de ce mode d'écriture, on peut citer l'écriture en continuum ou en bloc avec des phrases longues. Il s'agit aussi d'un aspect quelquefois violent qui se traduit au niveau formel par une sorte d'écriture anarchique et au niveau du fond par une thématique choquante[19].

1.6. La quatrième génération :

Les romanciers et les écrivains dits de la quatrième génération se sont inté-ressés aux phénomènes nouveaux qui sont apparus avec les changements con-nus par le monde. Il s'agit d'une tentative de compréhension et d'analyse de ces phénomènes.

L'analyse en question ne se fait pas sur un air plus ou moins grave (comme si c'est le cas dans plusieurs productions littéraires antérieures), mais plutôt avec une certaine subtilité basée sur la finesse ironique ou les tournures stylistiques humoristiques[20]. C'est cet aspect spécial qui a favorisé une publication abon-dante de récits postmodernes. Autrement dit, cette génération est en quelque sorte la mieux cotée pour voir l'image dans sa totalité vu qu'elle a profité de tous les apports de ses prédécesseurs. Ce qui lui permet d'avoir une clairvo-yance au niveau des structures et des interactions sociétales. L'élément frap-pant à propos de cette génération réside dans le nombre croissant de femmes auteures. La contribution féminine est devenue de plus en plus visible sur la scène littéraire. La parfaite illustration de ce propos est la nomination de cer-taines figures de renommée internationale telles que l'incontournable Fatima

---

18. Ce concept consiste à délaisser les sentiers battus en écriture romanesque et de mettre en place une autre manière d'écrire. Il s'agit d'une écriture en bloc, avec des phrases longues (souvent sans assez de signes de ponctuation).

19. Citons ici deux romans *Le pain nu* de Mohammed Choukri et *Le rouge du Tarbouche* d'Abdellah Taia.

20. Fouad Laroui est le meilleur exemple à citer à ce propos.

Mernissi[21] ou Leila Slimani. Cette dernière a obtenu le prix Goncourt en 2016 avec son roman *Chanson douce*.

L'apport de cette génération à la littérature marocaine de langue française est important vu le nombre d'écrivains des deux genres qui a augmenté et on commence à reconnaitre les figures célèbres de cette génération. Elles ont bénéficié d'une médiatisation plus importante et la publication chez des maisons d'édition à l'étranger, surtout en France. C'est ce qui a participé à les faire connaitre auprès d'un lectorat divers en mettant en relief leurs noms dans les rentrées littéraires.

La contribution féminine à la littérature marocaine de langue française a pris de l'ampleur lors des deux dernières décennies. Le militantisme pour l'amélioration de la situation de la femme est quasiment le centre d'intérêt de la plupart des fictions.

Parmi les contributions qui témoignent de la lutte féminine, nous citons Rachida Yacoubi. Cette auteure *a dénoncé* les dysfonc-tionnements familiaux et les fissures causées par les conflits conjugaux. En ce sens, elle a publié deux romans dans lesquels elle a traité de manière minu-tieuse la thématique susnommée[22]. De manière caricaturale, il s'agit de l'his-toire d'une femme mariée avec un homme alcoolique. Le comportement de ce dernier a eu un effet nocif sur sa famille composée de sa femme et de ses quatre enfants. L'insécurité et le manque de confiance sont les caractéristiques principales de l'atmosphère générale. L'addiction du mari a fini par le pousser à expulser son épouse et ses quatre enfants du foyer familial. S'en suit alors une lutte acharnée de cette femme pour subvenir aux besoins de ses enfants et naturellement jouer un double rôle à la fois la mère et le père. Ce qui constitue l'originalité de cette auteure c'est que ses deux romans sont loin d'être une simple fiction. Il s'agit de sa propre histoire. Elle est donc plus un témoignage qu'un récit au sens plein du terme.

Un autre facteur important a permis à la quatrième génération de s'imposer. C'est qu'elle a osé traiter ce qui est considéré jusque-là des tabous. Citons

---

21En réalité, Fatima Mernissi traverse une assez bonne période. Mais son écriture et son militantisme pour l'émancipation de la femme font d'elle une icône.

22. Il s'agit de *Ma vie, mon cri* et *je dénonce* publiés respectivement en 1996 et 2003 chez Eddif et Paris-Méditerranée.

entre autres, l'homosexualité[23] et le fanatisme[24]. Ces thèmes ont été traités avec une certaine rigueur et avec plus de souplesse intellectuelle. D'un autre côté, l'apport des plumes issues de l'immigration est indéniable. Le brassage culturel, la quête ou le tiraillement identitaire, le mariage mixte... Tous ces éléments sont le socle des écrits de l'immigration. Cette même géné-ration compte parmi ses éléments également des écrivains qui ont présenté, sous forme de fiction, des témoignages de la période dite « les années de plomb ». Ces fictions ont reflété des drames voire des tragédies vécues par les Marocains pendant une période difficile de l'Histoire du pays. Driss Rouissef-Rekab, Ahmed Marzouki sont deux exemples à citer à ce propos. La diversité des écrivains de la quatrième génération a fait que les publications littéraires sont riches et variées. L'ensemble des écrivains de cette génération ont contribué à la pérennisation de la littérature marocaine de langue française. Ils ont fait preuve d'un talent littéraire intéressant. Certes, certains écrits ne sont pas d'une grande valeur esthétique et stylistique, mais d'autres ont été recon-nus par la consécration de leurs auteurs par des prix prestigieux.

2. La question des valeurs dans la littérature marocaine de langue française – quatrième génération :

La question des valeurs est un axe fédérateur dans les écrits marocains de lan-gue française depuis les premières tentatives littéraires. L'omniprésence de cette entité intégrante de la culture marocaine s'est manifestée, avec les pre-miers écrits, de deux manières : soit en exaltant avec fierté les valeurs ances-trales[26] ou en critiquant virulemment ces valeurs[27].

Le traitement des valeurs a persisté, que ce soit de manière claire et nette ou même tacitement, à travers les générations suivantes. Le vacillement entre le conservatisme axiologique ou la révolte contre les valeurs ancestrales ou traditionnelles est parmi les éléments qui constituent le socle de quelques productions littéraires.

Ce vacillement entre ces deux prises de position nous a incités à interroger ce paradoxe ou ce conflit axiologique. Le dit conflit axiologique devient

---

23. Abdellah Taia déclare être homosexuel et son roman *Le rouge du Tarbouche*.
24. Mohamed Nedali, *Evelyne ou le djihad*, Paris, L'Aube, 2016.
25. Bouissef-Rekab avec *Lettres de Prison sur les années de plomb* et Ahmed Marzouki avec *Tazmamart Cellule 10*.
26. Le cas d'Ahmed Sefrioui dans presque tous ses romans.
27. Le cas de Driss Chraïbi dans ses premiers romans *Le passé simple* et *Succession ouverte*.

beaucoup plus apparent dans les écrits de la quatrième génération. Il sera question dans l'analyse proposée d'essayer de faire la lumière sur le conflit axiologique susnommé. Ce que nous avons appelé *conflit axiologique* n'est pas en réalité une donnée toute prête dans les romans soumis à l'étude, mais plutôt un travail sur les personnages et les portraits brossés par les auteurs.

2.1. *La vieille dame du riad* : une rencontre mystérieuse entre la modernité européenne et l'authenticité marocaine

2.1.1. Un bref aperçu sur le récit

François est le propriétaire d'une galerie d'art contemporain à Paris[28] et a « une immense envie d'aller ailleurs »[29]. Sa femme Cécile s'occupe de la « politique culturelle de la ville »[30] et doit souvent entrer dans le « rôle habituel d'assassin des rêves de son conjoint », qui, lui, ne cesse pas pour autant « d'arpenter le globe dans ses pensées et de planter sa tente dans les endroits les plus improbables ». Jusqu'au jour où Cécile cède aux requêtes de François et accepte d'acheter un riad à Marrakech. François règle la question économique, tandis que Cécile demande conseil à un collègue marocain, qui la met en contact avec un cousin « agent immobilier »[31] à Marrakech, Hmoudane, censé les aider dans leur recherche immobilière. Les deux Parisiens font route vers Marrakech, où ils sont accueillis par Hmoudane.

Malgré de maintes incompréhensions linguistiques et culturelles, ils arrivent à trouver le riad de leurs rêves. Mais dès qu'ils ont conclu les formalités de l'achat, ils découvrent, dans la « chambre du fond »[32], une vieille dame dont ils ne savent ni l'identité ni comment s'en débarrasser. C'est leur voisin, un historien nommé Mansour Abarro, qui prétend arriver à communiquer avec la vieille dame et affirme qu'elle lui aurait dit : « ces chrétiens sont venus me ramener mon fils Tayeb »[33]. Dans un écrit destiné aux deux Français, il transmet l'histoire « racontée » par la vieille dame.

---

28. Synopsis adapté à partie d'un article de Cristina Vizarro, « L'utopisme postcolonial chez Fouad Laroui : *la vieille dame du riad* et les tribulations du dernier Sijilmassi », *revue électronique de littérature française*, Paris, 2020.

29. Fouad Laroui, *La vieille dame du riad*, Paris, Julliard, 2011.

30. Ibid., p. 12.

31. Ibid., p. 12.

32. Ibid., p. 50.

33. Ibid., p. 71.

Le récit de la vieille dame occupe la deuxième partie du livre[34], intitulée Histoire de Tayeb. L'histoire se déroule autour de l'année 1900, quand le hadj Fatmi achète un riad à Marrakech dans lequel il s'installe avec sa femme Lalla Ghita ainsi que sa famille. Peu de temps après, il décide de partir à Agadir pour y installer un comptoir et développer ses affaires. Pendant son séjour, il se lie avec la fille d'un marchand local, mais constatant que les affaires ne marchent pas bien, il décide assez rapidement de retourner à Marrakech, chez sa femme, en renvoyant la jeune femme chez son père. Après son départ, la jeune épouse accouchera d'un enfant (Tayeb) mais mourra bientôt. C'est pourquoi le grand-père du bébé, le marchand, décide d'emmener l'enfant à Marrakech, chez hadj Fatmi, pour qu'il lui assure une vie meilleure. Tayeb entre ainsi dans la vie de Fatmi et dans le riad. Accepté par Lalla Ghita, aimé par son esclave africaine Massouda, Tayeb devient « fils de trois mères, la Berbère, l'Arabe et la Noire-il ne manque que la juive – c'est le Marocain, l'archétype, le mètre-étalon »[35].

À travers l'histoire de Tayeb, Laroui reconstruit la présence française au Maroc : le récit de la partie centrale du roman couvre effectivement la période historique qui va de la conférence d'Algésiras (1906), où les Puissances poursuivent le « troc planétaire qui se mettait en place depuis des années »[36], jusqu'à la mort de Tayeb, qui coïncide à peu près avec la fin du Protectorat. Après l'arrivée des Français à Marrakech en 1912, hadj Fatmi, sidéré et humilié par cette présence étrangère, s'enfermera dans la chambre du fond. Tayeb décide d'entreprendre un long parcours de quête de liberté et dignité. C'est ainsi qu'il rejoint l'armée de Ben Abdelkrim, le combattant qui résista aux puissances étrangères pendant la Guerre du Rif (1921-1926). Revenu à Marrakech et « bien que nationaliste, Tayeb s'est lié avec un Français »[37], un certain Orsini. Les deux hommes deviennent des agents – sur ordre du parti de l'Istiqlal, Tayeb, pour les Français, Orsini – et développent une « étrange amitié »[38]. La deuxième guerre mondiale éclate en Europe et le Sultan lance un appel pour que les Marocains soient aux côtés de la France[39]. Tayeb finit par « entendre l'appel du Sultan »[40] et s'engage dans l'armée française. C'est

34. Ibid., pp. 99-199.
35. Ibid., pp. 244-245.
36. Ibid., p. 110.
37. Ibid., p. 164.
38. Ibid., p. 185.
39. Ibid., p. 186.
40. Ibid., p. 187.

l'occasion pour Laroui de rappeler les cent mille soldats marocains mobilisés pour lutter contre les forces de l'axe en Tunisie, en Sicile, en Corse : « Ils se distingueront particulièrement lors de la campagne d'Italie. La fameuse bataille du Monte Cassino, c'est d'abord une affaire marocaine »[41]. C'est lors de cette bataille que Tayeb est blessé presque à mort par une grenade allemande qui lui arrache une moitié de la tête – et la mémoire. Il sera rapatrié, mais on n'arrivera pas à le réunir avec sa famille et, après s'être échappé de l'hôpital militaire, il finira ses jours sur une plage. Dans la troisième partie du livre, le récit revient à François et Cécile, qui sont frappés par l'histoire de Tayeb : pour la première fois ils ne voient pas le Maroc comme un lieu exotique, bien qu'un peu sauvage, mais comme une nation avec une histoire dans laquelle les Français ne jouent pas le rôle de civilisateurs mais d'oppresseurs. Ils se passionnent alors pour l'histoire du Maroc et deviennent collectionneurs de documents, de photographies et d'objets qu'ils finiront par donner au musée qu'ils installeront dans leur propre riad avant de rentrer en France. Ayant ainsi « ramené » Tayeb, l'esclave africaine Massouda, qui n'est autre que la vieille dame du riad, – et qui avait promis à Lalla Ghita, sur le lit de mort de cette dernière, de rester dans le riad et d'attendre que Tayeb revienne – pourra finalement « s'en aller » et quitter la chambre du fond.

2.1.2. La portée axiologique de *La vieille dame du riad* de Fouad Laroui

À côté de l'aspect historique du récit de Fouad Laroui, il y a également une présence importante d'un paradigme axiologique. Ledit paradigme se présente soit sous forme d'un parallélisme ou sous forme d'un conflit. Ces deux cas de figure laissent constater, à travers une lecture avertie, que le récit est dans l'ensemble jalonné par une forte empreinte interculturelle. L'omniprésence des valeurs dans ce roman est incarnée par l'ensemble des personnages du récit. L'analyse proposée permettra de fonctionnaliser les personnages en vue de déceler les valeurs dominantes. Le tableau ci-dessous reflète le dépouillement des résultats de l'analyse effectuée :

---

41. Ibid., p. 189.

Personnage	Paradigme axiologique
François	Français ayant un esprit d'aventure. Il décide « sur un coup de tête » de quitter la France et d'acheter un riad à Marrakech. Son esprit d'aventure le confronte à une découverte qui lui a changé les idées sur une période importante de l'Histoire du Maroc.
	Il représente les valeurs de la postmodernité telle que la recherche d'un idéal autre que le matérialisme crû, l'individualisme et l'annihilation des repères spirituels...
Lalla Ghita	Personnage qui représente la notoriété marocaine de l'époque. Son rapport avec sa bonne (esclave selon l'auteur) démontre ses valeurs de fraternité, de solidarité et de compassion.
Massouda	« Esclave de Lalla Ghita » selon les propos de l'auteur. Ce personnage revêt un caractère singulier. Elle a « cette faculté d'apparaître et disparaître comme un djinn, on la regardait sans la voir ou alors on croyait la voir alors qu'elle n'est plus là »[1]. Elle représente la loyauté (vu qu'elle a promis à sa patronne de rester dans le riad jusqu'à ce que leur fils Tayeb revienne. Cela lui a coûté une longue attente jusqu'à un âge avancé), l'intégrité à travers le fait qu'elle a honoré son engagement envers sa patronne.
Hmoudane	Ce personnage incarne un conflit axiologique important. D'une part, il est serviable et cherche à rendre services au couple français. D'autre part, il est fourbe voire escroc. Il joue le multicasquette et propose des solutions à tous les problèmes rencontrés. En fait, Hmoudane marie les valeurs et les non-valeurs, voire les vices.
Tayeb	Fils d'El haj Fatmi et Massouda « l'esclave noire ». Il est un résistant engagé dans les troupes du leader de la résistance du Rif Mohammed Ben Abdelkrim El Khattabi.
	Le portrait brossé par l'auteur fait de ce personnage un être énigmatique. Tout ce qu'on sait de Tayeb est qu'il est la fierté de ses parents vu qu'il défend la terre de ses ancêtres. C'est par cette occasion que Laroui évoque la guerre du Rif (tant oubliée dont les victimes ne sont pas encore reconnues par l'Espagne). Les valeurs d'abnégation, de bravoure, de loyauté et de patriotisme sont la teinte essentielle de Tayeb.

Conclusion :

La littérature marocaine de langue française est un miroir qui reflète l'image de la société et les aspirations de ses membres. Les différentes étapes par lesquelles est passée cette littérature a permis de faire la lumière sur les diverses formes culturelles et patrimoniales. La présence féminine au sein de cette lit-térature a d'une part assuré la représentativité des femmes et d'autre part de traiter des thèmes relatifs à l'émancipation de la femme, à la violence conju-gale, à la polygamie, aux fissures familiales...

Les auteurs issus de l'immigration ont traité les problèmes engendrés par celle-ci. Lesdits problèmes sont vécus par les fils et les filles d'immigrés de la deuxième et la troisième génération, en l'occurrence le tiraillement identitaire, la double culture, le racisme, la xénophobie, l'islamophobie, ou encore le con-flit de générations accentué par la mésentente culturelle. L'omniprésence du paradigme axiologique dans les écrits des écrivains marocains de langue française se manifeste par plusieurs formes. Certains auteurs choisissent de conférer aux personnages créés des traits qui reflètent le type de valeurs qu'ils défendent. D'autres jouent sur le paradoxe ou le conflit axiologique à travers des personnages complexes qui vivent des tiraillements, voire des fissures.

L'analyse qui a porté sur *La vieille dame du riad* de Fouad Laroui a permis de rendre compte du paradigme axiologique qui traverse ce roman à dominante historique. N'étant pas exhaustive, l'analyse proposée n'a pas pu embrasser l'ensemble des personnages. Il s'agit juste des éléments incontournables dans le récit. Le choix de l'œuvre de Fouad Laroui est loin d'être arbitraire. En fait, son écriture basée, en majeure partie, sur le comique voire l'ironique laisse pressentir une critique suggérée. Sa lutte pour la mise en place d'un projet de société dont les grandes lignes sont le développement et l'esprit patriotique et civique se manifeste clairement dans cette œuvre. La revisite de l'Histoire du Maroc conduite avec une impartialité remarquable permet de mette en évidence sa vision.

En guise de synthèse, il est à noter que la littérature marocaine de langue fran-çaise est devenue une entité à part entière. Les possibilités de recherche aca-démique qu'elle offre sont nombreuses. L'abondance de recherche facilitera de mettre en place une critique littéraire solide qui améliorerait certainement la qualité des écrits et incitera les écrivains en herbes à devenir prolifiques et contribuerait à leur renommée et leur canonisation. Cette canonisation serait le point de départ d'une curricularisation des romans de la quatrième génération.

Abdellah MHAILI, Ph.D

Bibliographie

BENJELLOUN, Tahar, *La nuit sacrée*, Paris, Seuil, 1987.

BONJEAN, François, *Les confidences d'une fille de la nuit*, Blainville-sur-mer, L'amitié par le livre, 1962.

CHATT, Abdelkader, *Mosaïques ternies* [1932], Chatou, Éditions L'Arganier, 2006.

CHOUKRI, Mohammed, *Le pain nu*, Paris, Seuil, 1973.

CHRAIBI, Driss, *Le passé simple*, Paris, Gallimard, 1954.

---, *Succession ouverte*, Paris, Gallimard, 1979.

DEJEUX, Jean, *La littérature maghrébine d'expression française*, Paris, PUF, 1979.

JAY, Salim et al., *Dictionnaire des écrivains marocains*, Alger/Paris, Eddif/Paris-méditerrané, 2005.

LAROUI, Fouad, « La littérature marocaine d'expression française, point de vue d'un écrivain », *Horizons maghrébins-Le droit à la mémoire*, n°60, 2009, pp. 98-112.

---, *La vieille dame du riad*, Paris, Julliard, 2011.

MARZOUKI, Ahmed, *Tazmamart cellule 10*, Paris, Gallimard, 2001.

NEDALI, Mohamed, *Evelyne ou le djihad*, La tour d'Aigues, L'aube, 2016.

SEFRIOUI, Ahmed, *Le chapelet d'ambre*, Casablanca, Éditions du Sirocco, 2014.

---, *La boite à merveilles*, Paris, Seuil, 1954.

---, *La maison de servitude*, Alger, Société nationale d'édition et de diffusion, 1973.

---, *Le jardin des sortilèges ou le parfum des légendes*, Paris, L'Harmattan, 1989.

TAIA, Abdellah, *Le rouge du Tarbouche* [2004], Paris, Points, 2012.

VIZARRO, Cristina, « L'utopisme colonial chez Fouad Laroui : *La vieille dame du riad* et *Les tribulations du dernier Sijilmassi* », *RELIEF. Revue électronique de langue française*, 2020, pp. 150-163.

YACOUBI, Rachida, *Ma vie, mon cri*, Alger/Paris, Eddif/Paris-Méditerranée, 1996.

---, *Je dénonce*, Alger/Paris, Eddif/Paris-Méditerranée, 2003.

Pour citer cet article :

Abdellah MHAILI, « La littérature marocaine de langue française et l'implémentation des valeurs : cas de la quatrième génération à travers *La vieille dame du riad* de Fouad Laroui », *Revue Legs et Littérature* n° 17, vol. 1, 2021, pp. 197-214.

Notions d'intimité et symboles dans l'architecture traditionnelle de la Tunisie. Le cas de Sfax

Houneida DHOUIB AMOURI est docteur en théories du design, sciences et techniques des arts à l'Université de Tunis. Enseignante de méthodologie de design et d'histoire de design à l'université de Sfax, elle est Designer produit, photographe et membre de l'association Tasmim pour promouvoir le design auprès des étudiants. Ses axes de recherche sont le Design, l'histoire du Design, l'Éco-design, la photographie, l'art, l'archéologie, l'architecture et la récupération.

Résumé

La ville de Sfax se répartie sur un espace présentant un rayon de soleil dont le noyau est présenté par la médina, bâtie en 849 après J.-C. Cette disposition spatiale à été imposé par un style de vie propre à la région. En effet, la majorité des familles sfaxiennes disposaient de deux logements ; l'un construit dans la médina, appelé « Dar » et servant de domicile à la famille pendant l'hiver, l'autre dans la compagne, appelé « Borj », proposant un espace plus rafraichissant pour l'été et permettant aux habitants de profiter des arbres fruitiers dans les « Jnens ». Entre la médina et la compagne, nous pouvons trouver des faubourgs, qui servaient d'espaces pour les travailleurs étrangers. La ville de Sfax dénombre plusieurs « Dar » à la médina et des dizaines de « Borj » dans la compagne. Outre la recherche symbolique dans divers éléments architecturaux et décoratifs, l'architecture de ces deux constructions est gérée par un savoir faire ingénieux et une importance pointue, accordée à l'intimité des familles. Dans cet article, nous prendrons comme référence plusieurs exemples de « Dar » et « Borj » pour démontrer les ressemblances et les dissemblances architecturales et décoratives, permettant de mettre en exergue un imaginaire et un patrimoine propre à la région.

Mots clés

Symboles, architecture, identité, héritage, normes

NOTIONS D'INTIMITÉ ET SYMBOLES DANS L'ARCHITECTURE TRADITIONNELLE DE LA TUNISIE. LE CAS DE SFAX

Introduction

Cet article vise à montrer l'importance de l'intimité et du symbolisme dans les habitations traditionnelles de Sfax, empreintes du respect des caractéristiques de l'identité architecturale de la société à une époque bien déterminée. Pour atteindre les objectifs de cette recherche, nous aurons recours à une approche descriptive et narrative axée sur une étude d'observation.

La fonctionnalité de l'espace architectural des demeures traditionnelles de Sfax, se manifeste dans son adaptation sans faille aux valeurs et traditions de la population. L'architecture dans ces lieux, n'offre pas seulement une sécurité physique aux habitants, mais surtout l'assurance d'une sécurité psychologique, induisant ainsi, l'assouvissement de la notion d'intimité du corps et de l'esprit. Elle représente, de surcroît, un espace tridimensionnel, porteur de l'identité culturelle de la population et relatant un symbolisme esthétique en accord avec l'imaginaire social de la région.

Dans diverses demeures, on remarque que ces espaces sont régis par des normes imposées par la population de l'époque qui accordait une importance majeure à l'intimité, assurée de prime abord par :

– la proximité des demeures (mur contre mur)

– la limitation des façades extérieures (généralement une seule)

– la hauteur et les dimensions des fenêtres sur la façade extérieure

– l'agencement des maisons qui assure un acheminement d'un espace vers un autre

– la dissimulation de la cour de la maison

Nous prenons comme exemple la demeure située au centre de la médina (centre historique de la ville) appelée communément « Dar » et celle située dans les terrains agricoles de la ville, au-delà de deux kilomètres du centre, appelée « Borj ». Ces demeures ont été construites entre le 9e et le 19e siècle. Notre recherche part des questions suivantes :

– Comment est assurée la particularité et l'intimité dans l'architecture et l'agencement des Dars et des Borjs?

– Quelle est la place accordée au symbolisme dans la création architecturale et décorative des Dars et des Borjs?

– Dans quelle mesure ces espaces sont chargés de symbolisme lié à la présence des valeurs culturelles et religieuses particulières des habitants de la ville de Sfax de l'époque ?

En admettant que la lecture symbolique dépend de l'imaginaire social du lecteur, on peut déduire que plusieurs lectures peuvent y être associées, la nôtre aura donc une partie subjective.

1. Contexte historique et géographique

Sfax est la deuxième ville de la Tunisie, elle s'étale sur une superficie de 7 545 km², avec une côte qui s'étend sur 110 km et elle compte approximativement le 1/10 de la population tunisienne.

La ville a subi plusieurs invasions et a connu plusieurs civilisations, parmi celles-ci on peut citer l'invasion des arabes. Cette invasion a permis l'élaboration de plusieurs changements, impliquant entre autres, langage, religion, traditions, architectures et symboles. Les bâtisses construites après cette invasion présentent à elles seules, un joyau architectural symbolique et soucieux des mœurs de la région. La médina de cette ville, à savoir le centre-ville, a été bâtie par les Aghlabides en 849 après J.-C.

Illustration 1: La médina de Sfax, côté sud, Bab Diwan ©Houneida Dhouib Amouri

Des accumulations « symboliques » définissent les propriétés établies de la demeure traditionnelle à Sfax qu'elle soit au centre ou à l'extérieur de la médina. L'architecture traditionnelle de Sfax couvrait une vaste surface de la médina et s'est étendue au cours du 17e siècle vers les terrains agricoles reflétant ainsi, un style architectural intemporel, et relatant l'histoire des habitants depuis des siècles.

Les styles architecturaux de ces bâtiments différenciaient peu d'une maison à une autre et prônaient une cohérence avec l'espace dans lequel ils sont bâtis, en proclamant une dimension esthétique manifeste.

La demeure à Sfax qu'elle soit « Dar » ou « Borj » affichait généralement à l'extérieur, un décor humble et des murs dépourvus de toute décoration. Le visiteur de ces habitations est frappé par le contraste évident entre les façades neutres et les ornementations accordées à l'embellissement de l'espace intérieur. En effet, les habitants de la région, fidèles à un imaginaire social particulier, n'accordaient pas d'importance à afficher leurs richesses et ne concédaient ce privilège qu'à la vision des habitants de la maison ou des rares privilégiés qui peuvent y accéder. Les habitations de Sfax sont une sorte de sanctuaire permettant aux habitants de se protéger de l'extérieur et de profiter d'une intimité convoitée et primordiale aux mœurs de la région. Ces demeures abritaient toute la famille, les parents, les enfants, les conjoints des fils et les petits enfants. En effet, les fils qui se marient se voient attribuer une suite, salon/chambre à coucher pour y habiter.

La médina qui a été construite au 9e siècle, a offert pendant des siècles aux habitants de la ville une protection conséquente des envahisseurs et des truands. À partir du 17e siècle certains pères de familles ont commencé à bâtir un espace dans leurs terrains agricoles « Jnen ».

Les constructions des borjs qui ont débuté dans le 17e siècle ont revêtu une empreinte architecturale propre aux forteresses « kalaa » qui ont pris une connotation de demeure au 18eme siècle en ramenant le reste de la famille et en annexant aux Borjs des chambres et une cuisine commune. Il est important de préciser que certains Borjs ont pris des inspirations de l'architecture coloniale à la fin du 19e siècle.

Culturellement, le bâtiment a ses propres particularités qui le distinguent du reste des autres styles architecturaux ultérieurs de la ville. Cette ville singulière et cette société, ont pu imposer un aspect esthétique de la ville à caractère distinctif, faisant de ces espaces des lieux qui doivent s'inscrire dans le patrimoine national pour être sauvegardés. L'architecture des différents « Dars » et « Borjs » a été soumise à plusieurs facteurs, dont le plus important peut être expliqué par les facteurs affectant l'identité culturelle de la population de Sfax à cette époque, à savoir, la religion, les coutumes et la langue.

2. Organisation de la ville de Sfax

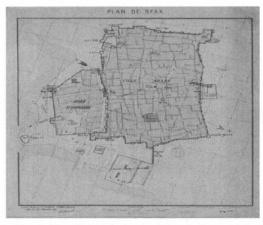

Illustration 2 : Plan de Sfax, 1/2 000, levé et dessiné par le lieutenant d'artillerie soussigné. Sfax, le 25 septembre 1881 : H. Baquet

Antérieurement au 9e siècle, la ville de sfax se limitait à la médina qui représentait le centre névralgique de la ville, un faubourg se situant sur une ronde d'un kilomètre et demi du centre accueillant les travailleurs étrangers à la ville, et les terrains agricoles se situant dans toutes les routes de Sfax. Le déplacement pour le travail s'effectuait de la médina et du faubourg vers les terrains agricoles pour assurer la production de la ville, du faubourg vers la médina pour les ouvriers qui doivent assurer les petits métiers, tandis que comnerçants, artisans, et petits métiers restaient dans la médina pour accomplir eurs travaux.

l est lieu de rappeler qu'on dénote une concordance de l'urbanisation avec le milieu environnant de la ville à cette époque, et avec les valeurs sociales et culturelles et l'identité esthétique du lieu.

1. L'organisation spatiale des demeures traditionnelles de Sfax

Chaque création architecturale doit prendre en compte l'imaginaire social de a population dans un espace réel et un espace temporel bien déterminés, sans pour autant avoir recours à un stéréotype unique ou spécifique pour toutes les bâtisses. Les demeures encore existantes ont permis de nous accorder une em- preinte sur la concordance du développement architectural aux besoins utili- aires, symboliques et esthétiques des habitants de la région, qui représente le fruit de l'héritage commun de cette région et l'ingéniosité pour atteindre une intimité recherchée.

Les demeures traditionnelles regorgent de données symboliques et imaginaires et présentent un espace qui transcende sa présence physique au social, culturel et symbolique. L'architecture de l'habitat traditionnel est gérée par des dimen- sions symboliques et religieuses imposées à la construction, l'agencement et la décoration. L'habitat qui assure plusieurs contraintes d'ordre, environne- mentales, fonctionnelles, esthétiques, sociales et spirituelles, doit assurer la vie privée de la famille et le confort psychologique des habitants.

2. L'architecture des Dars de la médina

La médina de Sfax a été bâtie au 9ème siècle avec l'avènement de l'invasion arabe (les Aghlabides), l'enceinte des remparts qui s'étendait sur 2,2 km per- mettait aux habitants de se sentir enveloppés dans un cocon et en sécurité. En effet, les diverses portes de la médina (Bab Diwen, Bab El Kasbah, Bab Ejje- li...) étaient fermées après le coucher de soleil et ne permettaient à aucun é- tranger à la médina d'y accéder. La communauté qui y vivait profitait d'une superficie de 24 hectares ; entourée de murailles, la médina offrait aux locaux la possibilité de la quitter pendant la journée pour vaquer à leurs occupations agricoles (majoritairement oliviers et amandiers) et de regagner le berceau avant le coucher de soleil pour s'y abriter et pour retrouver l'intimité offerte par cet espace. Cette construction majestueuse et ingénieuse offrait une sécurité indéniable contre les truands et les envahisseurs, en particulier pour une communauté réputée par ses richesses.

Les habitants de la ville formaient un noyau solide et cohérent et répartissaient cet espace entre lieu de travail (souks), lieu de culte (mosquées et zawyas), écoles (madrassa) et habitations « Dar ». Ces dernières, généralement à l'abri des commerces, offraient un espace réduit et intime. Les habitants de la médina accordaient une importance majeure à assurer leur intimité dans leurs demeures. Cette intimité est vigoureusement assurée par une architecture adaptée à la religion, aux mœurs et aux traditions des habitants ; en effet les maisons de la médina « Dars » sont agencées pour sauvegarder les habitants des re-ards des étrangers. On accède à la maison par le biais d'une porte qui peut abriter dans certains cas, une petite porte appelée « Khawkha », la légende affirme que cette petite porte servait à annoncer l'arrivée d'une femme ; en effet si le visiteur est une femme, le petit bruit produit par sa main tapant sur la porte servait à rassurer les habitantes sur le sexe du visiteur, dans le cas contraire, un homme doit se prononcer en tapant avec le heurtoir disponible sur la grande porte affirmant ainsi, une présence masculine.

En entrant dans la « Dar », on se retrouve dans une « Skifa », dessinée communément sous la forme d'une coudée, et menant pour la gente masculine à un salon intitulé « Baït essahra » pour se retrouver avec les autres hommes de la maison. Parallèlement, un enchaînement étudié dans les espaces permet à une, femme, un enfant, ou un parent proche, d'accéder à la cour de la maison interdite aux autres visiteurs.

L'espace commun de la maison est usuellement dessiné sous forme d'un patio rectan-gulaire entouré par la cuisine et les chambres des habitants. Ces chambres sont dispensées corrélativement au rang dans la famille, les parents disposent de la plus grande chambre et à mesure que les fils se marient, chacun dispose de la chambre qui lui est attribué selon son rang dans la famille, accueillant sa femme et par la suite leurs enfants, ce qui rend cette chambre une petite maisonnette dans la maison principale.

La vie journalière se déroule dans les parties communes de la demeure, cour et cuisine et une fois la nuit tombée, chaque petite famille rejoint son espace particulier pour retrouver son intimité.

i l'espace initial de la demeure n'est pas assez suffisant pour abriter tous les ils mariés de la famille, et en raison de l'impossibilité de l'étendre horizon-alement, l'extension de la demeure se fait verticalement par l'ajout d'un étage, lans incapacité d'agrandir l'espace horizontalement, à cause de la proximité nitiale des demeures.

Illustration 3: Étage restaurant Tej Lemdina, © Houneida Dhouib Amouri

Illustration 4: Restaurant Tej Lemdina, implanté dans une Dar de la Médina, © Houneida Dhouib Amouri

3. L'architecture des Borjs

'est aux abords du 17ᵉ siècle que les premiers borjs[1] furent construits, néan-noins, il est évident que les Borjs originels ont été bâtis pour des raisons xclusivement fonctionnelles. En effet, les habitants de la médina de Sfax, qui ossédaient des terres à l'écart de la ville, devaient y aller tous les jours pour ssurer leurs productions agricoles. Par surcroît, les menaces et les risques se ont amenuisés avec le temps et certains habitants audacieux, ont pu quitter la écurité de la médina pour s'abriter dans les premiers Borjs.

'ar ailleurs, les premières constructions sont assimilables à des tours, d'où 'appellation initiale de cette demeure «Borj» . Cependant, il est fondamental e préciser que ces constructions permettaient uniquement d'héberger le père e la famille et parfois les fils en mesure de travailler, tandis que la majeure artie de l'espace permettait de garder et de stocker la récolte agricole.

. En français : tour.

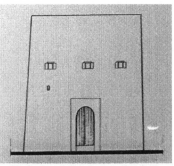

Illustration 5: Borj Al Gannouni,
© Houneida Dhouib Amouri

Illustration 6: Dessin de la façade de
Borj Al Gannouni, Musée Al Kasbah,
Sfax

Borj Al Gannouni, construit dans le 17ᵉ siècle figure parmi les plus anciens Borjs de Sfax, érigé sur deux étages, il présente la forme pyramidale tronquée d'une tour.

À la fin du 18ᵉ siècle, quelques pères de familles remplacent ce bâtiment présentant une tour par une demeure pouvant loger tout le reste de la famille, adoptant la même structure originelle d'une « Dar » qui peut s'étendre horizontalement à mesure de la croissance de la famille.

L'architecture de ces bâtisses a servi d'un côté à assurer et à renforcer la relation entre les habitants et leur environnement naturel et humain et d'un autre, à procurer une intimité, permettant d'assurer un sentiment d'appropriation et d'appartenance au lieu.

Illustration 7: Borj à l'abondon à Sfax © Houneida Dhouib Amouri

4. Espaces et éléments symboliques

En tant qu'espace tridimensionnel, l'entrecroisement dominant entre les pièces et l'espace global (la demeure) et les messages qu'ils entraînent sont déchiffrés à l'aide d'éléments architecturaux connus antérieurement. En architecture, le sens de la beauté réside dans plusieurs éléments complexes, qui une fois

gencés dans un ordre régi par les différents besoins: utilitaires, symboliques
t esthétiques de l'habitant et de la population, accède à une œuvre archi-
:cturale identitaire.

– La porte

.es portes des demeures traditionnelles de Sfax, et à l'image de la plupart des
1aisons maghrébines de l'époque, affichent une valeur esthétique indéniable
t de surcroît un savoir-faire ingénieux. En effet, il est primordial de préciser
ue la porte des « Dars » ou des «Borjs» est la seule composante architecturale
xtérieure affichant la beauté de ces maisons. Dans un contraste ahurissant, on
énote une disparité entre une façade dépourvue de toute décoration, austère,
einte à la chaux, commune (quelconque) et entre cette porte extrêmement
:cherchée, inestimable et d'une esthétique indéniable.

'e contraste évident semble stipuler aux passants « cette demeure est interdite
t cette porte ne peut être franchie que par les personnes qui y sont invitées ».

Illustration 8: Porte de de la médina de Sfax, ©Houneida Dhouib Amouri

Illustration 9: Portes de de la médina de Sfax, ©Houneida Dhouib Amouri

Les portes des «Dars» à la médina, sont communément encadrées par du marbre Kaddhel (variété tunisienne, extraite à Nabeul), comportant des arabesques et de la calligraphie à connotation religieuse (illustrations 9), dans certains cas, par ailleurs très limités, on peut remarquer la présence de la céramique (voir illustration 9). L'ornementation apportée aux portes et à leurs pourtours représente une interface symbolique par laquelle l'identité de la population est valorisée.

– L'entrée

L'entrée représente le gardien de la maison et aussi ses secrets. Sar disposition digitale cache un monde riche que seul son dépassement permet de découvrir les trésors décoratifs que la demeure peut cacher.

L'entrée de la maison débouche sur un vestibule appelé « Skifa », sa forme généralement, de coudée architecturale assure une condition d'intimité, permettant de garder les habitants de la maison à l'abri des yeux des visiteurs. On remarque dans l'illustration 10[2], le trajet que doit emprunter le visiteur pour accé-der à l'espace de vie commun.

Illustration 10 : Plan du rez-de-chaussée de
Dar Jallouli à la médina, trajectoire des
visiteurs pour accéder à la cour

– La cour de la maison

La cour de la maison a été conçue pour assurer l'intimité des résidents de la maison et les murs extérieurs sont le bouclier qui protège les résidents de la maison des yeux des étrangers. On ne peut proclamer que l'existence des cours dans les demeures à connotation historique, est le fruit de la civilisation Aghlabide dans le pays, car il est aisé de remarquer la présence de cet espace intérieur dans les différentes demeures des civilisations antérieures, Carthaginoise et Romaine, qui témoignent qu'elles avaient, elles aussi recours à cette organisation spatiale centrée sur la cour.

---

2. Musée Dar Jallouli, cette maison comporte 2 niveaux, un rez-de-chaussée et un étage entourant un patio central de forme rectangulaire (ou carré).

Cette indication démontre que l'importance des cours dans l'architecture de ces demeures n'englobe pas seulement une composante religieuse, mais aussi des composantes ulturelles, idéologiques et sociales.

Illustration 11: Cour intérieure de la maison Dar Jallouli
(devenue musée), photo prise du 1er étage de la maison

Cet espace intérieur ouvert, à caractère identitaire, régi par une organisation spatiale, représentant un héritage spécifique, suggère à l'habitant une ouverture sur la cour centrale, permettant ainsi, d'assurer l'intimité de ce dernier.

– Fenêtre

Illustration 13: Fenêtre type des
demeures de la médina de Sfax,
©Houneida Dhouib Amouri

Dans la majorité des cas, les borjs et les Dars ne comportent pas de fenêtre donnant sur la rue, dans le cas contraire, elle doit être parée de fer forgé à dessin étroit, empêchant les passants de voir l'intérieur de la maison, et doit être ermée. Les fenêtres de ces maisons sont conçues suivant des normes architecturales adaptées aux besoins utilitaires, symboliques et esthétiques de la population. En effet, on distingue dans ces constructions plusieurs données :

– la disposition surélevée des fenêtres (illustration 5)

– l'étroitesse des ouvertures sur la rue

– l'apport du fer forgé (illustration 13) pour éviter toute intrusion et pour empêcher la visibilité à l'intérieur de la maison

5. Les symboles décoratifs

Lire et interpréter les coutumes sociales et les contextes culturels pour une époque bien déterminée, permet d'interpréter les constructions architecturales selon les préceptes des idées et des principes de cette culture.

Les mythes et les croyances occupent une place conséquente dans de nombreuses maisons traditionnelles, ces composantes peuvent se manifester sur les pourtours des portes d'entrée, sur la porte en bois ou à l'entrée, sous forme d'écritures, de dessins symboliques, des figures végétales ou géométriques inspirées de la civilisation musulmane ou de civilisations antérieures. Notons que le recours au symbolisme dans les bâtisses traditionnelles de Sfax se faisait d'une façon automatique sans chercher préalablement les interprétations que ses éléments peuvent induire.

C'est avec une surcharge de symbolisme que naît une relation intime dans laquelle les mœurs et les coutumes sont impliquées. Cette relation est acquise par un symbolisme conceptuel précédemment exposé dans cet article, mais aussi par des éléments symboliques concrets, à savoir: l'utilisation des motifs végétaux et géométriques et en particulier la calligraphie arabe, vecteur important de l'expansion culturelle de cette civilisation.

– La calligraphie

Dans son livre intitulé *La calligraphie arabe, son origine et son développement*, Dr. Adel Al-Alousi, démontre que l'utilisation de la calligraphie dans la décoration des demeures de la civilisation musulmane occupe une importance majeure, parce qu'elle a acquis une connotation religieuse[3] qui l'a proclamé méthode d'ornementation vénérable. De surcroît, il démontre que l'utilisation de l'élément végétal dans ces décorations a permis l'extension des lettres d'une manière esthétique.

---

3. L'islam, religion majoritaire des habitants.

Illustration 13: Détail de la Calligraphie inscrite sur le marbre d'une façade

La calligraphie utilisée dans les demeures de Sfax, est l'une des plus impor-
antes calligraphies arabe, elle est répandue dans toute l'Afrique du Nord. Elle
est dérivée de l'ancienne écriture « koufia de Kairouan », en référence à
Kairouan, ville tunisienne du centre et jadis capitale islamique du Maghreb.

Conclusion

Les sources pour étudier les demeures traditionnelles de Sfax, proviennent de
trois origines : l'origine théorique, très restreinte, qui représente les écrits de
quelques auteurs natifs de la région, sur la ville, son histoire et son développement. Le deuxième bien le plus important et plus fiable est la présence
matérielle architecturale traduite sur la pierre, le bois, les décorations, les ins-
criptions et les motifs. Le troisième est d'ordre historique sociologique rapporté par les habitants de la région qui ont vécu petits, dans ces bâtisses, ou
qui ont pu écouter les récits de leurs parents ou grands-parents, des récits
transmis de génération à génération.

L'architecture de la médina est considérée comme une extension et un reflet de
la pensée islamique, dans le cadre des principes de la religion et de la culture
locale des gens, et d'autres lois et coutumes qui contrôlaient la communauté, le
voisinage et l'établissement de relations. L'intimité est assurée non seulement
à la maison, mais aussi à la rue principale, à la ruelle et au quartier dont fait
partie la maison.

Les demeures traditionnelles de Sfax sont le cadre matériel dans lequel l'habitant a empreint sa culture, sa pensée philosophique, ses arts, ses peurs, ses
espoirs, ses secrets, son intimité et tout ce qu'il a pu acquérir par le passé d'un
point de vue technicité et savoirs ou d'un point de vue mystique et symbolique, pour le transmettre au futur dans le cadre d'un renouvellement et un
entrecroisement constant. Par surcroît, ces espaces représentent une empreinte
qui transmet l'impact de l'imaginaire collectif dans la conception de ces bâtis
en mettant en exergue l'espace réel et intemporel de cette civilisation.

Les « dars » et « borjs » revendiquent une mémoire historique collective en identifiant un lieu avec un passé culturel propre à la région et à son patrimoine architectural particulier et unique. La créativité de ces demeurent se manifeste grâce à l'accord harmonieux entre l'aspect objectif et l'aspect subjectif de l'espace vécu. Cet espace qui a pu s'adapter et de confondre à l'identité culturelle et aux traditions dominantes d'une époque bien déterminée.

Symboliquement « Eddar » ou même « Maskan » renvoie pour les musulmans à la femme, censée être protégée des étrangers dans l'intimité de l'espace. Dans l'espace bâtie pour habitation, dans la société traditionnelle de Sfax, qui est régie par la religion, les traditions et les mœurs, l'intimité du corps est assimilable à l'intimité de l'espace. Un espace vénéré, relevé au rang d'un sanctuaire, où seuls certains individus peuvent y accéder et y être admis.

Un sentiment d'appropriation protectrice enveloppe cet espace, faisant de lui un lieu de culte à connotation spirituelle dépassant toute valeur matérielle. L'architecture des « dars » et des « borjs » visait à exploiter les ressources des environs de la région et à préserver l'identité, la culture locale et le patrimoine populaire. Ces demeures représentent donc un médiateur construit par les locaux à travers le chevauchement de l'expérience humaine et l'accumulation des savoirs techniques en matière de construction, de conduites d'eau usée, de distribution et d'économie d'eau qui représente la denrée la plus précieuse et la plus rare dans la région.

Il est lieu de rappeler qu'il existe un entrecroisement ingénieux qui se déroule entre l'habitant et ces bâtisses. D'une certaine façon, l'architecture, les décorations et le mobilier se convertissent en une entité vivante qui enveloppe ses habitants dans un cocon intime, promettant protection matérielle et spirituelle.

Houneida DHOUIB AMOURI, Ph.D

Bibliographie

BAKLOUTI, Asma, *La médina de Sfax : mutations et permanences, CAR en géographie urbaine*, Tunis, 1993.

DELATTRE, Alfred-Louis, *Symboles eucharistiques : Carthage*, Tunis, J. Aloccio, 1930.

KALLEL, Ridha, *Bab Bhar à Sfax, Histoire, Mémoire, Identité*, Laboratoire de Recherche des régions et des ressources patrimoniales, Faculté des Lettres de la Ma nouba, Tunis, lmprimeri Finzi, Usines graphiques, 2010.

---, *Safaqus, al - madina al —Baydha*, Laboratoire de Recherche des régions et des ressources patrimoniales, Faculté des Lettres de la Manouba, Tunis Imprimeri Finzi, Usines graphiques, 2013.

MAHFOUDH, Faouzi, BAKLOUTI, Naceur, JEDDI, Nabiha, SELLAMI, Samir, *Sfax à la carte*, Sfax, Éditions Samir Sellami, 2009.

PRISSE D'AVENNES, Émile, *L'art arabe d'après les monuments du Kaire : depuis le VIIe siècle jusqu'à la fin du XVIIIe*, Paris, Hachette 2018.

ZOUARI, Ali, *Le dar Jallouli et le dar Hintati à Sfax, L'habitat traditionnel dans les pays musulmans autour de la méditerranée, tome 1, L'héritage architectural, formes et fonctions*, Le Caire, 1991

Collectif

AMMAR Leïla, préface de SAADAOUI Ahmed (sous la direction de), *Cités et architectures de Tunisie, La Tunisie des XIXe et XXe siècles*, Tunis, Éditions Nirvana, novembre 2015.

Thèses et Mémoires

ABDELMOULEH, Karim, *Le décor et le traitement de la façade de la maison traditionnelle dans la médina de Sfax*, Tunis, Mémoire de DEA en Sciences et Techniques des arts, Tunis, 2004.

MAHFOUDH, Faouzi, *La ville de Sfax : recherches d'archéologie monumentale et évolution urbaine*, thèse de Doctorat 1988.

Pour citer cet article :

Houneida DHOUIB AMOURI, « Notions d'intimité et symboles dans l'architecture traditionnelle de la Tunisie: le cas de Sfax », *Revue Legs et Littérature* n° 17, vol. 1, 2021, pp. 215-232.

Initiation et magie : de l'oral à l'écrit/du socio-religieux au littéraire. Quelle(s) relecture(s) de *Mémoires de porc-épic* d'Alain Mabanckou ?

Feyrouz SOLTANI détient un magister en sciences des textes littéraires et prépare une thèse de doctorat sur la littérature africaine contemporaine, particulièrement sur l'œuvre romanesque d'Alain Mabanckou. Avec le niveau B1 de maîtrise de la langue anglaise, la doctorante assure ses cours à l'université de Biskra en Algérie. Ses publications sont : un article intitulé Le roman africain migrant aux aveux du cosmopolitisme dans la revue EX-professo et un autre(le personnage liminaire entre réalité et fiction dans Le fleuve détourné de Rachid Mimouni) en cours de publication par les classiques Garnier dans un ouvrage collectif (Relire Rachid Mimouni, entre hier et aujourd'hui).

Résumé

Les écrits de l'auteur ponténégrin Alain Mabanckou sont submergés de la tradition orale africaine. En effet, les rites et les croyances du continent noir constituent, non seulement, la toile de fond de ses œuvres, mais ils représentent tout un système de symboles révélant la culture noire transmise d'une génération à une autre. En s'inspirant d'un conte africain selon lequel chaque être humain a un double dans la nature, Mémoires de porc-épic revisite les croyances africaines à travers les thèmes de l'initiation et de la magie. Certes, le dualisme homme/animal incarné par « Kibandi » et son double nuisible « le porc-épic » remet en cause cette force magique, qu'on doit la domestiquer et la mettre au service de l'ordre social pour reprendre les mots de Xavier Garnier tirés de La magie dans le roman africain. Grâce à l'intégration des rites initiatiques et magiques et de tout ce qui en résulte, la trame narrative donne à réfléchir, d'où un bon nombre d'interrogations mérite d'être posé : à quelle mesure l'initiation et la magie reflètent-t-elles l'imaginaire collectif africain ? Quelle symbolique se dégage-t-elle de ces pratiques religieuses et sociales ? De l'oral à l'écrit, ont-elles le même effet ? Quelle (s) mutation (s) subissent-elles ?

Mots clés

Magie, initiation, rites africains, imaginaire collectif africain, pratiques religieuses et sociales

INITIATION ET MAGIE : DE L'ORAL À L'ÉCRIT/DU SOCIO-
RELIGIEUX AU LITTÉRAIRE. QUELLE(S) RELECTURE(S) DE
MÉMOIRES DE PORC-EPIC D'ALAIN MABANCKOU ?

Introduction

Grâce à des écrits hybrides, l'écrivain ponténégrin Alain Mabanckou s'attache
à ses origines. Ses fictions sont traversées par des indices se rapportant au
continent noir où la tradition orale est maîtresse. Pour garantir la transmission
de ce patrimoine, l'auteur s'empare de la richesse du legs ancestral rassem-
blant des mythes, des contes, des légendes et des rites qui expriment la pensée
d'un peuple dont la civilisation est millénaire.

Entre autres, nous limiterons notre analyse à la magie et aux rites dans
Mémoires de porc-épic (2006).Effectivement, l'accent sera mis sur le rôle des
rites et de la magie dans la présentation de l'imaginaire collectif africain. Considérés comme vecteur culturel, la magie et les rites sont porteurs de valeurs
religieuses et sociales. Via le processus de la mise sur papier de cette oralité,
l'auteur nous fait découvrir la vénération et la sacralisation de la magie et des
rites par les communautés africaines.

À travers cette étude, nous voulons mettre en lumière les enjeux de la magie et
des rites africains dans *Mémoires de porc-épic*. Nous interrogerons la transcription des rites, la manière dont la magie est intégrée dans cette œuvre, ainsi
que leur rôle dans la vie de l'homme Noir. Pour ce faire, nous décèlerons les

scènes représentant la magie et les rites africains afin d'examiner leur passage de l'oral à l'écrit et de cerner leurs mutations et ce, pour révéler leur symbolique qui chevauche entre le socioreligieux et le littéraire.

1. Transcrire les rites africains

Le rite ne peut être conçu indépendamment de ses deux aspects : religieux et social. Si nous remontons à son origine, le terme « rite » vient du « (latin. Ritus, rite, cérémonie religieuse, usage, coutume)[1]. [Il veut dire un] «ensemble de règles établies pour la célébration d'un culte ; ex. le rite romain. Dans les sociétés archaïques, cet ensemble strictement codifié de paroles proférées, de gestes accomplis et d'objets manipulés doit se suivre scrupuleusement selon l'ordre prescrit (rituel), condition d'entrer en contact avec les forces ou les êtres surnaturels dont on recherche la puissance agissante »[2]. Le rite se résume, donc, dans les gestes et les paroles qui accompagnent une cérémonie religieuse. Il a une dimension spirituelle puisque, durant ses pratiques, l'homme cherche à établir un contact avec l'autre monde, celui des esprits, des invisibles et des morts.

Entre rite et rituel, la distinction s'avère nécessaire. Pour cela, nous nous référons à l'ouvrage de Luc Benoist intitulé Signes, symboles et mythes. Benoist souligne que « mythe et rite sont en effet les expressions complémentaires d'une même destinée, le rituel étant son aspect liturgique et le mythe sa réalisation à travers les épisodes d'une histoire vécue »[3]. Le rituel est attaché aux pratiques religieuses avant de se transformer en pratiques sociales qui se voient comme coutumes, tandis que le rite renvoie aux règles régissant une cérémonie religieuse.

Souvent, les rites et les rituels sont étudiés par l'ethnologie et l'anthropologie. Mais, ils sont réécrits en littérature comme vecteur culturel d'une société donnée. Les rites sont reliés au cérémonial, au religieux, au surnaturel, voire au magique, soit dans la vie courante, soit dans la création littéraire. Ils sont, également, une pratique collective qui reflète la pensée des peuples et leurs civilisations. Le recours aux rites est éminent dans la littérature africaine. L'Histoire millénaire du continent noir prouve l'abondance des rites

---

1. Joëlle Gardes-Tamine, Marie-Claude Hubert, *Dictionnaire de critique littéraire*, Paris, Armand Colin, 2002, p. 319.
2. Ibid., p. 319.
3. Luc Benoist, *Signes, symboles et mythes*, Paris, PUF, 2009, p.100.

appartenant à la tradition orale du peuple africain. Cette littérature orale « est incontestablement la plus ancienne, la plus endogène, la plus diversifiée, la mieux répandue dans les masses africaines d'hier, comme dans celles d'aujourd'hui »[4]. En se référant à ses origines, Mabanckou voit dans les éléments mémoriels africains une source inépuisable pour écrire ses œuvres.

Mémoires de porc-épic, édité en 2006 et couronné par le prix Renaudot la même année, est débordant de passages révélant des cérémonies religieuses et des pratiques rituelles chez les peuples africains. Mabanckou souligne l'importance, voire la vénération des rites par les Noirs, ce qui suscite la curiosité des scientifiques occidentaux, comme le raconte le protagoniste narrateur : « d'ailleurs une fois des Blancs sont venus ici pour observer cette pratique en vue de la raconter dans un livre, ils s'étaient présentés comme étant des ethnologues »[6]. Cela veut dire que la culture africaine est une matière riche, qui nécessite une investigation et une transposition de l'oral à l'écrit parce qu'elle est un patrimoine commun. Pour l'auteur ponténégrin, on doit la faire connaître aux autres afin d'assurer son avenir. En réalité, « beaucoup de peuples d'autres contrées s'inspiraient de ces coutumes pour la gloire des aïeux »[6], ce qui est un indice de transmission de la culture du continent noir.

En fait, la vénération de la culture orale africaine par l'auteur est assurée par la transcription des rites. Le passage de l'oral à l'écrit permet de faire sortir la culture africaine du cadre local vers l'universel et de garantir sa conservation grâce à l'écriture romanesque. De cette façon, la littérature est au service de la préservation du legs ancestral.

2. De l'alter ego aux rites d'initiation

À l'instar d'un conteur, Mabanckou rend hommage à la tradition orale africaine dans *Mémoires de porc-épic*. Il construit un récit hybride qui fait balancer le lecteur d'un genre à un autre, ce qui rend floue la classification générique de cet écrit. De surcroît, le texte en question est une réécriture d'une fable occidentale et d'un conte africain d'une façon homogène qui révèle une considérable manipulation des techniques d'écriture linguistiques et stylistiques.

---

4. Lilyan Kesteloot, *Histoire de la littérature négro-africaine*, Paris, Karthala–AUF, 2001, p. 14.
5. Alain Mabanckou, *Mémoires de porc-épic*, Paris, Seuil, 2006, p. 141.
6. Ibid., p. 143.

D'une part, l'auteur s'inspire d'Ésope et de La Fontaine dans la mesure de donner la parole à un porc-épic qui se confie à un baobab. D'autre part, il écrit la diégèse de *Mémoires de porc-épic* en s'inspirant d'un conte africain, selon lequel chaque être humain a un double dans la nature. C'est un second Soi qui assure une vie double à une personne quelconque qui la différe des autres. Une croyance africaine relie le destin de cette personne à son double (alter ego ou autre Soi-même) : les deux meurent le même jour. C'est selon cette idée que l'histoire de cette œuvre fut inventée, comme le déclare l'auteur dans un entretien réalisé en 2008 :

> *L'histoire du double est inspirée de la mythologie qui est la nôtre et qu'on retrouve d'ailleurs dans la plupart des contes et légendes d'Afrique [...]. Dans ce roman, j'ai cherché à remettre en selle les espèces de conceptions que nous avions à l'époque et qui peut-être fondent même l'imaginaire de l'enfant noir africain. C'est un hommage que je rends à la tradition orale[7].*

Pour Mabanckou, la tradition orale africaine est une source inépuisable pour produire des œuvres littéraires conçues indissociablement des thèmes relevant de l'imaginaire collectif des peuples du continent noir.

Le thème du double « a ses origines dans le passé le plus reculé de l'humanité et de ses croyances »[8]. Il est l'un des éléments de la tradition africaine, il se rapporte à la psychologie et aux états de l'âme de l'être humain. Le double peut être un autre personnage, un ange gardien ou un Moi social et il peut avoir plusieurs formes comme le narcissisme ou la surestimation, le dédoublement paranoïaque ou l'inconscient[9]. Mabanckou s'empare de ce thème afin de produire la trame narrative de *Mémoires de porc-épic*. Dans cette œuvre, la primauté est donnée à l'animal (le porc-épic) qui s'exprime comme les hommes et qui commente, également, leurs comportements.

Pour les peuples africains, le porc-épic est l'un des animaux autour duquel plusieurs histoires sont dites par les griots, mais aussi par les mères qui racontent, la nuit, à leurs enfants ce type d'histoires où se croisent le réel et l'ima-

---

7. Atse N'cho, De Grignan, « L'écrivain congolais Alain Mabanckou veut « foutre le bazar » *La communauté black en France*, 2009, Consulté le 11 février 2020.
URL: www.100pour100culture.com/archives/23/mabanckou/index.html
8. Claude Aziza, Claude Olivieri, Robert Sctrick, *Dictionnaire des types et caractères littéraires*, Paris, Fernand Nathan, 1978, p. 61.
9. Ibid., pp. 61-62.

ginaire. Cela dit que les personnages animaliers dans les récits peuvent servir à transmettre des moralités utiles à la vie des humains, notamment chez les peuples africains, qui, en dépit de la diversité de leurs croyances, se partagent la vénération des animaux. Donc, les récits d'animaux utilisés comme des symboles appartiennent à l'imaginaire collectif des africains.

Le porc-épic qui n'a pas de nom, est désigné tout au long du récit par le pronom (je). C'est un double nuisible : « j'ai moi-même été pendant longtemps le double de l'homme qu'on appelait Kibandi »[10]. Sachant qu'il y a « des doubles pacifiques [...] qui protègent l'être humain »[11], les doubles nuisibles sont « les plus agités des doubles, les plus redoutables, les moins répandus aussi »[12]. Ils sèment le mal et ils sont au service de leurs maîtres. Donc, le porc-épic joue le rôle de double nuisible de Kibandi. C'est pourquoi, il « devra quitter le monde animal afin de vivre non loin de l'initié, il remplira sans protester les missions que celui-ci lui confiera »[13]. Quant à Kibandi, le dédoublement lui permet de trouver son alter ego grâce au processus de l'initiation durant lequel il boit le liquide initiatique.

Dans la pensée africaine, l'animal est sacré, notamment durant les rites religieux. Il est question de certains animaux symboliques comme le chat, le lion, le porc-épic, etc. À ce titre, la vénération de l'animal remonte à la nuit des temps. Pour l'anthropologue Philippe Descola, la représentation que les sociétés humaines ont de l'animalité se fait en fonction de leur conception de la nature[14]. Ainsi, les relations entre les deux espèces diffèrent selon le cadre individuel et collectif des cultures à travers le monde. Chez les communautés africaines, les thèmes de double et d'initiation sont intimement liés aux animaux et aux rites religieux ou sociaux.

Durant les pratiques religieuses, le processus de l'initiation permet à l'être humain de passer d'un état à un autre par un certain nombre d'actions et de rites afin de s'approprier de nouvelles connaissances et qualités qui s'accompagnent par des gestes secrets et mystiques à la fois, sachant que « ce passage s'accompagne donc d'une dégradation physique ou morale spontanée (transes,

---

10. Alain, Mabanckou, *Mémoires de porc-épic*, op.cit., pp.11-12.
11. Ibid., p. 15.
12. Ibid., p. 15.
13. Ibid., p. 17.
14. Jean-Pierre Sylvestre, « Humanité et animalité dans la pensée humaniste », *Homme et animal, la question des frontières*, 2009, pp. 85-97. Consulté le 13 janvier 2020. URL: https://doi.org/10.3917/quae.camos.2009.01.0085

état dépressif, possession) ou infligée (mutilation, flagellation, etc). Ajoutée à la discrétion qui entoure ces cérémonies, elle a pour effet de faire croire à des pratiques atroces inavouables »[15].

L'initiation est un thème central dans Mémoires de porc-épic. L'auteur donne de l'importante au processus de transmission chez Kibandi. Ce dernier a « quelque chose »[16] de secret. Ce sont des pouvoirs qui ne sont pas chez les autres habitants du village. Quand il était enfant, Kibandi était sujet d'un rituel de transmission. Le père a transmis à son fils ses pouvoirs en lui faisant boire un breuvage initiatique appelé « mayamvumbi ». Selon cette croyance, « la transmission d'un tel double est plus compliquée, plus restreinte, elle s'opère au cours de la dixième année »[17]. Ainsi, le liquide en question « l'initié le boira régulièrement afin de ressentir l'état d'ivresse qui permet de se dédoubler, de libérer son autre lui-même »[18]. Cette pratique permet au jeune garçon d'accomplir ses missions meurtrières avec l'aide du porc-épic. Les rites de transmission sont transposés depuis des pratiques religieuses vers des pratiques sociales qui exploitent les animaux comme des doubles. C'est exactement, l'état de possession dont parle Mabanckou dans cette œuvre : un jeune garçon possède un porc-épic dans le sens spirituel. Ce binôme sème le mal un peu partout dans un village africain où se déroule l'histoire. Il s'agit des assassinats commis grâce au recours aux rites d'initiation.

3. Quand le rite s'accompagne par la magie

Les peuples africains sacralisent la magie et croient à ce type de phénomènes qui se passent dans le continent de la savane et de la brousse, puisque comme le précise Xavier Garnier dans *La magie dans le roman africain* : « la brousse fonctionne dans les contes traditionnels africains comme un immense réservoir de forces brutes. La magie, en tant que force, s'enracine dans la brousse. Les contes auraient pour fonction de capter cette force magique, la domestiquer et la mettre au service de l'ordre social »[19]. La magie se rapporte à la vie sociale dans la mesure qu'elle aide les gens à surmonter les obstacles de la vie courante afin de rendre facile leur vécu. Dans ce sens, les peuples africains ne peuvent, non plus, imaginer leur vie sans recourir à la magie dans

15. Claude Aziza, Claude Olivieri, Robert Sctrick, *Dictionnaire des symboles et des thèmes littéraires*, Paris, Fernand Nathan, 1978, p.104.
16. Alain Mabanckou, *Mémoires de porc-*épic, op.cit., p. 183..
17. Ibid., p. 16.
18. Ibid., p. 17.
19. Xavier Garnier, *La magie dans le roman africain*, Paris, PUF, 1999, p. 159.

tous les domaines de la vie. Et ce, chez toutes les couches sociales, de l'anal-phabète à l'élite de la société. Cela justifie, certainement, l'intégration de la magie dans les romans africains contemporains d'expression française.

Derrière la dimension magique instaurée dans la fiction africaine, il y a tout un système de symboles qui nécessite d'être découvert. D'ailleurs, le recours à la magie dans la narration interpelle, logiquement, deux univers : celui du visible et celui de l'invisible. Le premier évoque le monde des animaux et des humains qui ont des pouvoirs magiques. Quant au deuxième, il regroupe les esprits, les démons et les morts appartenant à l'au-delà. Ce deuxième monde est au service du premier par le processus d'initiation et par le phénomène de la sorcellerie.

Garnier considère la magie comme une force bénéfique qui doit être utilisée pour le bien de la société. Au contraire, chez Kibandi et son alter ego, ce pouvoir est utilisé dans le sens maléfique qui entraîne plusieurs meurtres pour des raisons futiles : insultes, maltraitance ou moqueries. Ces assassinats sont commis par le porc-épic exécuteur des ordres de son maître (Kibandi). La magie est incarnée par la figure de ce garçon présenté comme le destin fatal de certains habitants. Donc, la force magique est devenue dans ce récit synonyme de la mort. C'est dans ce sens que Garnier a divisé le recours au thème de la magie dans l'écriture romanesque africaine en trois axes : la force, la figure et l'événement[20]. La force veut dire le pouvoir de la magie présentée par un personnage de la fiction. Ce dernier accomplit des actions qui structurent la trame narrative. En se référant à cette réflexion, nous déduisons que dans *Mémoires de porc-épic*, Kibandi est la figure qui incarne le mal étayé par ses pouvoirs magiques dont résultent de nombreux meurtres parmi les habitants du village.

L'intégration des scènes qui montrent la croyance des africains aux pouvoirs des sorciers est très remarquable dans le récit du porc-épic. L'auteur ne cesse d'intégrer tout au long de cette œuvre des scènes relatives à la magie et à la réaction des africains face à des pratiques se basant sur des pouvoirs magiques de certaines gens. À titre d'exemple, quand Tante Etaleli, l'un des person-nages qui croient aveuglément aux pouvoirs magiques des sourciers, s'est rendue dans la cabane d'un féticheur nommé Tembé-Essouka pour savoir qui a assassiné sa fille. Tembé-Essouka lui déclare : « les quatre témoins et

---

20. Alain Mabanckou, *Mémoires de porc-épic*, op. cit., p. 161.

l'homme injustement accusé vont sortir de cette case et attendre dehors, je vais vous révéler, à vous madame, qui a mangé votre fille »[21]. L'attitude et les comportements de ce dernier sont soigneusement décrits : « le féticheur plongé dans une méditation interminable, les yeux fermés, et quand il les rouvrit Tante Etaleli crut que le féticheur n'était pas un aveugle, il la fixa droit dans les yeux, poussa un aboiement à l'instar d'un chien batéké, le feu s'éteignit d'un seul coup, il se mit ensuite à compter les osselets de son chapelet, à murmurer un chant que Tante Etaleli ne comprenait pas »[22].

La sorcellerie est ancrée dans l'esprit des africains. Cette pratique se basant sur le surnaturel, est considérée comme l'explication de tout ce qui les intrigue. Mabanckou l'incorpore dans cette œuvre puisqu'elle est un élément indissociable de la culture orale africaine laquelle reflète, sans égard, l'imaginaire collectif africain.

Aussi les rites funéraires en Afrique, particulièrement au Congo, sont-ils représentés dans *Mémoires de porc-épic* avec beaucoup de rigueur. Ces pratiques mortuaires sont traversées par des prières et des supplications des ancêtres lors de l'enterrement. Il est question du rite de la danse du cadavre durant lequel des phénomènes de transe, de possession, d'initiation et de transfert de pouvoirs magiques du défunt à son héritier caractérisent ce climat spirituel. Également, le deuil s'accompagne par la danse et la musique. Tandis que, le cadavre dans son cercueil porté sur les épaules de quatre gaillards, réagit à travers des mouvements afin de désigner son meurtrier.

Le rite de la danse du cadavre suscite la curiosité des ethnologues européens, notamment quand les habitants de Séképembé découvrent l'assassin de l'un des villageois. D'ailleurs, les Blancs « demandèrent à porter eux-mêmes le cercueil sur leurs épaules parce qu'ils étaient persuadés que quelque chose ne tournait pas rond dans cette pratique »[23], mais lorsque « le cercueil se mit à bouger à l'avant par petits bonds de bébé Kangourou, les ethnologues qui étaient derrière crièrent. [...] Le cadavre s'excita, accéléra son rythme, entraîna les anthropologues sociaux dans un champ de lantanas, les ramena au village, les poussa jusqu'à la rivière, les ramena de nouveau au village avant d'arrêter sa course effrénée devant la case du vieux Mouboungoulou »[24].

---

21. Ibid., p. 100.
22. Ibid., p. 100.
23. Ibid., p.143.
24. Ibid., pp. 144-145.

À l'aide d'une description minutieuse de cette pratique rituelle, l'auteur souligne que « l'épreuve du cadavre qui déniche son malfaiteur est redoutée par tout le monde, c'est un rite répandu dans la région, chaque fois qu'il y a un mort ici les villageois s'empressent d'y recourir, il n'y a pas de mort naturelle dans leur esprit »[25]. Cette dernière phrase prouve que le rite est le moyen par lequel s'appréhendent les fondements de la vie sociale et religieuse au sein du continent noir.

Ainsi, les rites représentés dans *Mémoires de porc-épic* ne sont que quelques-uns parmi une diversité caractérisant la tradition orale africaine. Transcrire des rites africains donne plus d'acuité à l'écriture romanesque de Mabanckou qui véhicule une vision du monde africain, particulièrement congolais. C'est pourquoi, la création littéraire chez cet auteur se fait à l'aune de sa culture ancestrale considérée comme une source inépuisable qui nécessite d'être revalorisée.

Rendre hommage à la tradition orale africaine par l'intégration des rites et des scènes relatives à la magie révèle la mission que s'est donnée Mabanckou. Il se tâche à préserver la culture orale de ses ancêtres via l'écriture romanesque, le seul atout qui garantit la transmission du legs des aïeux d'une génération à une autre sans se contenter, non seulement des griots qui vont disparaître tôt ou tard.

Conclusion

Au terme de cette analyse de *Mémoires de porc-épic*, nous notons que Mabanckou revisite la tradition africaine à travers des scènes reflétant le vécu des peuples africains. L'intégration de la magie et des rites africains, voire des rituels dans cette œuvre s'explique par l'attachement de l'auteur à ses origines qui s'illustre par la volonté de conserver la culture noire, sujet qui lui tient à cœur. C'est grâce à l'insertion des thèmes évoquant la croyance aux pouvoirs magiques et à la transcription des rites, présentés sous forme de pratiques religieuses et sociales et qui fonctionnent comme vecteur culturel, que l'auteur rend hommage à ses ancêtres sans s'égarer de ses objectifs littéraires qui consistent à être un citoyen du monde.

Pour faire le point, le recours à la magie et à la transposition des rites s'est réalisé par le biais de personnages qui amènent le lecteur vers un univers spi-

---

25. Ibid., p. 140.

rituel plein de mystères. Ce sont des personnages qui incarnent, à la fois, le local et l'universel. De plus, l'auteur recourt à une pratique langagière particulière qui use des emprunts aux langues populaires africaines et qui détourne les normes de l'écriture traditionnelle. Par ces techniques, le passage de l'oral à l'écrit génère un texte hybride qui doit être lu à la lumière de l'ouverture sur l'Autre sans négliger son origine et son appartenance. Dans cette perspective, l'écrivain franco-congolais dénonce le repli sur Soi de ses prédécesseurs et préconise la coexistence des peuples, des langues et des cultures. Ainsi, par la mise en scène des éléments appartenant à sa culture d'origine, particulièrement la magie et les rites et par la pluralité de son écriture teintée de cosmopolitisme, Mabanckou transmet sa verve narrative comme l'une des voix majeures de la littérature francophone contemporaine.

Feyrouz SOLTANI, PHDC

Bibliographie

AZIZA, Claude, OLIVIERI, Claude, SCTRICK, Robert, *Dictionnaire des symboles et des thèmes littéraires*, Paris, Fernand Nathan, 1978.

AZIZA, Claude/OLIVIERI, Claude/SCTRICK, Robert, *Dictionnaire des types et caractères littéraires*, Paris, Fernand Nathan, 1978.

BAKHTINE, Mikhaïl, *Esthétique et théorie du roman*, Paris, Gallimard, 1978.

BENOIST, Luc, *Signes, symboles et mythes*, Paris, PUF, 2009.

CLAVARON, Yves, *Poétique du roman postcolonial*, Saint-Étienne, Publications de l'université de Saint-Étienne, 2011.

CHEVRIER, Jacques, *La littérature nègre*, Paris, Armand Colin, 2005.

--, *La littérature africaine*, Paris, Flammarion, 2008.

CHUNG, Ryoa, NOOTENS, Geneviève, *Le cosmopolitisme, Enjeux et débats contemporains*, Montréal, Presses de l'Université de Montréal, 2010.

CHAUVIN, Danièle, SIGANOS, André, WALTER, Philippe, *Questions de mythocritique*, Paris, IMAGO, 2005.

DABLA SEWANOU, Jean-Jacques, *Les nouvelles écritures africaines*, Paris L'Harmattan, 1986.

DE GRIGNAN, Atse N'cho, « L'écrivain congolais Alain Mabanckou veut outre le bazar », *La communauté black en France*, 2009. Consulté le 11 évrier 2020.
URL: www.100pour100culture.com/archives/23/mabanckou/index.html

GARDES-TAMINE, Joëlle, HUBERT, Marie-Claude, *Dictionnaire de critique littéraire*, Paris, Armand Colin, 2002.

GARNIER, Xavier, *La magie dans le roman africain*, Paris, PUF, 1999.

GOLDENSTEIN, Jean-Pierre, *Pour lire le roman*, Bruxelles, Deboeck-Duculot, 1986.

JOUVE, Vincent, *L'effet-personnage dans le roman*, Paris, PUF, 1998.

KESTELOOT, Lilyan, *Histoire de la littérature négro-africaine*, Paris, KARTHALA-AUF, 2001.

MABANCKOU, Alain, *Mémoires de porc-épic*, Paris, Seuil, 2006.

MATESO, Locha, *La littérature africaine et sa critique*, Paris, A.C.C.T/ Khartala, 1986.

MOURA, Jean-Marc, *Littératures francophones et théorie postcoloniale*, Paris, PUF, 1999.

RICARD, Alain, *Littératures d'Afrique noire*, Paris, CNRS/Karthala, 1995.

SYLVESTRE, Jean-Pierre, « Humanité et animalité dans la pensée humaniste », *La pensée humaniste, Homme et animal, la question des frontières*, 2009, pp. 85-97. Consulté le 13 janvier 2020.
URL: https://doi.org/10.3917/quae.camos.2009.01.0085

VILLANOVA (de), Roselyne, VERMES, Geneviève, *Le métissage interculturel*, Paris, L'Harmattan, 2006.

Pour citer cet article :

Feyrouz SOLTANI, « Initiation et magie : de l'oral à l'écrit/du socio-religieux au littéraire : quelle(s) relecture(s) de *Mémoires de porc-epic* d'Alain Mabanckou ? », *Revue Legs et Littérature* n° 17, vol. 1, 2021, pp. 233-246.

• Deuxième partie

Entretien

Ousmane Sembène, la courbe d'un militant-artiste

Professeur de français et de littérature africaine à Mount Holyoke College (MHC) dans le Massachusetts aux États-Unis, le docteur Samba Gadjigo est, avec Jason Silverman, le réalisateur d'un film documentaire sur la vie de l'écrivain et cinéaste sénégalais Ousmane Sembène titré Sembene !. *Prix Jean Vigo pour son premier long-métrage,* La Noire de.. *(1966), inspiré de la nouvelle du même nom, l'auteur de* Les bouts de bois de Dieu *est décédé en 2007. Lors de l'une de nos interventions au MHC en novembre 2015, nous avons rencontré le professeur Gadjigo, également biographe d'Ousmane Sembène. Il nous parle du film, du Sénégal et de son parcours.*

Legs et Littérature (L&L) : *Et si nous commencions par une présentation de Samba Gadjigo ?*

Samba Gadjigo (SG) : Je suis né dans l'Est du Sénégal, juste à la frontière du Mali. Comme tous ceux de ma génération qui vivaient dans les zones rurales, je suis un fils de paysans. Les premières années de ma vie, je les ai passées dans un village sans avoir vraiment de contact avec l'extérieur. Ce sont les histoires que ma grand-mère m'a racontées qui ont tracé la conception de mon monde. Ma perception de moi-même, du monde et de l'autre, tout cela était fondé sur les histoires que les miens m'ont racontées. Évidemment, quand j'ai commencé à aller à l'école coloniale ou postcoloniale – j'y suis allé bien entendu pendant deux ans après l'indépendance du Sénégal – le système était toujours le même. À partir de ce moment, j'ai commencé aussi à intérioriser beaucoup de textes français, et le centre d'intérêt n'est plus le village mais une sorte d'européo-centrisme obligatoire où l'on parle de la France, sa géographie, son histoire, mais surtout de l'homme blanc, d'où commence à se créer une autre vision.

L&L : *S'agit-il de ces images retrouvées dans les romans francophones où l'on voit un petit garçon élevé au départ dans un village par sa grand-mère, par la suite quittant ce village pour fréquenter l'école coloniale à l'exemple de Jose Hassan dans La Rue Case-Nègres ?*

SG : Absolument. José Hassan qui est obligé de quitter le village et la case de sa grand-mère (qui est donc très symbolique) et tous les autres nègres pour se rendre en ville. Il y a là un processus de « déculturation », une sorte d'accul-turation, si tu veux. C'est-à-dire, plus tu t'élèves dans l'échi-quier colonial, plus tu t'éloignes de ce que tu étais, cela m'est arrivé évidemment. Il faut montrer qu'on maîtrise la langue française, qu'on connaît la littérature française. On te bom-barde le cerveau avec le « Lagarde » et « Michard » tous les jours. Les manuels scolaires ne parlent ni de ton pays ni de toi. À ce moment, tous tes rêves sont de devenir français, autres que ce tu es véritablement. On te présente les autres pays perçus comme une sorte d'eldorado, un monde de rêves.

« Plus tu t'élèves dans l'échiquier colonial, plus tu t'éloignes de ce que tu étais »

L&L : *C'est comme une forme de dépaysement ?*

SG : On te dépayse, on te présente toutes les autres cultures, les autres géographies comme l'eldorado. À partir de ce mo-ment, tu as non seulement un mépris pour ce que tu es, ce qu'il y a autour de toi, mais tu ne rêves que d'aller ailleurs. Je suis passé par là jusqu'à ce qu'un jour, en 1974, je suis tombé sur un livre qui m'a bouleversé, le chef-d'œuvre de Sembène Ousmane, un livre sur un évènement historique, la grève des travailleurs du chemin de fer pendant la période coloniale en 1947. C'était le premier livre que j'ai lu en français dans lequel les acteurs étaient des Noirs. Il y a eu une sorte de fracture psychologique et mentale. C'est comme s'il s'agit de quelqu'un qui ne connaissait rien de l'histoire du monde noir, et on te dit qu'en 1804 Haïti a obtenu son indépendance. Sembène nous montre des Noirs qui prennent une initiative historique. J'y vois des héros noirs alors que dans tout ce que j'avais lu auparavant, les Noirs étaient toujours à la Périphérie. Les Noirs étaient invisibles, ils n'étaient que des ombres qui passaient, c'était l'homme blanc qui était toujours au centre. Et voilà que Sembène nous donne notre place.

Un rêve avorté

L&L : *Et ce livre-là c'était* Les bouts de bois de Dieu...

SG : C'était *Les bouts de bois de Dieu* publié en 1968, et ça a mis fin à ma virginité politique. J'ai commencé à ce moment à voir la corrélation qui existe entre l'art et la politique, l'art et la culture. Les textes français qu'on nous enseignait avaient un objectif particulier, celui de nous mettre dans le giron de la France, nous en tant qu'intellectuels noirs. Je ne suis pas le premier à le dire, Frantz Fanon l'avait déjà souligné. J'ai lu *Peau noire, masques blancs* et *Les damnés de la terre* de Fanon, le *Cahier d'un retour au pays natal*, *Le discours sur le colonialisme* et *Une saison au Congo* de Césaire. Tous ces textes-là m'ont nourri. Ma génération a eu cette chance de lire toute cette littérature qui te réhabilite aux yeux de toi-même et aux yeux des autres. Cela constitue le meilleur viatique dans le monde.

L&L : *Passé ce stade, vous n'avez plus ce rêve d'être un Français noir ?*

SG : Non, tout ça, c'est terminé. Cela a été la redécouverte de soi non pas comme quelqu'un de supérieur aux autres mais inférieur à personne. J'ai découvert mon humanité et ma dignité

« C'était l'homme blanc qui était toujours au centre. Et voilà que Sembène nous donne notre place »

« Ma génération a eu cette chance de lire toute cette littérature qui te réhabilite aux yeux de toi-même et aux yeux des autres »

Le Sénégal, terre d'artistes

L&L : *Le Sénégal est une terre d'écrivains, d'artistes. Il a produit Léopold Sedar Senghor, ancien président de la République, écrivain et grande figure de la Négritude, Ousmane Sembène, écrivain, cinéaste. De nos jours, on commence à parler de ce jeune écrivain sélectionné pour le prix des Cinq continents de la Francophonie, Mohamed Mbougar Sarr. Le Sénégal est donc un grand pays en termes de production littéraire et artistique.*

SG : Oui, mais je ne pense pas que le Sénégal ou que les Sénégalais génétiquement aient un mérite particulier sur ce plan, sinon qu'il s'agit d'un contexte historique. La première colonie française sur le continent africain (je ne fais pas de distinction entre l'Afrique subsaharienne et l'Afrique du Nord) était l'Algérie en 1830, et le Sénégal était le premier pays subsaharien à avoir été occupé par les Français. La capitale était, à l'époque, Saint-Louis du Sénégal. C'est en 1854 que Saint-Louis était devenue la capitale. À partir de ce moment, Saint-Louis et le Sénégal ont été la porte d'entrée vers l'Afrique subsaharienne. Le fleuve sénégalais rencontre l'Atlantique au niveau de Saint-Louis et les Européens y sont arrivés par l'océan. Étant la capitale de l'Afrique, toute l'administration française, y compris l'armée, y était concentrée. Les missions catholiques avaient déjà construit une école en 1817. Peu après, les écoles se multipliaient, qu'elles soient publiques ou autres, pour la formation des enfants des chefs. C'est pourquoi il est tout à fait normal que jusqu'à la fin de la deuxième guerre mondiale, le plus grand nombre d'écrivains venait du Sénégal.

« Le Sénégal était le premier pays subsa-harien à avoir été occupé par les Français »

Quand il s'agit par exemple de parler de l'écriture par les femmes, il faut mentionner le Sénégal. Les premiers lycées pour femmes étaient aussi au Sénégal. Voilà pourquoi, à cause de ces circonstances historiques, les Sénégalais avaient beaucoup plus d'accès à l'éducation secondaire. Nombre d'entre eux sont allés en France pour poursuivre des études. C'est le cas de Senghor par exemple que vous avez mentionné. Il est allé en France en 1925 où il a rencontré [Léon Gontran] Damas. En France, les Africains découvrent les Antillais et vice-versa. Après le mouvement de Harlem, il y a eu des Afro-Américains aussi. Ce qui a fait de Paris le centre du monde noir. Voilà le contexte historique, mais il se trouve qu'à présent le Sénégal n'est plus à la tête de cette production littéraire. Par exemple, sur le plan cinématographique, quand j'ai quitté le Sénégal dans les années 1980, il y a eu plus de 90 salles de cinéma, aujourd'hui il n'y en a pas une seule.

« Dans les années 1980, il y a eu plus de 90 salles de cinéma, aujourd'hui il n'y en a pas une seule »

L&L :*Il y a là une régression. C'est quoi la cause de tout cela, selon vous ?*

SG : Il n'y a pas de politique culturelle, il n'y a pas de projets de société. Nous tournons tous en rond. Il n'y a plus de dirigeants si vous voulez, nous n'avons que des carriéristes, c'est-à-dire des hommes politiques qui n'ont qu'un seul objectif : se faire réélire pour maintenir leur place au soleil. Que ce soit en Haïti, en Guadeloupe ou dans les Antilles, ils s'en fichent du citoyen. Cela devient un problème de classe. Dans notre propre société, ce n'est plus un problème de classe mais un problème de race. Et nous avons des dirigeants qui n'ont, pour la plupart, aucun sens du patriotisme.

« l'Occident a sous-développé l'Afrique »

Tant que l'on ne changera pas les relations avec l'Occident, on ne peut espérer changer cette situation. Il y a un politologue de la Guyane britannique, Walter Rodney, qui a écrit un livre titré *Et l'Europe sous-développa l'Afrique*, dans lequel il montre comment l'Occident a sous-développé l'Afrique. Nous sommes le continent avec la plus grande richesse naturelle au monde, et pourtant nous sommes le pays dont les habitants sont les plus pauvres. Ce n'est pas un paradoxe, c'est quelque chose de structurel. Ce n'est ni induit, ni naturel, c'est un problème systémique. C'est ce système qui continue jusqu'à présent. Imaginez que si depuis 1804 Haïti avait suivi une trajectoire normale de développement avec ses ressources naturelles et humaines, elle ne serait pas où elle est aujourd'hui. Elle n'aurait pas besoin de l'assistance du monde, mais c'est parce que c'est voulu quelque part. C'est voulu qu'Haïti reste où elle en est.

« si depuis 1804 Haïti avait suivi une trajectoire normale de développement avec ses ressources naturelles et humaines, elle ne serait pas où elle est aujourd'hui »

Les femmes dans la société sénégalaise

L&L :*Vous avez soulevé tout à l'heure la question de la femme dans la production artistique au Sénégal, comment est donc de nos jours sa place dans la production littéraire et cinématographique ?*

SG : Je crois que maintenant elle est supérieure à celle des hommes. Là aussi il y a une histoire. Si l'on regarde la production littéraire au Sénégal, la première nouvelle en langue française écrite en Afrique noire francophone date de 1920. C'était une petite nouvelle, *Les trois volontés de Malic*, écrite par Ahmadou Mapaté Diagne, un jeune qui allait à l'école et qui chantait les vertus de la langue française mais qui pleurnichait également avant même le mouvement de la Négritude. Si vous prenez cette œuvre originale, jusqu'à 1976, vous ne trouverez aucun texte en langue française qui ne parlait pas des femmes. Pourquoi ? Parce que l'enseignement en Afrique n'était pas démocratique, il fallait instrumentaliser les Africains, créer une petite élite, je ne dirais pas d'intellectuels africains mais de scolarisés africains qui pouvaient être des traducteurs, des interprètes, des petits commis de bureau. Mais il y a un autre facteur endogène dû aux sociétés musulmanes très conservatrices. On pensait que la place de la femme était à la maison et non à l'école. Donc ces deux facteurs combinés ont fait que la femme étaient absente de l'enseignement secondaire jusqu'à la Seconde Guerre mondiale.

À partir de 1946, la première génération de jeunes femmes sénégalaises ayant accès à l'éducation voit le jour. Aujourd'hui, il y a un lycée au Sénégal qui s'appelle Lycée John Fitzgerald Kennedy, c'est un lycée de jeunes filles. Et 1976 est la date à laquelle a paru le premier texte écrit par une femme. L'auteure s'appelle Nafissatou Diallo, c'est une autobiographie, *De Tilène au Plateau, une enfance dakaroise.* En 1979, paraît le roman dont tout le monde parle, celui de Mariama Bâ, *Une si longue lettre.* Puis, Aminata Sow Fall qui est venue à Mount Holyoke deux fois et qui a un doctorat honoris causa ici. Bref, si vous faites une anthologie de la littérature sénégalaise aujourd'hui, vous verrez qu'il y a beaucoup plus de romanciers femmes que de romanciers hommes. Leur production est supérieure à celle des hommes, c'est un phénomène sociologique qu'il faudrait analyser, mais sur le plan empirique, c'est ça la réalité. Les femmes ont beaucoup plus accès à l'enseignement supérieur à présent, d'où le nombre d'écrivains femmes a augmenté.

« 1976 est la date à laquelle a paru le premier texte écrit par une femme. L'auteure s'appelle Nafissatou Diallo »

« Les femmes ont beaucoup plus accès à l'enseignement supérieur à présent, d'où le nombre d'écrivains femmes a augmenté »

L&L : *Parlant de la place des femmes, il y a eu aussi en Haïti une période où les femmes ont été ignorées, oubliées, mises à l'écart parce qu'on croyait qu'elle devrait s'occuper de tâches domestiques. Elles étaient obligées de recourir à un pseudonyme, un nom de plume pour pouvoir produire. Je pense par exemple à Ken Bugul, de son vrai nom Marietou Mbaye ; ce n'est plus le cas de nos jours. Doit-on parler de développement, de progression ou de maturité de la société sénégalaise ?*

SG : Je crois que ce changement a été progressif. On ne peut pas dire que cela s'est produit à un temps lambda. En parlant des femmes dans la société sénégalaise ou dans la société africaine en général, je crois qu'il faut souligner certains faits historiques. Je vois beaucoup d'organisations de femmes occidentales qui disent aller en Afrique aujourd'hui pour aider les femmes africaines. La réalité, c'est que…, en passant, est-ce que vous avez lu Cheik Anta Diop ? Il faut absolument lire Anta Diop en profondeur. Il est difficile de parler de l'Afrique sans l'avoir lu, surtout pour la question de l'altérité. Sa théorie est que le premier homme sur terre est sorti de l'Afrique noire qui est le berceau de l'humanité. Or, dans toutes les sociétés africaines préislamiques et précoloniales, c'était toujours des sociétés matrilinéaires. Les femmes avaient une place importante. C'est l'islam et le christianisme qui ont déstabilisé la place de la femme en instaurant le patriarcat. Il y a de beaux films de Sembène qui illustrent tout cela, à savoir comment la femme a été toujours le pilier de toutes les sociétés. De la même manière que nos langues, nos cultures ont été marginalisées par l'arrivée des langues occidentales, de la même manière la femme est dominée et devenue une citoyenne de seconde zone. Vous voyez, il y a là un paradoxe quand on dit que les femmes ont été libérées, mais qui a libéré qui ? C'est une chose. Ces femmes et ces hommes qui sont dans les zones urbaines, qui sont dans les universités ou en exil, qui écrivent des tonnes de romans, pour qui les écrivent-ils ? Ma maman ne les lit jamais. Quand elles disent qu'elles représentent la voix des femmes, de combien de femmes ? De quelles femmes parlent-elles ? Ne s'agit-il pas plutôt d'un monologue avec les Occidentales ?

« C'est l'islam et le christianisme qui ont déstabilisé la place de la femme en instaurant le patriarcat »

Des prix et des honneurs....

L&L : *Et ces femmes qui reçoivent des prix ici…*

SG : Mais ce sont des prix aux francophones. Je ne valorise pas de prix francophones. Je ne suis pas francophone. Je parle la langue française, c'est un instrument de travail. Je ne m'identifie pas aux francophones. Je suis Sénégalais. Je suis Africain. Je n'ai rien contre la France. Au contraire, j'adore la culture française, j'ai beaucoup d'amis français, mais cela dit je ne suis pas Français, pas Francophone. Je suis Sénégalais.

« Je ne m'identifie pas aux francophones. Je suis Sénégalais. Je suis Africain. »

L&L : *Vous êtes Sénégalais et vous êtes très attaché à votre culture ?*

SG : Je suis attaché à ma culture et à toutes les cultures du monde, mais je ne vais pas me faire mettre une boîte par la francophonie. Je ne suis pas francophone. Je ne dirais pas que la France est responsable de tout ce qui est arrivé en Afrique, mais elle a sa part. L'État français a ses responsabilités. Je ne parle pas du citoyen en France qui est aussi bien trompé comme les Africains. Car il y a beaucoup de Français qui ne savent pas qu'on continue à tuer à l'étranger en leur nom.

Ousmane Sembène, le militant-artiste

L&L : *Venons-en à Ousmane Sembène. Vous venez de réaliser un documentaire sur l'écrivain qui est donc devenu une légende au Sénégal. Comment êtes-vous arrivé à cette idée du film ?*

« J'ai rencontré l'œuvre de Sembène Ousmane en 1974 »

SG : J'ai rencontré l'œuvre de Sembène Ousmane en 1974. Je suis venu aux États-Unis en 1982 pour faire mon doctorat à l'Université de l'Illinois. Paradoxalement, c'est ici que j'ai eu beaucoup plus d'accès à son œuvre. Car vous le savez très bien, si vous voulez trouver les meilleurs écrits de Dany Laferrière, ce n'est pas chez vous qu'il faut aller, il faut aller à Toronto, à Paris où maintenant il a même le sabre des Académiciens. En 1986, quand on m'a recruté dans cette université, je faisais et je continue à faire partie d'une organisation qui s'appelle Five College African Studies Council, [le conseil des études africaines], et c'était l'époque où l'on invitait les artistes et écrivains africains, et en 1989, j'ai proposé Sembene. Au printemps de 1990, il vient à Mount Holyoke pour la première fois, et depuis il est venu quatre à cinq fois avant sa mort en 2007. En résumé, j'ai découvert son œuvre, je l'ai invité, il est venu faire des conférences, on s'est bien connus. Je suis devenu son agent et j'ai organisé tous ses voyages.

« Pour qu'on connaisse les gens chez nous il faut d'abord aller à Paris »

Finalement, j'ai décidé de faire sa biographie en français (*Ousmane Sembène, une conscience africaine*) qui a été publiée quelques mois après sa mort. En 2011, le livre a été traduit en anglais. Je me suis retrouvé dans la même impasse que Sembène. Mon livre n'était pas connu, il n'était pas lu. Et si Sembène n'était pas primé par une Académie occidentale, il ne serait pas connu. Pour qu'on connaisse les gens chez nous il faut d'abord aller à Paris. Nos artistes et musiciens préfèrent faire une performance dans une misérable petite salle enfumée de Paris plutôt que de faire de spectacles dans une grande salle dans leur propre pays. Ça c'est l'ordre colonial. L'idée m'est venue, mais au lieu de m'arrêter, c'est vrai que je n'ai aucune formation de cinéaste, mais pourquoi ne pas réunir les conditions pour faire un documentaire ? parce qu'aujourd'hui les jeunes reçoivent les connaissances non pas de la lecture des livres comme moi dans ma génération, mais par le biais d'autres sources, tels que les gadgets électroniques, le numérique. La réalité vient de le confirmer, c'est qu'on a fait une projection à Mount Holyoke, il y a eu en une soirée plus de 150 spectateurs alors que le livre qui existe depuis cinq ans n'a pas eu une fraction de tout ça à l'avoir lu. C'était stratégique. La meilleure façon de faire connaître Sembène aujourd'hui à travers toutes les frontières, c'est de faire le documentaire et je crois que l'histoire m'a donné raison. Le film a commencé à sortir le 23 janvier 2015 à Utah dans le plus grand festival

« Nos artistes et musiciens préfèrent faire une performance dans une misérable petite salle enfumée de Paris plutôt que de faire de spectacles dans une grande salle dans leur propre pays »

américain de Sundance. Au mois de mai, il a été vu à Cannes, en France. Il a été sélectionné sur les classiques de Cannes, sélectionné aussi à Sundance, à deux festivals en Afrique, au festival de Sidney en Australie. Au moment où je vous parle [en novembre 2015], mon partenaire est à Dubaï pour aller à un festival en Inde. En moins de six mois, le nom de Sembène a traversé plus de frontières qu'il ne l'avait fait avec ses livres. Donc c'était par stratégie que nous nous sommes tournés vers le documentaire. Je n'ai jusqu'à présent aucune prétention d'être cinéaste, j'avais la vision, j'ai pu mettre sur pied l'équipe technique et le montage financier qui m'ont permis de faire le film.

« Je n'ai jusqu'à présent aucune prétention d'être cinéaste »

L&L : *Vous vous êtes surtout intéressé à quel aspect d'Ousmane Sembène ? L'écrivain, le militant où l'artiste ?*

SG : La question militante, ce que l'on appelle le « media-activist ». Quelqu'un qui, depuis sa jeunesse, a vu les faits négatifs des images du Noir dans la production littéraire et cinématographique mondiale. L'effet existentiel, si vous voulez, que cela a eu sur nous-mêmes. Comment notre perception par nous-même, notre aliénation, notre complexe d'infériorité a été le résultat de ces images projetées par l'autre. Il a passé toute sa vie à créer des contre-images, un autre miroir pour les Africains et les Africaines. C'est ce qui m'a le plus intéressé. D'ailleurs, quelque part, je le dénomme « Le combattant de la liberté » qui utilise la caméra comme arme. Depuis le jour où je l'ai connu jusqu'au jour où il a été enterré, il a été un combattant pour la liberté. C'est un combattant-artiste et non un artiste-combattant. C'est lui le combat d'abord. L'art n'est qu'un instrument de travail. Pas seulement l'art comme combat mais l'art comme la recherche du beau et du vrai. D'aucuns parlent de réalisme. Non, si c'était uniquement le réalisme, il nous aurait montré uniquement les misères de l'Afrique. Il est

« Il a passé toute sa vie à créer des contre-images, un autre miroir pour les Africains et les Africaines »

plutôt un visionnaire qui offre une alternative qui sort de son imagination, de ce que doit être l'Afrique de demain, même si elle ne l'est pas encore. C'est le militantisme de Sembène, c'est cette histoire que j'ai voulu partager avec le reste du monde parmi tant d'autres. Un homme ordinaire, fils de pêcheur qui a donné son sang et sa chair, sa jeunesse pour la libération de la France pendant la Seconde Guerre mondiale, qui est devenu un docker, deuxièmement exploité par la reconstruction de la France.

Ni ange, ni démon

L&L : *Un homme qui a aussi exercé de petits boulots. Il a fait un livre pour expliquer sa vie de docker,* Le Docker noir.

SG : Oui, *Le Docker noir.* C'est un homme qui est arrivé par la force de sa volonté, par les muscles de son cerveau à s'élever de simple docker et devenir membre de l'intelligentsia prolétaire. Voilà un exemple que la jeunesse d'aujourd'hui doit suivre. Si lui, à l'époque, il n'a pas été écrasé par les conditions des Noirs, nous, nous n'avons pas le droit de nous laisser écraser. Voilà l'histoire que j'ai voulu raconter. Mais tout en humanisant Sembène, je ne veux pas faire croire non plus qu'il est un démiurge. Il a ses défauts et ses qualités, mais en dépit de tous ses défauts, ses excès, sa création artistique est devenue une telle passion qu'on oublie tout.

Vous connaissez l'histoire de Christophe ? Un jour, sa femme lui a dit : « Ah! Christophe, tu demandes trop aux hommes, mais pas assez à toi. » Et qu'est-ce qu'il lui répond ? « Tu demandes trop aux hommes, mais pas assez aux nègres, parce que nous sommes dans le trou de l'histoire. » Il faut qu'on remonte. C'est la pièce culte (*La tragédie du roi Christophe*) que tous les jeunes, partout dans le monde, doivent lire, mais

« C'est le militantisme de Sembène, c'est cette histoire que j'ai voulu partager avec le reste du monde parmi tant d'autres »

on nous pousse à nous intéresser à des conneries qui nous rendent idiots tous les jours. Ce n'est pas la tragédie de Christophe uniquement, c'est celle de tous les nègres.

L&L : *Avez-vous l'impression que jusqu'à présent le message passe à travers le film ?*

SG : À juger par la réaction du public, je pense que le message est en train de passer. Le film a été projeté deux fois en Afrique mais, comprenez-moi très bien, c'est une histoire que je veux partager avec le reste du monde, mais l'Afrique est le centre du monde. Il faut le laisser faire son parcours : en avril à Madagascar, ensuite au Sénégal et d'autres pays africains.

L&L : *Ainsi, le film retourne dans sa terre natale...*

SG : Oui, mais ce que les gens ne comprennent pas, ils disent : « Ah ! le film a été à Cannes ! Samba est un homme riche ». Mais non, j'ai pris une partie de mon salaire, mon argent de professeur pour faire la promotion du film. Tout ce que j'ai gagné, je le réinvestis pour sa promotion. C'est un choix personnel. Mon salaire de prof me permet de vivre et si je peux contribuer à quelque chose pour mon peuple, pour mon pays, je vais le faire.

> « Mon salaire de prof me permet de vivre et si je peux contribuer à quelque chose pour mon peuple, pour mon pays, je vais le faire »

Témoignages, enquêtes, mémoires...

L&L : *Comment avez-vous procédé pour réaliser le film ? Vous vous êtes contenté uniquement de documents d'archives, de témoignages, des livres que vous avez lus ?*

SG : Il y a vingt ans de recherches dans ce film. Il y a d'abord des époques. Tu connais le contexte de l'Afrique où il n'y a pas d'archives écrites. J'ai eu de la chance de connaître Sembène, il avait des congénères qui étaient encore vivants. Je suis allé jusque dans la case dans laquelle il est né. J'ai interviewé ses sœurs, donc les gens qui l'ont vu grandir. Ensuite, pour mettre tout cela dans un certain contexte, j'ai fait des recherches de bibliothèques. Quel était le contexte de naissance de Sembène, de sa jeunesse, son adolescence. Il y a des interviews, des archives sonores et audiovisuelles.

Alors imaginez-vous, la plupart des documents sur l'Afrique coloniale et contemporaine, si tu veux les avoir, il faut aller à l'INA [Institut national de l'audiovisuel]. C'est toute notre mémoire collective qui se trouve ailleurs. On te les vend. J'ai payé mille dollars cash pour obtenir des images de Sembène. Ensuite, il y a quelques archives qu'on appelle le « public domaine », et des intellectuels que j'ai eus le privilège de contacter. Notre chance aussi est qu'on a un monteur cubain, un exilé qui vit à Toronto. Il s'appelle Ricardo Acosta des doigts d'or, c'est un magicien du montage. Non seulement il connaît la machine, il a également la sensibilité politique. Il a lu tout Césaire, Damas, Fidel Castro. Dès que je lui ai dit Sembène, il a tout de suite vu de quoi il en est. Il est arrivé à briser le code, ce que d'autres monteurs américains n'ont pas pu faire. Il sait comment poétiquement refléter cette société qui a produit Sembène, et que ce dernier essaye de reproduire dans son œuvre. Voilà la méthode.

> *« C'est toute notre mémoire collective qui se trouve ailleurs »*

Tout ce que je ne savais pas, je suis allé le chercher chez des gens qui le savaient. Si le film a eu un certain succès, c'est qu'il est le résultat des tensions productrices. Mon partenaire (Jason Silverman) est un Juif né aux États-Unis, moi un Africain né au Sénégal. Le monteur (Ricardo Acosta) est cubain. En mettant ensemble nos idées, nos contradictions, nos désaccords, nos discussions, le film a lieu. Ce qui me pousse à dire que la diversité n'a pas [toujours] été une source de conflits, mais quand c'est bien utilisé, elle devient une source

> *« la diversité n'a pas [toujours] été une source de conflits, mais quand c'est bien utilisé, elle devient une source de réconciliation »*

de réconciliation, et je crois que c'est ce que le film est en train d'illustrer. Les gens m'ont dit : « mais pourquoi vous avez travaillé avec un Juif » ? Mais pourquoi ne devrais-je pas ?

L&L : *Et le jeu des acteurs ? Comment avez-vous fait pour le choix?*

SG : Nous avons la femme de ménage de Sembène, Nafi, qui a travaillé avec lui pendant 25 ans. C'est elle qui lui a fermé les yeux à sa mort. On ne pourrait pas trouver sur le plan opérationnel meilleur qu'elle. Macha Diawara est professeur à l'Université de Dakar et connaît très bien son travail cinématographique et littéraire. Il y a Boubacar Boris Diop qui est de la jeune génération. C'était un protégé de Sembène dans les années 60. Donc on ne voulait pas faire un séminaire académique, on ne voulait pas que les gens nous racontent des théories littéraires mais qu'on nous raconte l'histoire et la vie de Sembène. Comment faire en sorte que cette histoire que nous racontons, qu'un jeune Haïtien de 14 ans même s'il n'a jamais été en Afrique la comprenne ? On n'était pas en train de prêcher à une foule d'universitaires ou d'experts africains. C'était une simple histoire et on voulait rester à ce niveau-là mais que ce soit fait de manière artistique, attractive, poétique et qui rende justice à Sembène.

L'influence de Roumain

L&L : *Ne pensez-vous pas que justice lui a été rendue ?*

SG : Si, dans la limite de nos moyens et de nos ressources, nous avons fait ce que nous pouvions. Et notre rêve est que d'autres générations prennent là où on l'a laissé et continuent le travail. Il y a un écrivain de chez vous, Jacques Roumain, qui a écrit *Gouverneurs de la rosée* qui a une très belle phrase

« Il n'y a pas de Robin des Bois parmi les chefs de gangs. Ils sont missionnés »

« Gouverneurs de la rosée en 1944 a influencé mon pays, mon beau peuple de Sembène de 1957 »

qui dit : « La vie est une longue corde et que chacun de nous vient, il met son nœud ». Il a influencé Sembène. *Gouverneurs de la rosée* en 1944 a influencé mon pays, mon beau peuple de Sembène de 1957. Il y a eu ce dialogue-là à travers ses écrits. Voilà ce que nous avons voulu faire, ce que nous croyons avoir accompli mais il y a encore beaucoup de travail à faire. Les gens me demandent sur quoi je travaille à présent, mais je ne suis pas cinéaste moi. Je ne vais pas m'insérer dans Hollywood, ce n'est pas la production en masse qui m'intéressait. J'avais une histoire à raconter et c'est fait. L'idée est plutôt de raviver l'intérêt pour le travail de Sembène et de tous les Africains. On a déjà près d'une douzaine d'invitations pour les universités américaines à partir de ce printemps. Il y a donc là une sorte de renaissance pour l'œuvre.

Propos recueillis par Dieulermesson PETIT FRÈRE et
Mirline PIERRE

• Troisième partie

Lectures

Sybille Claude est romancière, nouvelliste et enseignante. Linguiste de formatioin, féministe, son premier roman, *Le chant des blessures*, récit à la fois triste et envoutant et au ton poétique, a recu un bel accueil par la critique.

Sybille Claude, **Le chant des blessures**, Port-au-Prince, LEGS ÉDITION, 2017, 114 pages.

Haïti, pays de tous les maux. « Terre mangeuse d'hommes » (p. 36). Pays où depuis toujours « pauvreté et richesse s'entrechoquent » (p. 14), se jaugent, se côtoient et se tutoient. Pêle-mêle, sans ambages. Les inégalités sociales sont de plus en plus criantes. L'ignorance, le chômage, la délinquance s'entrelacent et sont le lot de tout un peuple qui « trimbale ses tonnes de belles misères crasseuses » (p. 38). Dans un pays où rien ne va, où l'anarchie règne en maître, le peuple se démène comme il peut, étant aussi l'instigateur de cette anarchie faute de gouvernance, et investissant les rues, les mornes ou toute parcelle de terre apte à abriter une once de vie. Et c'est avant tout ce qu'il cherche, rien qu'une « bouffée d'oxygène plus ou moins pure » (p. 15), pour survivre. Car vivre dignement, dans le respect de ses droits fondamentaux, ça il ne sait pas. Il ne l'a jamais su. Ce ne sont que des théories, sous ce soleil de plomb, indifférent à ses tourments, qui l'assomme de ses rayons.

Mais en réalité, il a conscience que cette vie n'en est pas une. Que les gouvernements, les uns après les autres, feignant de plaider sa cause, se sont joués de son espoir et ont volé son devenir. C'est pourquoi à la moindre occasion, il déverse son trop-plein de rage et de frustrations dans les rues, vandalisant et pillant tout sur son passage. Il réclame du travail pour occuper ses journées et de quoi ramener un casse-croûte à la maison ; il a marre des conditions de vie inhumaines dans les bidonvilles. Il veut que ça change ; rien que ça.

Mais rien à faire, ses turbulences dans les rues n'atteignent pas les oreilles des supposés responsables. Ses plaidoyers encore moins. Le désordre continue de plus belle ; le sous-développement reprend toujours le dessus, comme une seconde nature. La corruption a toujours le dernier mot. La condamnation semble à ce jour irrévocable.

Alors, une seule question pend aux lèvres: que faire ? Cette question qui dérobe le sommeil aux malheureux et aux patriotes, réellement désireux de changer la donne. Que faire quand le pays va de mal en pis, s'enfonçant de jour en jour plus profondément dans la médiocrité et la misère ? Prendre le large, au risque d'y laisser sa peau, diraient certains. C'est quand même préférable à cette mort lente et sournoise. Se positionner du bon côté diraient simplement d'autres ; afin de tirer profit des avantages du pouvoir, seule source fiable de richesse. Pour beaucoup, la solution est pourtant évidente et demeure la seule envisageable : Partir. Rien d'autre face à ce problème inextricable. Parce que tout semble perdu, et qu'il n'y a plus rien à faire. Haïti, plus qu'une problématique, est une énigme.

Dans *Le chant des blessures* on est à Port-au-Prince, plus de dix ans dans le passé. Opération Bagdad. « Port-au-Prince, ville de folie » (p. 59), sens dessus dessous. Si le cadre familial n'était pas précisé dès le début du récit, on croirait sans doute que l'auteure (d)écrit la misère et le désarroi communs à tous les malheureux de ce pays. *Le chant des blessures* de Sybille Claude, dépeint en réalité le drame qui remue de nombreuses familles haïtiennes, victimes de l'irresponsabilité des dirigeants qui entraîne la misère chronique et nourrit le banditisme. Plus de dix ans après cette opération, le cadre socio-politique n'a pourtant pas changé. Ce roman traduit sans conteste une question toujours d'actualité. Fâcheux constat ou amère vérité. Le pays reste embourbé dans le sous-développement et la corruption.

Quant aux personnages de ce roman, ils sont on ne peut plus crédibles. En pleine période de crise, la famille Barreau déjà en proie aux incertitudes, pleure un père de famille, un poète et un patriote. Défiant un destin perdu, une misère fatale, le fils part à contre cœur et devient un de ses *boat-people* dont les rêves ont été engloutis par l'océan. Brisées, perdues, seules restent Sarah, la narratrice et sa mère tentant désespérément de braver la misère et le drame qui s'abattent sur elles. Sarah, tant bien que mal, trouve un refuge dans les mots et les images, alors que sa mère malade, finit par se noyer dans l'amertume. Entre pertes, désespoir, et renaissance, Sarah, aidée par une famille d'accueil, se voue à honorer la mémoire des siens à travers les mots, l'espoir et la vie.

Ce roman, poétique, d'un lyrisme profond, d'un réalisme cinglant est un hommage à toutes les familles qui subissent le sort de la fatalité. Celles livrées à la précarité et à l'insécurité. Il parle au nom de ceux qui sont trop abattus pour exprimer leur désarroi et leur peine. Au nom de ceux à qui on intime l'ordre de garder le silence afin de préserver l'image de peuple résilient dont on veut se parer. C'est peut-être la raison pour laquelle le nom des personnages principaux a été omis dans de nombreuses pages avant qu'on ait l'occasion de les connaître. Indécision ou souci de représentation de l'auteure ? On ne saurait le dire.

Toutefois, le roman se termine sur une note positive. Il véhicule l'espoir, en faisant croire qu'une reconstruction est toujours possible même dans les moments les plus difficiles. Il suffit d'avoir les bonnes personnes à ses côtés. Sarah, longtemps tourmentée par le fait d'avoir survécue aux siens, s'est permise d'avancer et de faire honneur à ses disparus par la vie qu'elle laisse insuffler peu à peu en elle. Une belle renaissance l'attend !

Peut-être qu'un jour en sera-t-il autant pour Haïti et ce roman cessera de traiter des questions toujours d'actualité. Mais pour l'heure, Le chant des blessures est un roman à découvrir !

Déborah PÉPÉ

Reine-Marguerite Bayle est journaliste et femme de lettres. Elle a fondé la compagnie Le Clownambule-Théâtre et publié des livres Jeunesse dont *Prich, l'enfant blessé* (1998), *Souviens-toi, Akeza !* (2000), *Dolma la rebelle* (2001) et *Les petit soldats* (2003).

Reine-Marguerite Bayle, **Les petits soldats**, Paris, Syros, 2003, 120 pages.

Hawa a dix ans. Elle est obligée de se rendre chez son oncle paternel à Freetown, après l'enrôlement de ses frères dans la force armée gouverne-mentale pour défendre la patrie et établir un climat de paix. La capitale a offert à Hawa le luxe de la sérénité et de l'altérité. Devenu maîtresse de la maison de son oncle, elle se fait des amies et devient très mature. Tout allait changer quand les rebelles ont décidé de faire main basse sur la ville. En plus des scènes de pillage, ils violent les filles et les femmes, brûlent les maisons et tuent comme bon leur semble. C'est au milieu de cette grande fragilité et de ce grand chaos qu'Hawa va développer son humaniste et sa sympathie vis-à-vis des petits soldats admis au centre de rééducation.

Les petits soldats, ayant comme sous-titre *Quand les enfants viennent de guerre* est un roman jeunesse, paru en 2003 aux éditions Syros dans la collection J'accuse. Il compte 120 pages dans lesquelles l'auteure passe en revue la situation politique de la Sierra Leone qui a connu, à la fin des années 90, de fortes crises politiques ayant germé des guerres civiles. Il faut dire aussi que ce roman fait partie de cette grande catégorie de roman africain traitant le phénomène de l'« enfant soldat ». Un « enfant soldat » peut être une fille ou un gar-çons âgés entre 6 et 17 ans enrôlés dans une force armée pour com-battre. Cette thématique est apparue dans la littérature jeunesse africaine depuis tantôt une vingtaine d'années. Ils sont nombreux les romans qui traitent de cette thématique et don-nent la parole à ces anciens combat-tants, à l'instar d'*Allah n'est pas obligé* d'Ahmadou Kourouma, *Les petits soldats* de Yannick Haenel, *Johnny chien méchant* d'Emmanuel Dongala.

Plus qu'un simple roman de jeunesse, *Les petits soldats* est aussi un livre pour adultes, s'il faut tenir compte de la thématique traitée, des réflexions émises par la narratrice-personnage et ce que les autres ont fait de leur milieu ambiant. À cause de la guerre, des activités sont suspendues, le pays est totalement paralysé, rien ne fonctionne, même pas l'école. Mais cela ne pourrait pas empêcher au peuple de rêver et d'avoir confiance en lui-même et que tout allait changer. L'espoir est là. La résilience est là. Une lueur d'espoir apparaît de temps en temps dans la pensée de Hawa qui souhaiterait qu'on apprenne à lire aux enfants plutôt que de tuer leur semblable. C'est un acte barbare, selon elle.

L'école ne fonctionne plus, nos enseignants ont été tués ou sont partis, les récoltes sont pillées. Nous essayons de nous persuader que cette guerre ne durera pas, que mes frères sont du bon côté et qu'ils seront considérés comme les héros du pays. (p. 20)

Les petits soldats est un roman d'une grande sensibilité. On y voir apparaître chez les personnages des émotions différentes. Ils sont parfois animés du désir de vengeance et d'un sentiment de pitié. Hawa est un personnage très sensible, malgré ses souvenirs le poussant à être méchant avec les enfants, elle essaye d'être bonne avec eux. Ce sentiment de pitié s'empare d'elle après avoir lu la fiche de présentation de chacun de ces enfants soldats. Et pour y arriver, elle crée une atmosphère pleine de vie et d'espoirs : Le soir, quand je ne suis pas trop crevée, je dis des contes ou je lis des histoires (p....).

Cependant, s'il est vrai qu'elle arrive à amadouer les autres petits, il a été très difficile pour elle de calmer Moussa qui paraissait être plus violent que les autres. Après avoir lu sa fiche, elle lui pardonne car sa façon d'intégrer le groupe des rebelles a été bien particuliere. Elle a été touchée par la biographie de moussa comme par un projectile, pris par surprise, a-t-elle affirmé.

Parcourant ces quelques lignes, je suis effondrée. Ce gamin a vu mourir sa mère. Il a été arraché à sa famille par ceux-là même qui ont tué sa maman alors qu'il était encore petit. Il est devenu orphelin, coupé de ce qui restait des siens. Il a croisé la mort sur son chemin d'enfant soldat... que de souffrances et d'horreurs se cachent sous les quelques phrases impersonnelles de cette fiche signalétique ! (p. 45).

À lire ce texte, nous sommes invités à être témoin des horreurs, des souffrances, des guerres et de l'inquiétude des enfants de la Sierra Leone. L'auteure y a fait une critique de la société Sierra-Léonaise tant sur le plan social que sur le plan politique. Elle montre comment la guerre a entravé le pays durant cette période. Mais la situation ne saurait changer vu la durée et la répétition des crises politique et économique qui sont, à

bien des égards, les principales causes de cette situation catastrophique.
Ce qui pousse Hawa dans une pro-
fonde mélancolie car son quotidien
est rythmé par des guerres et des
pillages, des viols et des maladies,
d'exodes et toutes sortes privation. Et
elle est profondément inquiétée pour
l'avenir de son pays, rien qu'à voir
les enfants, piliers de l'avenir, négli-
gés voire même oublié par les dirigeants qui n'investissent pas dans
l'éducation.

*Nous avons des dirigeants corrompus
et incompétents, plus prompts à s'enrichir qu'à développer le pays. La
communauté internationale nous
aide dans l'urgence, comme elle le
fait dans ce centre, puis elle nous
laissera tomber. C'est une goutte
d'eau dans la mer. Dans nos écoles
qui sont privées et confessionnelles,
les enseignants mal payés, mal formés s'absentent et ne font pas dans
la dentelle. Certains confondent
encore méthode pédagogique et puni-
tions corporelles.* (p. 34).

Évens DOSSOUS

Guy Régis Jr est romancier, dramaturge et metteur en scène. Directeur du Festival de Théâtre Quatre Chemins à Port-au-Prince, il a publié plus d'une dizaine de pièces de théâtre dont *Le Père* (2011), *Mourir tendre* (2013) et *Reconstruction(s)* (2018).

Guy Régis Jr, ***De toute la terre le grand effarement***, Paris, Les Solitaires Intempestifs, 2011, 64 pages.

J'ai commencé à lire Guy Régis Jr., presque comme tous ses lecteurs, par un livre titré *Ida, Monologue déchet*. Mais, vous dis-je, de mémoire d'homme, jamais sous-titre ne seyait aussi bien à une œuvre. Ce qui m'a un peu empêché de lire ses autres pièces de théâtre. Mais j'ai été particulièrement attiré par le titre *De toute la terre le grand effarement* lors d'un travail avec d'autres collègues critiques pour une communication à Mount Holyoke College autour des « écritures du séisme ».

Les morts sont des étoiles filantes

De toute la terre le grand effarement met en scène deux putains anonymes, après l'effondrement du bordel « Bèl Amou » au soir même du mardi 12 janvier 2010. La jeune et la plus âgée sont les seules rescapées de l'écroulement du bordel. Perchées sur un arbre, elles comptent absurdement les étoiles filantes. Ce qui peut, bien sûr, paraître banal. Mais au-delà de la simple idée d'étoiles filantes, la pièce revêt une valeur symbolique. Comme on le sait, au théâtre, rien n'est ornement. Le nombre d'étoiles filantes correspondrait au nombre exact de personnes mortes sous les décombres. À défaut de statistiques officielles convaincantes, car toutes contradictoires, deux putes se proposent de compter les cadavres, en partant des fulgurances et des éteignements… : « Regarde. Regarde. Occupe-toi à compter s'il te plaît. Oublie. Occupe ton esprit. Occupe-toi. Compte s'il te plaît ». (p. 40) Mais que comptent réellement ces deux putains ? N'est-ce pas également le nombre incessant de personnes qui fuient le pays ? : « De ceux qui partent, laissent le pays, nous laissent dans nos misères. On parlait de ceux qui nous laissent » (p. 22) ?

C'est aussi le nombre d'avions transportant l'aide internationale volant au-dessus de nos têtes, le soir même du séisme pendant que la communauté internationale se déchirait pour le contrôle du territoire.

« Et ceux qui arrivent, viennent par milliers. Tous ces milliers de coalitions, de pays. Ils sont organisés, sont partout. Tous ceux-là, ces étrangers. Nation contre nation pour nous envahir, s'installer, prendre place, rester. Malgré notre affaissement ». (p. 18)

Mais qu'il s'agisse de morts, d'émigrés ou de la communauté internationale, le nombre d'étoiles filantes est « infini ». Les personnages le disent eux-mêmes : « C'est insensé de compter tout ça. Cela prendra trop de temps. Oui, insensé de compter toutes ces fulgurances, ces éteignements. Tous ces passages, ces effilements, on n'en finira pas. » (p. 16)

Toute la pièce semble être un chant funèbre où le jeu (le décompte des étoiles filantes) serait le refrain qui revient incessamment pour finir par un chant prosaïque, dont les courtes phrases laissent l'impression au lecteur qu'il s'agit de paroles à dire, à scander, plutôt qu'à chanter mélodieusement.

Érotisme et tabou

Les deux putains se touchent dans le noir, sensuellement. Ce jeu commence par l'invitation de la jeune à la plus âgée à toucher son corps. La scène se déroule progressivement, passant d'un érotisme voilé à une pornographie assumée. « Laisse ta main. Continue. N'abandonne pas.

Touche. Vas-y », réclame fébrilement la jeune jusqu'à ce que ce jeu les amène à une scène où chacun sodomise l'autre avec un gode-ceinture à tour de rôle. Si cette scène, racontée avec cruauté, peut paraître vulgaire, il ne faut pourtant pas se laisser aller à une lecture au premier degré. Avant la scène, la plus jeune et la plus âgée enfilent respectivement des uniformes des armées américaine et française. De telle sorte que cette scène de soumission « partagée » ou de guerre caractériserait la lutte des puissances américaine et française pour le contrôle du territoire.

Publié à Paris en mai 2011 par les éditions Les Solitaires Intempestifs, *De toute la terre le grand effarement* a été joué au Festival d'Avignon la même année.

Wébert CHARLES, M.Sc.

• Quatrième partie

Créations

Réinventer l'enfance et autres poèmes

————— *Jean-Robert Léonidas*

Jean-Robert Léonidas, médecin et écrivain haïtien, a laissé les États-Unis pour rentrer en Haïti et se consacrer à la littérature. Il est essayiste, romancier et poète. Auteur de plusieurs œuvres et articles littéraires, il est publié en Haïti, à Montréal, à Paris et ailleurs. Plusieurs fois invité au salon du livre de Montréal, au salon du livre de la Porte de Versailles (Paris), et à une entrée littéraire de Bamako Mali). Comme conférencier, il a été invité à New York, à la médiathèque de Puteaux (France), à la Bibliothèque Nationale de Port-au-Prince et à l'Alliance Française de sa ville natale.

Réinventer l'enfance

Il est des univers à l'envers où les enfants travaillent,
Où les grands jouent aux cartes et s'adonnent à des riens.
Je hais les uniformes, les formes uniques où les têtes se nivellent ;
Je hais les terres plates des villes où monts et vallons se confondent,
Les faces sans relief où l'humeur est égale et l'affect sans nuance.
Je déteste les mondes où, faibles, sans défense,
Les marmots sont pareils à des vieux en enfance,
Aux piliers fragiles d'une terre en démence.

J'ai l'âge des chiens, tous les ans j'ai dix ans.
Aujourd'hui j'en ai six et cela fait soixante.
Plus vite que mes os je grandis, plus vite que mon âme.
Pour moi, jamais une caresse, jamais un mot aimable.
Je préfère être un chat plutôt qu'être un enfant. On m'aimerait davantage.
Sur rue point de pignon, pour moi nul baptistaire.
Je n'ai point de pays, je suis une frontière.
J'ai un nom africain et qui sonne haïtien ; je parle dominicain
je sais dire en trois langues des choses qui déplaisent.
Dans notre case étroite point de petit écran.
Pourtant au grand jour passent des films porno.
Et dans mes sommeils mon esprit déraille
ne sachant plus si j'en suis spectateur ou acteur.

Je hais, oui je hais jusqu'à ma mère
Puisqu'elle est partie sans me dire à plus tard.
A quoi servent les guerres, et pour qui et pour quoi ?
Soldat, veux-tu au moins te battre pour ma sœur, pour moi ?
Si nous n'en bénéficions pas, à quoi bon la culture ?
Fermier, j'ai faim, veux-tu planter pour moi ?
Veux-tu cueillir sur l'arbre de la vie
Un bouquet d'oxygène, un rameau de bonheur
Pour un fils de personne qui quémande de l'air?
On te dit spécialiste en tout, en droits de l'homme.
Voudrais-tu, cher monsieur, prendre ma défense
Et me servir de père, adopter un petit mendiant sans-maman ?

Je ne fais qu'enculer les mouches qui s'abreuvent de ma morve,
Qui font la ribambelle dans le carnaval de ma peau brune
Et de mes cheveux roux, ces couleurs que je porte comme un
fanion
Comme le drapeau de la victoire des autres sur ma cause
perdante.
Je n'ai point le courage de me moucher. Lave-moi, s'il te plaît,
lave-moi de ma plaie.
Ôte-moi, je t'en prie, ma crasseuse chemise. Enlève-moi ma
teigne, ma dégueulasse mise.
Pardonne-moi la faute que je n'ai point commise.

Danse Rara

Tafia. Ratafia. Rasade de rhum blanc. Une gorgée. Pas plus.
Rara, tu m'habites, squattérises ma flûte.
Tu fais frémir mon fifre et oins d'huile mes reins.
Des assauts de bonheur investissent mes jambes,
Se mêlent à mes cheveux, ma toison poivre et sel.
À hue, à dia et avec grand respect, je dis bonjour aux dames.
Je perds pied, je suis en porte-à-faux avec le macadam.
Vroum ! à la renverse, les quatre fers en l'air.

Soudain je me relève. S'amorce un dialogue presto, prestissimo.
J'épluche mon bonheur. D'un geste de pilon, j'écrase ma misère.
Je suis en l'air, à terre, je raille, je gouaille, je déraille.
Attention à mes ailes puisque je veux voler.
Dégingandée la foule et dérangée ma tête.
S'en va la déferlante. Précède le drapeau. La musique m'emporte
Depuis mon bleu chez moi jusqu'à ta rouge porte.
Hé! Jeanro, Ti-Roro, voici ton p'tit rara.

Je tremble tel un toutou caressant sa maîtresse.
Comme Tutu je danse, d'une sainte allégresse.
Le sol sous mes pieds est tambour enchanté.
Tes orteils sont baguettes, tes genoux castagnettes.
À l'allure de ton art, tes jambes tambourinent.
Le rythme est dans ta moëlle, danse, danse, chérie.
De tes reins allumette, incendie ma bougie
Et de tes reins stylo, je t'en supplie, t'en prie, dédie-moi un
poème.

Ci-gît, nos rêves troués

───── *Dieulermesson Petit Frère*

Dieulermesson Petit Frère est doctorant en Langue et Littérature françaises à l'École doctorale Cultures et Sociétés rattachée au laboratoire Lettres, Idées, Savoirs (LIS – UR 4395) de l'Université Paris Est-Créteil sous la direction de Yolaine Parisot. Ancien élève de l'École Normale Supérieure de Port-au-Prince, il détient un Master 2 en Lettres de l'Université Clermont Auvergne et une maîtrise en Lettres, Langues et Communication de l'Université des Antilles et de la Guyane. Éditeur et critique littéraire, il collabore à la revue Delos *(revue de traduction de l'Université de Floride) et à la revue* Legs et Littérature *où il a publié nombre d'articles sur la littérature haïtienne. Professeur à l'Institut français en Haïti et à l'Université de Port-au-Prince, il est l'auteur de l'essai Haïti : littérature et décadence. Études sur la poésie de 1804 à 2010 (Legs, 2017). Ses axes de recherche sont : l'érotisme, le corps, l'identité, la migration et la littérature haïtienne.*

Ci-gît, nos rêves troués

pour Bernard Dadié

Il y a tant de rêves qui meurent dans le silence des nuits sans devant-jour. Tant de soleils se lever dans des horizons sans ciel. En ce monde aguerri où le bonheur n'est au jour le jour qu'une chimère que le vent emporte dans chaque regard morne et chaque sourire morbide qui pointent le ciel. Heureux ceux dont les paupières sont encore mouillés de pluies et voient encore la rosée qui paît dans la grisaille des matins fragiles.

Nous sommes tous venus ici dans l'espoir de partir un jour vers des terres inconnues. Vers ces contrées lointaines. Sans bagages et sans chapeau de retour. Nous avons rendez-vous avec l'ombre, avec l'éternité et les destins muets. Les jours naissent et se ressemblent mais n'augurent pas toujours les mêmes certitudes, les mêmes chants et les mêmes horizons aux couleurs de printemps. Il y a toujours des chemins à tracer, des songes à murmurer, des bonheurs à rattraper et des souvenirs à regretter.

Que d'enfants avons-nous vus grandir avec l'arbre dans la moiteur du temps qui ne s'arrête pas. Jouer à la marelle le soir des pleines lunes dans le silence complice de la nuit. Raconter des histoires sous le mapou du coin à la tombée du jour, les contes de jadis que nous savourons autour du feu lors des saisons de pluie.

Nous n'avions pas toujours eu le temps d'aimer, ni de parler en tête-à-tête dans le silence des voix qui suit nos doutes aux airs maussades. Le temps est si bref, il passe si vite. Si vite qu'un courant d'air que certaines fois nous marchons vers l'avenir à coup de regrets, les yeux bandés, l'incertitude à portée de main. Si vite qu'un oiseau qui fuit son nid par peur des nuits sombres aux échancrures de lune cassée. Nous avons désappris à vivre avec des rêves colorés d'arc-en-ciel, nous ne rêvons plus de cerfs-volants le vendredi saint ni d'océans les soirs de solitude au cœur du printemps.

Nous sommes insomniaques à cent ans. Trop de souvenirs affluent dans nos songes errants. Nous portons nos solitudes comme l'on porte un cadavre un dimanche de Pâques dans le séjour des morts. Notre passé étourdit les silences et nos matins sont pleins d'espérances folles. À bout de certitude, nos rêves pourrissent tous dans les tiroirs sans-fond de l'oubli.

Liste des rédacteurs et contributeurs :

Alma ABOU FAKHER
Jean Florentin AGBONA
Cynthia AMANGUENE AMBIANA
Réda BEJJTIT
Wébert CHARLES
Carrol F. COATES
Claudy DELNÉ
Marie-Josée DESVIGNES
Houneida DHOUIB AMOURI
Oumar DIALLO
Évens DOSSOUS
Jean James ESTÉPHA
Pierre Suzanne EYENGA ONANA
Salma FELLAHI
Samba GADJIGO
Kokouvi Dzifa GALLEY
Jean-Robert LÉONIDAS
Agatino LO CASTRO
Mourad LOUDIYI
Ulysse MENTOR
Abdellah MHAILI
Cherkaoui M'HAMMED
Déborah PÉPÉ
Dieulermesson PETIT FRÈRE
Mirline PIERRE
Zahra RIAD
Abdoulaye SALL
Carolyn SHREAD
Feyrouz SOLTANI
Jean Boris TENFACK MELAGHO
Touria UAKKAS

Déjà parus

- *Insularité(s)*, No. 1, Janvier 2013
- *Érotisme et Tabou*, No. 2, Juillet 2013
- *Dictature, Révolte et Écritures féminines*, No. 3, Janvier 2014
- *Traduction, Réécriture et Plagiat*, No. 4, Juillet 2014
- *Migration et Littérature de la diaspora*, No. 5, Janvier 2015
- *La littérature jeunesse*, No. 6, Juillet 2015
- *Les plumes francophones émergentes*, No. 7, Janvier 2016
- *Marie Vieux-Chauvet*, No. 8, Juilllet 2016
- *Langues, Littératures et Cultures de la Caraïbe*, No. 9, Janvier 2017
- *La Critique Littéraire*, No. 10, Juillet 2017
- *Identités, Races et Couleurs*, No. 11, Janvier 2018
- *Littératures et Francophonies*, No. 12, Juillet 2018
- *Poétique de la Sexualité*, No. 13, Janvier 2019
- *Littérature et Politique*, No. 14, vol. I, Juillet 2019
- *Littérature et Politique*, No. 14, vol. II, Juillet 2019
- *Imaginaires, Légendes et Croyances populaires*, No. 15, Janvier 2020
- *Écritures, Pandémies et Catastrophes naturelles*, No. 16, Juillet 2020

Imprimé pour le compte de LEGS ÉDITION
26, delmas 8, Haïti
(+33) 7 55 25 62 18 | (33) 7 55 21 95 28 (+509) 37 48 59 51
legsedition@outlook.com
www.legsedition.net
Août 2021